吴德刚中国教育问题研究系列

中国民族教育研究

Study on China's National Education

吴德刚 ◎ 著

教育科学出版社
·北 京·

内容提要

本书对发展少数民族教育和培养少数民族人才的重要战略意义进行了深入的研究，分析了少数民族教育和人才培养的战略措施及其效益，总结了少数民族教育和人才培养基本经验，对深化少数民族基础教育、职业和成人教育、高等教育改革和加快少数民族人才培养，提出了一系列的战略思考和措施。

Abstract

The book makes thorough discussion on the strategic significance of education for minorities and cultivation of minority talents. From the analysis of strategic implementations and benefits of education and cultivation for minorities, the book makes a conclusion from the basic experience that we should deepen the basic education, vocational education, adult education and higher education reform for minorities, as well as promote the cultivation of minority talents.

丛书前言

20世纪70年代末，伴随着改革开放的脚步，我开始了教育理论的学习、研究和实践，迄今已经整整32年了。

三十多年来，我先后完成了教育学专业本科、硕士七年脱产学习以及博士研究生的四年在职学习；经历了在新疆师范大学、西藏教育厅先后八年的教学工作和教育管理实践；经历了在教育部民族教育司、农村教育综合改革办公室、政策法规司、人事司等多个部门岗位的锻炼。这些经历使自己从一个缺乏系统文化知识学习的插队知青，逐步成长为具有一定理论和实践经验的教育行政工作者。

三十多年来，我常常用陶行知先生“捧着一颗心来，不带半根草去”的精神激励自己。无论是在大学里读书学习，还是在大学里教书育人，也无论是在西藏教育厅管理农牧区基础教育，还是在教育部从事教育宏观政策研究或干部人事管理工作，我自始至终对教育事业抱着神圣而庄重的情怀，并不懈地付出自己的努力，力求使自己成为教育工作的行家里手。

三十多年来，我始终以“把工作当学问做”的科学精神鞭策着自己。尤其是在教育部工作期间，伴随着不同岗位的交流，使得我对民族教育工作的特殊性、农村教育综合改革的艰巨性、政策研究与法制建设迫切性以及人事工作的敏感性与重要性都有了许多切身的感受，对政策和策略是党的生命这一科学论断有了越来越深刻的认识。也因此，每当组织安排新的岗位之后，我总会花较多的时间，对所从事的工作从科学研究层面上进行刻苦的学习、理性的思考和深入的钻研。粗算一下，过去在教育部工作的20年间，我至少把自己一半以上的休息日和节假日用在了学习和理论研究上。我坚信，干部的理论素养主要是在八小时外形成的。

这里，奉献给大家的几本书，就是我在20世纪八九十年代攻读研究生学位期间以及我在教育部工作期间完成的专题研究成果。这些成果既有潜心研究的学术专著，也有凝聚工作研究成果的编著，出版后，有的获得全国教育科学奖，有的获得吴玉章奖，有的还成为海峡两岸高等学校研究生参考书或培训教材。在此我要感谢教育科学出版社的大力支持，使这些成果能够有机会修订再版。

由于本人的水平有限，再加上著作完成的时间都比较早，这些成果仍然有很大的局限性，书中的不足也在所难免。希望广大读者给予批评。

最后，借此机会，衷心感谢所有曾经关心和支持过我的人。我深知，如果没有国家助学金的支持、没有党和人民的培养、没有无数老师们的精心教育和指导，没有中央国家机关良好的工作条件，没有领导和同事们的关心支持，自己无论如何努力也不会取得今天的进步。

吴德刚

2010年12月于北京西单大木仓胡同35号

目录

contents

附 录

前 言
Preface

我国的重要国情之一是在全国56个民族中，有55个少数民族，人口9 120万，占全国总人口的8．04%。在长期的历史发展中，各民族共同缔造了中华民族绚丽多彩的优秀文化。在各少数民族中，有30多个少数民族世世代代居住在全国2万多公里的陆地边防线内，为建设边疆、保卫祖国作出了不可磨灭的贡献。我国民族区域自治地方地大物博，占全国土地总面积的64%，资源十分丰富。从长远看，我国经济发展的后劲和前景，在相当大的程度上，将取决于民族地区资源开发和经济发展的状况。历史的经验表明，每个民族都有自己产生、发展的客观规律。随着社会经济文化的发展，各民族相互学习、互相影响，共同因素会不断增多，但同时民族特点、民族差异，也将存在很久。我国的少数民族人才培养与教育问题，不仅是民族工作的重要方面，而且是社会主义教育体系中不可分割的、最具特色的重要组成部分。

长期以来，由于多方面的原因，我国少数民族地区人才培养问题的理论研究一直十分薄弱。一是对于培养少数民族地区人才的具有普遍指导意义的教育规律研究不深；二是理论成果不多；三是在研究方法上把人才培养与教育结合起来进行思考和研究的不够；四是研究力量分散，有限的研究力量，没有形成攻关的合力。这种状况与民族地区对人才培养的紧迫需要很不适应。

建国40多年来，党和国家采取了一系列特殊政策和措施，保证了民族教育事业以高于全国的平均速度发展，取得了举世瞩目的成就，为各少数民族培养了数以百万计的各级各类专业人才。特别是原来处于刻木结绳记事的一些民族，超越了几个社会发展阶段跨入社会主义之后，不仅从无到有地发展起现代教育，而且有了自己的大学生和研究生以及出国留学生，有了各民族自己的医生、科学家、厂长、经理和各级党政管理干部。这些翻天覆地的变化是中华民族发展史上充满光辉的篇章。因此从理论上全面系统研究和总结概括建国40多年来民族地区人才培养的丰富经验，对于为民族地区培养更多更好的建设人才，进一步促进各民族的共同繁荣具有重要意义。

本课题研究以少数民族自治区为主，同时涉及青海、甘肃、云南、四川、贵州等少数民族聚居地区。主要研究的课题是：从少数民族地区实际出发，探索一条为少数民族培养高质量人才的有效路子，同时丰富我国民族学、教育学和人才科学理论。

本课题研究的内容主要是：（1）新中国少数民族地区人才培养的历史成就及经验研究；（2）培养少数民族人才特殊性的理论与实践问题研究；（3）我国少数民族聚居地区各类人才培养的特殊政策及其效益研究；（4）少数民族地区人才专业结构的研究；（5）少数民族地区科技人才队伍建设特殊政策研究；（6）内地帮助少数民族地区培养专业人才的特殊意义研究；（7）边疆少数民族地区专门人才流动趋势及稳定措施的研究；（8）少数民族地区人才培养的研究方法问题的理论探讨。

本课题的特点：一是覆盖面大，涉及到10多个民族聚居省市的数十个少数民族，同时涉及到各级各类人才的培养问题；二是具有开拓性，许多工作是从头开始，是具有开创性质的工作。

最后需要说明的是，由于作者对于少数民族教育和人才培养问题的了解与思考还很肤浅，其中的观点和结论一定有很多不妥之处，敬请各位读者指正。

另外还想说明的是，本研究成果中的观点和结论，只是个人在工作中的学习与体会，不代表作者工作的部门。

本课题1993年得到全国哲学、社会科学中华基金研究课题资助，在此表示衷心感谢。

作　者

1995年7月于北京

中国民族教育研究

Study on China's National Education

上　篇

现状与问题

一

大力培养少数民族人才的重大战略意义

（一）加强少数民族人才培养的重要现实意义

我国是一个统一的多民族的社会主义国家，全国有55个少数民族，9 120万人口。少数民族居住的地区幅员辽阔，生产力发展极不平衡。新时期解决民族问题的根本原则是促进各民族的平等、团结和共同繁荣，各民族共同繁荣是党的民族政策的根本出发点。新中国成立以来，我国社会主义革命和建设的伟大胜利，为实现各民族的平等、团结与共同繁荣奠定了重要的基础。但是，由于历史等多方面的原因，我国少数民族专门人才队伍的状况还远远不适应现代化建设的需要。消除我国各民族间文化教育发展水平上的差距，造就大批适应现代化建设的少数民族各类专门人才，仍然是十分艰巨的历史任务。

要实现各民族共同繁荣这一艰巨的历史任务，必须大力培养各少数民族人才，必须把发展民族教育放在优先发展的战略地位。少数民族教育的发展，不仅是各民族共同繁荣的重要组成部分，同时也是实现各民族共同繁荣的重要途径和手段。我国社会主义革命和建设40多年的历史实践反复证明，大批少数民族专门人才，特别是大批少数民族领导干部的成长，对于各民族的共同繁荣具有深刻的影响。没有各民族地区文化教育的充分发展，没有大批少数民族出身、坚持社会主义道路和党的领导的专业技术人才和管理干部，没有广大少数民族群众劳动素质的普遍提高，就不可能从根本上消除各民族间事实上存在的不平等，也就不会有各民族的共同繁荣。

大力培养各类少数民族专门人才，对于我国经济建设具有更直接的现实意义。今后若干年，是我国社会主义现代化建设实现第二步战略目标的特殊阶段。经济建设能否搞上去，直接关系到我国社会主义事业的兴衰成败，关系到中华民族的前途和命运。这是党的十四大在全面分析了国际、国内形势之后得出的重大结论。要实现党中央提出的第二步战略目标，当前摆在各民族人民面前的根本任务，是要努力把经济建设进一步转移到依靠科学技术进步和提高劳动者素质的轨道上来。党中央认为，把经济建设转移到依靠科技进步和提高劳动者素质的轨道上来，是十一届三中全会党的工作重点转移的进一步深化，这一转移必将保证第二步战略目标的实现，同时将为实现第三步战略目标奠定坚实的基础。把经济建设及时转移到依靠科学技术和教育的轨道上来，最根本的是把科技和教育搞上去，造就大批的人才。这在我国少数民族地区显得尤其紧迫和重要。我国少数民族地区土地辽阔，资源非常丰富，正如毛泽东同志所说："中国地大物博，人口众多，实际上是汉族'人口众多'，少数民族'地大物博'，至少地下资源很可能是少数民族'物博'。"① 但长期以来，我国少数民族地区的丰富资源没有得到充分的开发和利用，其根本原因之一是大多数民族地区教育不发达，人口素质不高，专业技术人才奇缺。因此，少数民族地区要实现经济建设的第二步目标，必须培养大批能够坚持社会主义方向的各级各类合格人才。不仅需要造就千百万个工业、农业、畜牧业等各行各业有文化、懂技术、业务熟练的少数民族劳动者，而且还要造就成千上万个具有现代科学技术和经济管理知识、富有创造性的少数民族厂长、经理、工程师、农艺师、经济师、会计师等，同时还需要造就一大批适应现代科学文化发展和新技术革命要求的少数民族教育工作者、科学工作者以及各方面的党政工作者，等等。上述所有各级各类少数民族专门人才是少数民族地区现代化建设的中坚力量。

我们还应看到，当今国际形势十分复杂，我国55个少数民族中，有30个民族居住在两万多公里的边境线上，还有20多个民族与境外同一民族相邻而居。国外敌对势力企图利用民族问题制造事端，以达到颠覆我国社会主义制度的险恶目的。国内也有极少数人企图利用民族、宗教等问题大搞分裂祖国的活动。对上述情况我们必须予以高度警惕。面临国内外的挑战，大力培养造就大批的热爱社会主义祖国、维护祖国统一和民族团结的少数

---

① 《毛泽东选集》（第五卷），人民出版社1977年版，第277页。

民族人才，无疑是最有力的战略对策之一。特别是大批的少数民族干部是党团结各族人民群众，与各民族地区、地方基层组织联系的桥梁，是贯彻党的路线、方针和政策的组织保证。政策和策略是党的生命，党的路线、方针、政策和各项工作，只有通过少数民族人才，特别是领导干部带领群众认真贯彻执行，才能达到最佳的效果。因此，培养大批捍卫共产主义旗帜、坚定社会主义道路、维护祖国统一和民族团结的少数民族干部和社会主义接班人，对于巩固国防、维护祖国统一，具有深远的意义。

马克思主义的理论和历史实践还告诉我们：贫困不是社会主义，愚昧也不能建成社会主义。社会主义建设一要靠富裕、二要靠精神文明，二者结合才能真正实现社会主义。而要在民族地区建设精神文明，必须依靠大批有知识、有文化、有理想、有纪律的少数民族专门人才。这同时也就要求我们需要大力发展民族教育。民族教育是民族地区精神文明建设的重要内容，各级各类民族学校更是民族地区精神文明建设的重要场所。由于历史的原因，我国有些少数民族在进入社会主义初级阶段之前的社会形态比较落后，在生产方式、风俗习惯、思想观念及行为等方面至今还存在一些影响人民群众生活幸福和民族健康发展的内容，有些还比较严重。因此，通过大力发展民族教育，培养大批掌握现代科学技术的少数民族人才，积极传播现代文明、科学知识，有利于逐步改变一切不适应社会主义精神文明建设的传统观念和风俗习惯，促进少数民族精神文明的迅速发展。同时，少数民族各类专门人才，特别是领导干部，是继承本民族历史文化遗产，发展本民族文化，丰富祖国文化宝库的积极推动因素和宣传力量。只有大力发展民族教育，培养大批少数民族专门人才，提高广大人民群众的科学文化素质和思想道德水平，才能使作为我国文化宝库中重要组成部分的各民族优秀文化在新的条件下得到继承、发展和繁荣。

总之，大力培养少数民族人才，对于促进各民族的共同繁荣，振兴整个中华民族和国家的长治久安，均具有重要意义。

（二）党和国家民族政策的重要组成部分

大力发展民族教育，培养少数民族人才是马克思主义的一贯思想，是马克思主义民族理论的重要内容，是我党和我国政府采取的一贯政策。

马克思主义认为，革命和建设事业，必须依靠人民群众的自觉的、积极的革命活动。革命干部是把千百万人民群众组织起来从事革命和建设的骨干。党的路线、方针、政策只有通过干部的努力，才能同广大人民群众的革命积极性很好地结合起来，才能产生变革社会的巨大力量。正如毛泽东同志所指出的那样，政治路线确定之后，干部就是决定的因素。对于少数民族地区来说，大力培养当地本民族的领导干部和各类专门人才，就显得更为重要。只有培养出大批的、土生土长的、来自本民族人民群众之中并熟悉本民族历史和现状的干部和各类专门人才，才可能更好地带领本民族人民，从当地的实际出发，一心一意地进行社会主义建设。历史实践证明，各民族干部的这些特殊作用，是外来干部无法替代的。早在 20 世纪 30 年代，斯大林在总结苏联解决民族问题的历史经验时，就曾充分论证了培养少数民族干部的重要性。斯大林指出："执政党需要在边疆地区拥有同广大居民群众有联系的、可靠的本地马克思主义干部"，① 并认为这种干部是"各边疆苏维埃政权的最重要的、归根结蒂是决定性的堡垒"②，是少数民族"群众和政权之间建立不可摧毁的精神联系"。只有当大批的少数民族的马克思主义干部成长起来时，无产阶级的事业才能获得牢固的群众基础。斯大林还指出："必须在边疆地区大量开办训练班和学校来为一切管理部门培养当地人的指导干部。因为很明显，如果没有这种干部，要设立使用民族语言的本民族的学校、法院、行政机关和其他机关是极端困难的。"③ 在《论东方民族大学的政治任务》中，斯大林又指出："发展民族文化，广泛地建立使用本民族语言的普通教育性质和职业技术性质的训练班网和学校网，以便从本地人中间培养苏维埃干部、党的干部和有专长的经济干部。"④

新中国成立以后，党和政府一直坚持加强对少数民族人才的培养。《中华人民共和国宪法》、《中华人民共和国民族区域自治法》、《中华人民共和国教育法》、《中华人民共和国义务教育法》等都对少数民族干部的培养作了明确的规定。特别是改革开放以来，党中央和国务院更加重视加强对少数民族人才的培养。1987 年 4 月，中共中央、国务院在批转中共中央统战部、国家民族事务委员会《关于民族工作几个重要问题的报告》中指出：

① 《斯大林全集》（第 5 卷），人民出版社 1957 年版，第 258 页。
② 斯大林：《马克思主义与民族、殖民地问题》，人民出版社 1955 年版，第 251 页。
③ 《斯大林全集》（第 4 卷），人民出版社 1956 年版，第 319 页。
④ 《斯大林全集》（第 7 卷），人民出版社 1958 年版，第 115 页。

在少数民族地区和少数民族中，加快发展教育、科技、文化、卫生、体育等事业，培养人才，提高科学文化素质，既是长期的任务，又有相当的紧迫性，应当给予更多的关心和支持。江泽民同志也指出："要努力提高少数民族的文化素质，文化素质提高了，就可以更快地把经济搞上去，一定要重视并解决这个根本性的问题。"李鹏总理在1990年全国民委主任会议上的讲话中指出："要继续大力发展少数民族的教育事业，培养数量更多、质量更好、门类更全，适应各项事业发展需要的人才。"

（三）建设有中国特色社会主义的重要实践内容

大力培养少数民族干部、发展民族文化教育事业是党的民族政策的重要内容之一，也是新时期建设有中国特色社会主义的重要实践内容。

1. 新民主主义革命时期的历史实践

在新民主主义革命时期，我党就十分重视少数民族干部的培养。在第一次国内革命战争时期，党就培养了一批蒙古族、回族、壮族及其他少数民族的党员干部。在第二次国内革命战争时期，中国工农红军长征途中经过贵州、云南、四川、甘肃等少数民族地区，曾吸收和培养了大批藏族、彝族、羌族和其他少数民族干部。抗日战争时期，党在蒙古族、朝鲜族、达斡尔族、满族、黎族等少数民族聚居地区开辟了革命根据地，在进行武装抗日的过程中，为这些地区少数民族培养了大批干部。到全国解放时，全国已有蒙古、回、壮、苗、藏、满、彝、土家、羌等少数民族干部约1万人。这些少数民族干部是我党领导和团结少数民族人民进行斗争的骨干力量，在艰苦斗争的岁月里，为中华民族的解放作出了重大的贡献。

在长期的革命斗争中，我党不仅重视培养少数民族的政治干部，主张国内各民族在政治上一律平等，而且重视各少数民族在发展文化教育方面的平等自治权利。1938年11月6日，毛泽东同志在党的第六届中央委员会第六次全体会议报告中指出：允许蒙古、回、藏、苗、瑶、彝等各少数民族与汉族享有平等权利，有自己管理自己事务之权利，并尊重各少数民族的文化、宗教、习惯，应帮助他们发展用各民族自己语言文字的文化教育。1941年5月，经中共中央政治局批准颁布的《陕甘宁边区施政纲领》第17条规定："依据民族平等原则，实行蒙古、回民族与汉族在政治经济文化上的平等权利。"在党的民族政策指导下，各革命根据地和新老解放区为积极扶持发展少数民族的文化教育事业，培养少数民族干部，采取了大量富有成效的措施。

2. 广西左、右江根据地的民族教育与人才培养

1930 年前后，广西的左、右江工农民主政府相继成立。在当时极其困难的条件下，工农民主政府仍十分重视发展文化教育事业，把提高文化、普及教育、对劳动人民子女实行免费教育等列为政府的十大政纲之一，并积极推行各种类型的教育。一是举办各种短期训练班培养干部；二是在农村开办劳动小学，实行免费教育；三是积极开展成人教育，各乡村普遍设立夜校和妇女识字班，人人读书识字，学习革命道理；四是为了使瑶族少年儿童得到接受教育的机会，工农政府特地拨出经费扶持瑶族发展教育事业，开办学校；五是在教学方面，规定各学校一律使用工农民主政府编印的政治课本，实行教育为革命服务的方针。

3. 陕甘宁边区的回族教育

在陕甘宁边区管辖的盐池、陇东、新正等县都有回族居住区。边区政府成立之前，这些回族居住的乡村没有一所小学，回族中的成年人几乎都是文盲。在边区政府领导下，回族教育得到发展。当时在回族比较集中的区乡村都单独设有回族小学，还有识字班、冬学和夜学，配备了回族教师，编印了适用于回族的课本。据新正县一个回族乡的统计，当时受小学教育和其他补习教育的人数，已占全乡人口的 1/6。除在回族乡村办学之外，为了回族的进步和解放，在延安设立的各类干部学校都吸收回族参加学习，有的还单设回族班，努力培养回族干部。

4. 延安民族学院的建立与党内少数民族干部的培养

为了团结各民族人民争取抗日战争的胜利和中华民族的彻底解放，进一步贯彻党的民族政策，发展少数民族的文化教育事业，培养少数民族干部，系统研究我国的民族问题，于 1941 年 9 月 18 日在革命圣地延安创办了第一所民族学院，即延安民族学院。办院初期，学员主要来自陕北公学民族部、中央党校民族班和其他学校，以及一些机关、单位的少数民族干部，共有学员 300 多人。根据办学宗旨，学院组织机构设置的一个突出特点，是在院、处下设比较庞大的研究室，专门研究民族情况、民族历史、文化和民族问题等，实行教学与研究相结合。整个学制年限分三期，每期两年，

共6年毕业。根据学员原有文化程度编班，有研究班、普通班和文化班；也有按民族编的回族班、蒙古族班。研究班和普通班高年级开设的课程有：马列主义、哲学、政治经济学、中国革命问题、民族问题和时事政策等。普通班低年级和文化班主要开设政治课和文化课。政治课包括：中国革命问题、民族问题和时事政治；文化课有汉语文、民族语文、历史、地理、数学和自然常识等。在教学中认真贯彻理论联系实际的原则，与国内外实际、各民族的实际、学员的思想实际相结合，根据党员文化程度的不同情况，使讲授的内容易为学员所接受。把思想政治教育放在重要位置，始终贯穿于整个教学和学校的各项活动之中。对学员着重进行爱国主义、国际主义的教育，时事政策的教育，马克思主义民族观和党的民族政策的教育，使学员坚定无产阶级立场，确立科学世界观，掌握马克思主义的思想方法。1945年以后，因形势发展需要，学院几经迁徙，至1948年延安民族学院宣告撤销。在延安民族学院创办的近8年中，培养了数百名少数民族干部，他们为新中国的诞生和建设作出了积极的贡献。

5. 解放战争时期的吉林延边朝鲜族教育

1945年日本投降后，延边全境获得解放，从此成为整个东北新解放区的一部分，直到新中国的成立。在这4年多时间里，在党的关怀和支持下，延边地区的朝鲜族教育不仅得到恢复，而且有了较快的发展。

1946年9月，东北行政委员会明确提出，东北新解放区发展教育事业的总方针是："进一步肃清日伪统治时期奴化教育和蒋介石封建法西斯教育的流毒和影响，确立民族的、民主的、大众的、科学的新民主主义教育，使教育为新民主主义革命的政治斗争服务，为东北人民的和平民主建设服务。"根据这一总方针，延边地区发展教育的中心任务是为支援解放战争，进行土地改革、经济建设和民主政权建设，大力培养所需要的各类人才，在改造旧教育，对教育进行整顿、恢复的基础上，积极发展各级各类教育。

（1）重视党政及专业干部培养。为加强党政干部教育，先后成立了吉东军政大学、桦甸军政学校、东北军政大学东满分校、吉林省立民主学院等。这些学校都以培养朝鲜族党、政、军干部为主，因此，在校学员中朝鲜族学员占了很大比例。如吉东军政大学于1946年4月正式开学时，在500名学员中朝鲜族学员就有380名；桦甸军政学校在校学员共1 300人，都是朝鲜族；东北军政大学东满分校（后改为吉林分校）创办以来4期毕业学员共3 760人，其中朝鲜族学员就占2 520人。这些学校的教学内容和开设的课程主要是：政治常识、社会发展史、新人生观、新民主主义、土地问题、革命军队和战争问题、中国共产党和国民党问题、国际问题等，紧密结合当时斗争的需要，以时事政策学习为主，学习时间长短结合，灵活安排。1946年9月建立延边吉林省立民主学院，为了加快培养有关专业干部，设有行政系、财政系、工业系、教育系，开始分科进行教学。

（2）中等专业教育和高等教育。根据东北政治、经济形势的发展和面临的任务，1948年东北行政委员会及时提出东北新解放区的教育要以生产建设为中心，转向新型的正规化教育，培养具有一定文化科学知识和革命思想的干部及各类建设人才。根据这一精神，延边地区的教育逐步转向正规化，先后成立了延边高级师范学校、延边工业学校和延边政治干部学校。至1949年3月，经东北行政委员会批准，又正式成立了设有文、理、工、农、医等学科的综合性民族大学——延边大学，它的主要任务是培养具有革命思想和现代科学技术知识的朝鲜族专门人才。

（3）积极发展中小学教育。根据朝鲜族人民历来重视教育的传统，发展中小学教育采取了“两条腿走路”的方针，公办和民办相结合，充分调动朝鲜族群众的办学积极性。至1949年4月，延边地区已有小学510所，其中公办71所，民办439所；在校小学生112 087人，其中公办学校学生47 958人，民办学校学生64 129人，朝鲜族小学生74 181人。有普通中学31所，其中公办9所，民办22所；在校学生13 531人，其中公办学校学生5 974人，民办学校学生7 557人，有朝鲜族中学生12 637人。

（4）开展扫盲教育。在农村广泛开展扫盲教育，通过识字班、夜校、冬学等形式，组织基层干部和群众，学习文化，学习时事政治，提高阶级觉悟，积极引导他们参加到支援战争、土地改革和生产建设的斗争中去。

从历史回顾可以看出，在长期的革命战争年代，党中央一直十分重视少数民族人才的培养，特别是在不同的时期，为培养大批的少数民族人才，采取积极措施发展少数民族的各类型教育。虽然，新老解放区的少数民族教育，还没有形成完整的体系，但是，它是在中国共产党的领导下，以马克思主义思想为指导，为新民主主义革命事业服务的一种新型教育，它所提供的，如坚持正确的政治方向，为革命服务，既学文化科学知识，又学革命道理，加强思想政治教育，教育与生产劳动相结合，注重提高劳动人民的文化科学素质和政治素质，重视民族语文教学等许多宝贵经验，对今天发展少数民族教育，培养少数民族人才，仍具有积极意义。

6. 社会主义革命和建设时期的历史实践

新中国成立以后，中国共产党和人民政府更加重视少数民族干部的培养和帮助少数民族发展文化教育事业。1949 年，毛泽东主席就指出：要彻底解决民族问题，完全孤立民族反动派，没有大批从少数民族出身的共产主义干部，是不可能的。周恩来同志在《关于我国民族政策的几个问题》的讲话中也指出："既然是民族自治，就要培养民族干部。关于干部方面的民族化，就是民族干部应当有一定的比例。在汉族人多的地方，容易忽略少数民族干部的一定比例。即使少数民族人口少，也要照顾到这一点。"① 为了加快少数民族干部和各类人才的培养，党和国家采取了一系列重要措施。回顾新中国大力培养少数民族人才和发展民族教育事业的历程，可以大致归纳为以下几个阶段。

第一阶段：1949 年至 1956 年。这一时期，少数民族干部培养和民族教育事业受到党和政府的高度重视，其表现如下。

（1）颁行培养少数民族干部试行方案。1950 年 11 月 24 日，中央人民政府政务院第 60 次政务会议批准了《培养少数民族干部试行方案》，这是新中国为发展少数民族教育而颁布实行的第一个重要方案。该方案指出：为了国家建设、民族区域自治与实现共同纲领民族政策的需要，从中央到有关省县，应根据新民主主义的教育方针，普遍而大量地培养各少数民族干部。目前以开办政治学校与政治训练班，培养普通政治干部为主，迫切需要的专业与技术干部为辅。应尽量吸收知识分子，提高旧的，培养新的，并须培养适当数量志愿作少数民族工作的汉族干部，以便帮助各少数民族的解放事业与建设工作。各民族的军事干部，在初期一般也进政治学校或政治训练班学习，同时逐步准备在军事学校开设民族班的条件。

为此目的，在北京设立中央民族学院，并在西北、西南、中南各设中央民族学院分院一处，必要时还可增设。原新疆学院已改称民族学院，但隶属关系仍旧。各有关省份设立民族干部学校，各有关专区或县根据实际需要和主观力量设立临时性质的民族干部训练班。有关各级人民政府应有

① 《周恩来选集》（下卷），人民出版社 1984 年版，第 269 页。

计划地逐步整顿或设立少数民族的中小学，整顿少数民族的高等学校。

（2）制定少数民族教育工作的方针政策。少数民族教育事业的发展是加速少数民族干部和各类专门人才培养的基础工程。新中国成立后不久，国家就制定了少数民族教育的总方针。1951 年 9 月 20 日至 28 日，教育部在北京召开的第一次全国民族教育会议上，根据全国教育工作会议精神和民族地区的实际，确定了少数民族教育的方针任务。

（3）建立民族教育管理行政机构。为了加强对培养少数民族人才和教育工作的管理，中央人民政府政务院于 1952 年 4 月 16 日作出了《关于建立民族教育行政机构的决定》，要求中央人民政府教育部、各大行政区人民政府、有关省（行署）、市、专署、县人民政府根据本地区少数民族人口的状况，设立适当的教育行政机构或专人掌管少数民族教育事业。

上述措施，大大推动了新中国少数民族干部培养和民族教育的发展。

这一时期，由于旧的剥削制度刚刚被推翻，民族地区的人民政权亟待巩固和加强，民族地区的民主改革和社会主义改造的艰巨任务，迫切需要大批的少数民族政治干部。因此，这一时期的少数民族人才培养，主要以培养少数民族的政治干部为主。

第二阶段：1957 年至 1966 年。这是我国开展全面建设社会主义的 10 年。

20 世纪 50 年代中期，我国绝大多数民族地区都基本上完成了民主改革和社会主义改造的任务，加快民族地区的经济、文化建设已提到重要议事日程。《人民日报》于 1957 年 8 月 24 日发表的《进一步增强民族团结》的社论中指出：8 年来，党和国家在民族工作方面的成就是伟大的。随着全国社会主义革命和社会主义建设事业的伟大胜利，已有 85% 以上的少数民族人口地区基本上实现了在生产资料所有制方面的社会主义改造，少数民族地区的经济和文化建设事业也有程度不同的发展，人民生活已经有了初步改善。民族区域自治政策的推行，已经获得很好的效果，少数民族聚居人口中 90% 的地区，已经建立了自治地方和自治机关，少数民族干部已经由解放初期的 1 万多人，增加到 34 万多人，并且发展了 40 多万共产党员和 60 万共青团员。社论指出：我国各民族正处在一个历史上空前未有的大改造和大建设时期，我们的目标是建立一个没有人剥削人的各民族共同发展和繁荣的强大的社会主义工业国，从根本上改变我国各民族在经济上和文化上落后的面貌。

1958 年 9 月 19 日，中共中央、国务院在《关于教育工作的指示》中指出：经济战线上的社会主义革命已经取得了基本胜利，政治战线上和思想战线上的社会主义革命已经取得了决定性的胜利。因此，要求积极地进行技术革命和文化革命，扫除文盲，普及教育，培养出一支数以千万计的又红又专的工人阶级知识分子的队伍，是全党和全国人民的巨大的历史任务之一。

从 1957 年到 1966 年的 10 年里，国家教育部先后召开了三次民族学院院长会议。教育部还于 1963 年在北京召开了云南、贵州、四川三省教育工作会议，上述一系列会议着重研究了如何加强少数民族教育的问题，对于促进中国少数民族高等教育的发展起了重要的指导作用，尤其是对各民族学院的发展与建设工作，产生了积极的影响。在此 10 年中，整体来看，少数民族高等教育的发展速度是很快的。到 1965 年底，全国已有 10 所民族学院，还有设在民族自治区的 20 所普通高等院校。两类院校共有少数民族学生21 870人，是 1950 年的 17 倍；少数民族高校教师 3 331 人，是 1950 年的 5. 3 倍。

第三阶段：1966 年至 1976 年。这是中国进行“文化大革命”的 10 年。

10 年间，由于长期坚持“以阶级斗争为纲”的指导思想，特别是林彪、“四人帮”一伙鼓吹文化上的虚无主义，荒谬地认为“知识越多越反动”，迫害知识分子，否定党的知识分子政策，致使整个国家的文化教育事业受到了严重摧残，少数民族教育也在劫难逃。“文化大革命”期间，民族中小学被视为民族狭隘性的办学形式，被砍去或合并掉。全国原有的 10 所民族学院仅剩下中央民族学院与广西民族学院两所、其余的全部被解散或合并。高等学校的少数民族教师队伍人数也从 1965 年的 3 331 人减到 2 600 余人，减少了 21% 。国家长期以来为发展民族教育而采取的一系列适合民族特点的有效措施，被诬蔑为“修正主义”的“特殊论”、“落后论”，几乎被取消。从教育部到各有关省、地、县设立的民族教育行政机构全被撤销，人员被撤离，民族文字编译出版机构被撤销。总之，这一时期，“以阶级斗争为纲”的思想严重干扰了教育，教育规律被否定，民族教育的特点被抹杀，人才培养受到影响。这一时期留下的历史教训非常深刻。

第四阶段：从 1976 年 10 月到现在的 18 年，是我国进行社会主义现代化建设和改革开放的18年。

1976年粉碎“四人帮”以后，在党的领导下，进行了政治、思想以及经济建设领域的全面的拨乱反正，使党的正确的民族政策得以恢复并逐步落实，确立了以经济建设为重点，坚持改革开放，坚持四项基本原则为中心的党在新时期的基本路线。依据新时期基本路线的要求和加速发展民族地区社会主义四个现代化建设的实际需要，党和国家提出了新时期民族教育的方针和任务。

1980年10月9日，教育部和国家民族事务委员会《关于加强民族教育工作的意见》中指出：少数民族地区的四化建设和繁荣发展，需要大批建设人才，必须发展各类学校教育。没有大批从少数民族出身的坚持社会主义道路和党的领导的、有专业知识和能力的干部，特别是大批的科学技术人才和管理人才，要逐步消除民族间事实上的不平等，彻底解决我国的民族问题，显然是不可能的。帮助少数民族，最有远见的办法，就是要从办好教育，大力培养人才做起。总结以往的经验教训，发展民族教育必须认真贯彻执行党的民族政策，切实尊重和充分保障少数民族在政治上、经济上、文化教育上的民族平等权利和民族自治权利，必须从各民族的实际出发，不能照搬汉族地区的做法，也不能在各个少数民族之间搞“一刀切”。同时，国家应采取特殊措施，重点扶持民族教育，逐步建立适合少数民族地区特点的民族教育体系，并认真贯彻执行“调整、改革、整顿、提高”的方针，在尽快恢复和进行必要调整的基础上，积极稳步地发展少数民族教育。

1981年2月16日至25日，教育部和国家民族事务委员会在北京召开了第三次全国民族教育工作会议，认真研究了少数民族教育面临的形势。

1992年3月，国家教委和国家民委联合召开了第四次全国民族教育工作会议。会议指出：“根据党的‘一个中心，两个基本点’的基本路线，加快改革开放的步伐，尽快把少数民族地区的经济搞上去，是民族工作的根本任务。要完成这一任务，就必须依靠科技和教育，从培养人才、提高劳动者的素质入手。这是少数民族和民族地区经济振兴的必由之路，也是维护民族团结和祖国统一、建设有中国特色的社会主义的根本大计。”这次全国民族教育工作会议的召开，可以说是我国少数民族教育发展史上的一个重要里程碑。

全国教育工作会议之后，国家教委会同国家民委等单位下发了一系列关于加强民族教育工作的文件。这些文件包括：《关于加强民族教育工作若干问题的意见》、《全国民族教育发展与改革指导纲要》（试行）、《关于对全国143个少数民族贫困县实施教育扶贫的意见》、《关于进一步加强内地西藏班工作的意见》、《关于加强少数民族与民族地区职业技术教育工作的意见》、《关于加强民族杂散居地区少数民族教育工作的意见》、《关于加强民族地区教育行政管理干部培训工作的意见》、《关于加强普通高等学校少数民族预科班工作的意见》、《关于招收少数民族优秀青年进入高等学校学习的意见》等，体现了党和国家对民族人才培养及教育事业发展的高度重视，标志着我国少数民族教育改革和发展进入了一个新的阶段，大力培养少数民族人才进入了新的历史时期。

改革开放以来的18年，是我国少数民族人才培养最为迅速、最有成效的时期。在这一时期，少数民族人才培养和民族教育的发展，越来越受到党中央的重视。

总之，大力培养少数民族人才，是党和政府的一贯政策，是我国社会主义建设的重要实践内容，是实现各民族共同繁荣的重要条件，必须给予高度重视。

（四）少数民族人才培养与教育改革发展的方针任务

新中国成立40年来，党和国家十分重视我国少数民族地区教育事业的发展，并根据少数民族地区的历史特点和实际情况，提出了各个时期少数民族教育的方针任务。

1. 新中国成立初期的民族教育与人才培养

新中国成立以后，于1949年召开的第一次全国教育工作会议，根据《中国人民政治协商会议共同纲领》中关于文化教育政策的精神，对新中国的教育性质和任务作了明确的规定：中华人民共和国的文化教育是新民主主义的教育。它的主要任务是提高人民的文化水平，培养国家建设人才，肃清封建的、买办的、法西斯主义的思想，发展为人民服务的思想，这种教育是民族的、科学的、大众的教育。其目的是为人民服务，首先为工农兵服务，为生产服务。其方法是理论与实际一致，要求以老解放区教育经验为基础，吸收旧教育某些有用的经验。

1951 年 9 月 20 日到 28 日，教育部在北京召开第一次全国民族教育会议。根据全国教育工作会议精神和民族地区的实际，确定少数民族教育的方针任务。

（1）少数民族教育的总方针。少数民族教育必须是新民主主义内容，即民族的、科学的、大众的教育，并应采取适合于各民族人民发展和进步的民族形式。

（2）少数民族教育目前应以培养少数民族干部为首要任务，以满足各民族的政治、经济、文化教育建设的需要，同时应当加强小学教育和成人业余教育，以提高少数民族的文化水平，并应努力解决少数民族各级学校的师资问题。

（3）各级人民政府教育部门应充分重视少数民族教育工作，加强领导，根据各民族教育的实际情况，分别采取巩固、发展、整顿、改造的方针，并决定在中央人民政府教育部和有关的各级人民政府教育行政部门，建立少数民族教育机构或指定专人负责，掌管少数民族教育工作。

（4）在各少数民族地区，应有步骤有系统地实施以爱国主义，特别是抗美援朝为中心的政治思想教育，反对帝国主义侵略，肃清帝国主义和反动派的残余影响，克服大民族主义与狭隘民族主义思想，发扬民族间的平等、团结、友爱、合作精神和各民族的优良传统，加强各民族人民的祖国观念和拥护人民政府的热情，共同为保卫祖国、建设祖国而奋斗。

（5）各少数民族学校的教育计划、教学大纲应以中央教育部的规定为基础，遵照中央人民政府政务院《关于改革学制的决定》，结合各少数民族地区的具体情况制定，并有步骤地实行改革。

（6）关于少数民族教育中的语文问题，会议规定凡有现行通用文字的民族，如蒙古、朝鲜、藏、维吾尔、哈萨克等族，小学和中学的各科课程必须用本民族语文教学。有独立语言而尚无文字或文字不完全的民族，一面着手创立文字和改革文字；一面按自愿原则，采用汉语文或本民族所习用的语文进行教学。关于少数民族学生学习汉语文的问题，会议一致同意各少数民族的各级学校，要按当地少数民族的需要和自愿设汉语文课。

（7）关于少数民族地区的教育经费，各地人民政府除按一般开支标准拨给教育经费外，并应按各民族地区的经济情况及教育工作，另拨专款，帮助解决少数民族学校的设备、教师待遇和学生生活等方面的特殊困难。

2. 以培养大量少数民族干部为主要任务的民族教育发展的方针

新中国成立初期，由于旧剥削制度刚刚被推翻，民族地区的人民政权亟待巩固和加强，民族地区的民主改革和社会主义改造等艰巨任务，也急需民族干部组织实施，大量培养新型的少数民族干部已成为当时民族教育的首要任务。1949 年 12 月，毛泽东主席对西北民族工作的指示中指出：要彻底解决民族问题，完全孤立民族反动派，没有大批从少数民族出身的共产主义干部是不可能的。1951 年 2 月 18 日，毛泽东主席在中共中央政治局扩大会议上又指出：认真在各少数民族中进行工作，推选区域自治和训练少数民族自己的干部是两项中心工作。

1951 年 12 月 21 日，国家民族事务委员会第二次扩大会议的报告大纲中指出：普遍大量地培养同人民有联系的民族干部，是圆满地实行民族区域自治和民族民主联合政府政策，以及发展各民族政治、经济和文化教育事业的关键，各级人民政府已经注意掌握这个关键，做了许多工作，获得了相当好的成绩。但这还是一个重要的任务，还得我们有系统地去执行。为此，（1）实行有计划的学校训练，以提高民族干部的文化和政治水平。（2）使地方训练班、各地民族学院、中等学校、高等学校以及技术训练班之间，有适当的分工。地方训练班担任大量普遍的初级训练任务；民族学院担任培养较高级政治干部和翻译人才的任务；中等学校和高等学校担任培养知识分子、师资和专门人才的任务；技术训练班训练初级的技术人员。分别由各级人民政府（包括各民族自治区人民政府）及其民族事务委员会、教育部门、业务部门主办，对于各类各级民族干部学校的政治和历史等科目的内容，应有适当的规定，并逐步加以具体解决。

3. 根据社会主义经济建设的需要，提出以培养少数民族各类技术人才为主的民族教育的方针任务

20 世纪 50 年代，我国绝大多数民族地区都已基本上完成了民主改革和社会主义改造的任务，加快民族地区的经济文化建设已提到重要议事日程上。1958 年 9 月 19 日，中共中央、国务院在《关于教育工作的指示》中指出：经济战线上的社会主义革命已经取得了基本胜利，政治战线上和思想战线上的社会主义革命已经取得了决定性的胜利。因此，要求积极地进行技术革命和文化革命，扫除文盲，普及教育，培养出一支数以千万计的又红又专的工人阶级知识分子的队伍，是全党和全国人民的巨大的历史任务

之一。

从这时开始，民族学院开始走向正规化，不再以干部短期培训为主，而是转向正规办学；少数民族地区的中等专业教育和普通高等教育都得到了较快发展。据统计，1958 年全国中等技术学校的民族在校生为 39 766 人，比新中国成立初期（1951 年）的 660 人增长了约 60.3 倍；全国普通高等学校少数民族在校生为 22 421 人，比 1950 年的 1 285 人增长了约 17.4 倍。

4. *改革开放以后少数民族教育的方针任务*

1976 年粉碎“四人帮”，结束 10 年“文化大革命”动乱以后，在党的领导下进行了政治、思想以及经济领域的全面的拨乱反正，使党的正确的民族政策得以恢复并逐步落实，确立了以经济建设为重点，坚持改革开放，坚持四项基本原则为中心的党在新时期的基本路线。依据新时期基本路线的要求和加速发展民族地区社会主义四个现代化建设的实际需要，党和国家提出了新时期民族教育的方针任务。

1980 年 10 月 9 日，教育部和国家民族事务委员会《关于加强民族教育工作的意见》中指出：“少数民族地区的四化建设和繁荣发展，需要大批建设人才，必须发展各类学校教育。没有大批从少数民族出身的坚持社会主义道路和党的领导的、有专业知识和能力的干部，特别是大批的科学技术人才和管理人才，要逐步消除民族事实上的不平等，彻底解决我国的民族问题，显然是不可能的。我们帮助少数民族，最有远见的办法，就是要从办好教育，大力培养人才做起。”

1981 年 2 月 16 日至 25 日，教育部和国家民族事务委员会在北京召开了第三次全国民族教育工作会议，认真研究了少数民族教育面临的形势和方针任务。教育部副部长张承先在会议报告中指出：加强民族教育工作，第一要深刻认识加强民族教育工作的战略意义，这是关系到全局的大问题。第二，要尊重民族特点，我国各民族共同肩负着建设社会主义祖国的光荣任务；民族教育的内容应采取适合于各民族人民发展和进步的民族形式。在学校教育中，要加强少数民族语文教学，切实搞好少数民族语文教材的建设。少数民族学生在中小学阶段应先学好本民族语文，在此基础上学习汉语文，有条件的还要学习外语。民族文字教材要反映民族地区的特点和民族文化的传统。在办学形式上，既要有重点以寄宿制学校作为骨干，又要采取其他多种形式，总之，必须逐步建立适合民族特点的社会主义教育制度，绝不能照搬汉族地区的一套做法。第三，要从各民族地区的实际情况出发，制订切合实际的民族教育规划。第四，发展民族教育必须把加强国家支持和少数民族地区自力更生正确结合起来。除国家大力支援外，还必须充分调动民族地区厂矿、企业和乡村的办学积极性，必须实行“两条腿走路”的方针。按照新的财政体制，国家预算中列有支援经济不发达地区发展资金，还有少数民族地区事业补助费、边境地区事业补助费和基建补助费，建议在这些资金、补助费中都拿出一部分用于民族教育。内地支援少数民族地区教育事业已有传统，今后还要加强。

5. 90年代民族教育改革与发展的目标、任务和方针政策

1992年，国务院批准召开了第四次全国民族教育工作会议。会议研究确定了我国民族教育工作90年代的改革发展目标。

一是坚持打好基础，使民族教育事业在数量和质量上有一个新的发展和提高；二是要支持改革开放，进一步明确办学的路子，使教育更好地为当地的社会主义建设事业服务；三是要努力缩小差距，尤其是要缩小有特殊困难的少数民族和民族地区与内地教育发展平均水平的差距，促进各民族的共同富裕和繁荣。

各级党委和政府要根据当地经济、文化的不同发展水平和产业结构，合理确定本地区各级各类民族教育事业发展的规模、速度、教育结构和办学形式，把提高劳动者的素质，培养初、中级技术人才，提高教育质量，增强办学效益，为当地的经济与社会发展服务，作为教育发展与改革的重点，逐步走出符合本民族和本地区实际的办学路子。

主要任务包括：大力加强基础教育，有计划地实施九年制义务教育；根据当地资源优势和群众生产、生活的需要，大力发展多种形式的职业技术教育和成人教育；高等教育重点要在优化结构、改善条件、提高质量上取得显著成效；多渠道筹措资金改善办学条件；提高少数民族教师的水平；加强民族教育立法工作等。

会议明确了民族教育改革和发展的基本方针和政策：

（1）民族教育要认真贯彻执行党的教育方针和民族政策，坚持“三个面向”，进一步解放思想，紧密结合少数民族和民族地区的实际办出特色、提高质量、服务社会，积极稳步地推动民族教育事业的改革与发展；

（2）各级党委和政府，要坚持社会主义办学方向，切实加强党组织和教

职工队伍的思想建设；

（3）民族教育的改革与发展，要从少数民族和民族地区的实际和特点出发，遵循教育规律，真抓实干，协调发展；

（4）正确贯彻党的民族语言文字政策，在教学中因地制宜地搞好双语教学；

（5）坚持教育与宗教分离的原则；

（6）高等学校和中专招生时，一定时期内对少数民族考生继续实行同等条件下优先录取和适当降分录取相结合的办法，尽快为少数民族地区培养急需的高级专门人才；

（7）对边远少数民族山区、特区工作的教师，制定切实可行的优惠政策等。

二

我国培养少数民族人才的特殊措施及其效益研究

中国的少数民族，多居住在牧区、山区和边境地区。牧区约占全国总面积的1/3以上，牧区、半农半牧区主要分布在内蒙古、新疆、青海、西藏、甘肃、四川等省区，有牧区县（旗）100个，半农半牧县（旗）94个。从事牧业生产的主要有蒙古、藏、哈萨克、柯尔克孜、塔吉克、鄂温克、裕固等族，人口约440万。牧区的显著特点是：地广人稀，交通不便，牧民常年流动放牧。我国有2.1万多公里陆地边境136个边境县，同12个国家接壤，大部分是少数民族聚居区，有许多民族是跨境而居，历史上交往频繁。我国少数民族人口的很大一部分是居住在山区，其中有高寒山区，有土质贫瘠的石山区，也有常年少雨缺水的干旱山区。

除了上述地理和自然条件的限制外，我国少数民族地区的人民，在历史上还长期受压迫，政治上没有充分自由，同时还受到宗教等因素的制约，直到解放时，大多数少数民族的经济文化教育都比较落后。1954年，全国少数民族人口约4 000万，其中有通用文字的少数民族人口约1 600万，没有文字或通用文字的有2 400万人。有的少数民族甚至处于刻木记事的状态。

因此，新中国成立以来，党和国家把帮助少数民族培养各类专业人才和发展教育事业作为一项特殊的任务，采取了一系列特殊的政策和措施。

（一）充分利用中央和内地有关院校，加强少数民族政治干部的培养

新中国成立以来，党和国家重视少数民族政治干部的培养。利用中共

中央党校、国家行政管理学院、中央团校、各民族学院等，为全国少数民族地区培训了大批少数民族政治干部，使广大少数民族干部在政治上、管理水平上得到了迅速提高。实践证明，大批的曾经接受过上述院校培训的政治干部，长期以来一直在少数民族地区的社会主义革命和建设中，发挥着重要作用，其中相当一部分干部担负着党和国家有关部门的中高级领导职务。

（二）通过干部挂职锻炼，培养少数民族干部

长期以来，为了加速对少数民族干部的培养，政府采取了选派少数民族干部到中央国家机关和内地经济发达地区挂职（兼职）锻炼等方式，提高少数民族干部的管理水平。特别是改革开放以来，党中央和国务院领导多次指出，要利用多种途径加速少数民族干部培养。1988 年，中共中央统战部和国家民委强调指出，要通过挂职锻炼等多种形式加强少数民族干部的培养。近年来，各中央国家机关和部委共接受少数民族带职锻炼干部 300 余人，内地各省市也接受了大批边疆少数民族省区的干部以及本省内民族自治州、县的干部带职锻炼。国家教委自 1990 年至今，共接受四批 26 人带职锻炼，收到了良好的效果。实践证明，到中央和内地挂职锻炼是加速少数民族人才成长的有效方式。第一，有利于少数民族人才熟悉党中央和国务院各项重大改革政策的精神实质以及形成过程；第二，有利于少数民族人才提高本专业和本部门工作的理论水平；第三，有助于少数民族人才学习内地兄弟省、自治区、直辖市的经验；第四，有助于不同民族人才之间的经验交流和感情交流。

（三）重视少数民族地区科技人才的培养和使用

长期以来，党中央和国务院十分重视少数民族科技人才的培养，因为这是少数民族地区经济建设的必然要求。特别是改革开放以来，随着工作重心转移到以经济建设为中心的轨道之后，民族地区的少数民族科技人才培养问题日益突出。1983 年国务院批转下发了《劳动人事部、国家民委关于加强边远地区科技队伍建设若干政策的报告》，该报告指出："总结边远地区科技队伍建设的经验，从长远看，要努力造就一支以本地少数民族和汉族人员为主要成员的科技队伍，担负起建设边疆地区的重任。就近期来

说，要使科技队伍的数量和水平逐步适应本地区建设发展的需要。”“要稳定现有科技队伍；重点加强同开发土地资源优势有关的技术力量，狠抓基础教育，提高少数民族科技人员的水平。”

近年来，为培养少数民族科技人才，一是加强了少数民族地区高等院校的建设，特别是科学技术专业的设置和招生规模不断扩大；二是各级党政干部院校和各地民族干部培训中心，为了适应经济建设需要，加强了经济建设所需各类专门人才的培训；三是进一步落实了党的知识分子政策，采取了比较适合边疆地区实际的特殊灵活的政策措施，如允许边远地区、少数民族地区到内地、沿海招聘、聘请、借调人才，鼓励大学毕业生和中专毕业生支援边远地区建设，对科技人员实行特种津贴、浮动工资和奖励等。

（四）设立少数民族教育专项经费，发展民族教育事业，培养少数民族人才

为了加速少数民族人才培养和发展教育事业，党和国家在经费上给予了特殊的支持。早在1953年3月21日，教育部关于少数民族教育补助费使用范围的批示中指出：少数民族各级各类学校经费与一般学校一样，均包括于一般教育事业费之内，少数民族教育补助费是为了帮助少数民族教育事业的发展，在一般教育费之外特设的一笔补助费用，用以补助一般教育事业费之不足。因此，不得以有此项“专款”而取消或减少其在一般教育事业费项下应有的份额，更不得以此项补助费代替应该在经常费（即一般教育事业费）项下开支的任何费用之一部或全部。只有在学校教育上，因民族特点而产生的必需开支，超过了一般教育事业费的范围或标准时，其超过部分方得由少数民族教育补助费项下开支。中央的批示还规定了开支的范围，即少数民族中、初等学校学生在学习和生活方面必需费用的补助，如书籍、文具、被服、医药卫生及特设的助学金，或超过一般规定比例数的人民助学金等；少数民族学校设备的补助；教师待遇的补助，如根据需要为了鼓励教师到少数民族地区工作，在原工资外另加津贴或超出一般待遇标准的超过部分；少数民族私立或群众自办学校（宗教学校除外）设备和经费的补助；少数民族农、牧民业余教育学习的补助；等等。

在1956年6月召开的第二次全国民族教育工作会议上，关于《少数民

族教育补助费使用情况及今后改进意见》的文件中又指出：为了帮助少数民族发展教育事业，解决民族教育中因民族特点在经费开支上的需要，1951年国家经济还在恢复阶段，就专门设置了少数民族教育补助费。少数民族教育补助费历年都有，1951年为151.2万元，1952年为450万元，1953年为909万元，1954年为983.6万元，1955年为1 819.9万元。从1956年起，中央核拨经费采取块块拨款的办法，因而少数民族教育补助费已不单列项下达，但各地的教育事业费中仍包括有这笔经费在内。因此，要求有关省、自治区、直辖市在编制预算时仍应划出一定款额列项，以补助少数民族教育发展中的特殊需要。

1956年9月，国务院在关于少数民族教育事业经费问题的指示中指出：1956年省、自治区、直辖市在预算安排上，有些地区对少数民族教育事业的经费困难照顾较差，特别是小学教育，个别地区采取了与一般地区那样处理的办法，没有照顾到少数民族经济条件的困难情况，不恰当地提倡民办或一律收费，有的甚至削减或取消了应有的少数民族教育补助费，因而使民族教育事业的发展受到了影响。为了照顾民族地区的实际情况，帮助少数民族发展教育事业，使其能逐步地赶上汉族地区的水平，指示对于民族教育事业的经费问题，作了如下规定。

第一，今后一定时期内，民族地区的小学基本上仍由公办，只有在经济、文化比较发达，过去群众又有办学习惯或确实有条件实行民办的地区，才可以适当地实行民办。

第二，民族地区的小学学杂费的收费问题，应依据当地群众的生活情况规定，生活条件比较困难的地区，应不收费，原来有收费习惯或确实有条件实行收费的地区，也须扩大减免名额。

第三，民族小学的编制额应予适当照顾。学生每班人数最高以45人为限，最低15人左右即可开班。学校极端分散的地区，得设专职辅导员巡回辅导教师的在职学习，有寄宿生的学校得根据需要设炊事员和保育员。

第四，各地每年必须保证一定数额的少数民族教育补助费，根据当地经济及教育事业发展情况，以1955年指标数为基础，一般应逐步适当增加，只有经济条件较好，少数民族学生数量增加不大的地区才可以保持原数。

第五，今后各级人民政府在拟制预算时，应切实根据少数民族教育事业的发展需要，并照顾民族特点，本着节约的原则，实事求是、精打细算地予以合理的安排；在经费使用上应加强监督，防止积压、浪费、挪用、乱用等现象的产生，从而更好地发挥经费开支对民族教育事业发展上的保证作用。

1964 年以来全国教育经费中专拨少数民族地区教育补助费的情况是：1964 年为 1 500 万元，1976 年为 4 900 万元，1977 年为 5 500 万元，1978 年为 6 100 万元，1979 年为 7 100 万元。1980 年后，由于财政体制改革，此项经费由省、自治区包干掌握使用。但为了确保民族地区教育事业发展和人才培养工作的需要，教育部、国家民委于 1980 年 7 月 23 日下发了《关于从民族地区补助费中适当安排少数民族教育经费的建议》，希望各省、自治区除正常教育经费照拨外，还能从国家对少数民族地区的各项补助费中安排一定比例的款额，用于解决少数民族教育的特殊需要，以加速培养少数民族干部和各种专业技术人才。1990 年，国务院批准，国家又重新恢复了少数民族专项补助经费。国家教委、财政部在《关于下达民族教育专项补助经费的通知》（教财［1990］085 号）中指出，民族教育专项补助只用于少数民族聚居的普及初等教育确有困难地区（含牧区寄宿制学校）各校校舍的修缮、改造、购置课桌凳、图书设备等。为了切实保证该项补助经费的使用效益，在具体安排上要实行项目管理专款专用。截至 1994 年底，已安排专款补助费 1 亿元，全国共有 14 个省、自治区的 200 多个县得到不同程度的补助。专项经费对改善民族地区教育的办学条件，推动义务教育产生了积极作用。

少数民族教育补助费的设置，是贯彻党和政府的民族政策，帮助少数民族发展教育事业的具体措施。此外，从 1985 年起，国家为了支持老、少、边、山、穷地区发展基础教育，又每年拨出 1 亿元作为普及小学教育基建补助专款，帮助这些地区解决办学经费不足的困难，其中拨给新疆、内蒙古、宁夏、广西、西藏、青海、云南、贵州等 8 省（自治区）的占 54% 以上。还有其他几项教育补助专款，在安排时对少数民族地区都有所照顾。

实践证明，在经济尚不发达的少数民族地区，中央及各级地方政府通过设置专项经费，对推动少数民族教育和人才培养，具有非常显著的效果。

（五）重视对少数民族教育的领导管理

长期以来，为加速少数民族人才的培养，党和国家十分重视对少数民族教育的领导和管理。新中国成立以来，先后4次召开全国民族教育工作会议，总结历史经验，研究培养少数民族人才和提高广大劳动者素质，造就年青一代建设者的重大方针、政策、任务、目标等，推动了全国少数民族人才培养和教育事业的发展，在具体措施上，党和国家采取了加强民族教育和人才培训机构建设，改进民族教育行政领导，培训专职干部等多种有效办法。

为了加强对少数民族教育工作的领导和管理，人民政府采取了一系列措施。

1. 建立民族教育行政机构

1952年4月16日，中央人民政府政务院作出《关于建立民族教育行政机构的决定》，指出：

（1）中央人民政府教育部内设民族教育司；

（2）各大行政区人民政府教育部或文教部，应视工作需要设立民族教育处（科）或在有关处科内设专职人员，其编制员额在原有编制人数内调剂；

（3）各有关省、市、专署、县人民政府教育厅、局、科，应根据该地区少数民族人口的多寡，民族教育工作的繁简，分别设置适当的行政机构或专职人员；

（4）各级人民政府教育行政部门的民族教育机构与该部门的高等教育、中等教育、初等教育等机构，实行适当的分工：关于全国统一的一般的教育行政、经费、师资、学制、课程、教材等事项，由各主管司、处、科负责处理；关于少数民族教育在行政、经费、师资、学制、课程、教材等方面的特殊问题，由民族教育司、处、科或专设人员处理；

（5）有关各级人民政府教育行政部门，应依规定，积极建立机构，配备干部，并尽可能吸收少数民族干部和热心少数民族教育工作的干部参加工作。

到1955年，内蒙古、新疆、黑龙江、吉林、辽宁、热河、贵州、甘肃、青海、北京、天津、河北、上海、江苏、福建、河南、湖北、湖南、广东、广西、四川、云南、西藏、陕西、山东、安徽、浙江、江西等28省（自治区、直辖市），都分别设立了不同级别的民族教育行政机构，配备了干部或指定专人负责管理民族教育工作。

2. 改进民族教育的行政领导

1955年4月28日教育部在关于《全国民族教育行政领导问题》的意见中指出：随着我们国家社会主义建设的迅速发展和民族地区各项工作的逐步开展，今后民族教育的任务将更为加重，加之大区行政机构撤销以后，部分省、市的民族教育机构也有变动。加强民族教育行政领导，为进一步开展并提高民族教育工作创造条件，就有着特别重要的现实意义。因此，中央提出如下要求。

第一，有关的各级教育行政部门应继续充实和健全民族教育行政机构。根据政务院《关于建立民族教育行政机构的决定》的规定，凡应建立机构或指定专人而未建立或指定好的地区，应积极筹备，及早建立或指定专人，凡机构不够健全，人员不够充实的地区，应积极调配政治上和业务上较强的干部，在短期内逐步充实和加强。在进行此项工作时，应特别注意培养民族干部和领导骨干；有些民族自治区或少数民族人口占当地总人口半数左右的地区，由于教育事业的发展程度不同，一般学校在数量上仍占绝对多数，因而当地教育行政部门实际工作中均把主要力量用于管理一般教育事业，而不能以管理少数民族教育为主要任务。因此，为了适应当前民族教育的需要，这些地区的教育行政部门也可以考虑设立适当的民族教育行政机构；有关省市教育行政部门已经设立的民族语文教材编译机构亦应充实加强，提高工作质量，对于其他部门有编译民族语文课本和教材的工作，教育行政部门应尽可能地在业务上予以协助和关心；民族教育行政部门的编制员额，一般应在原有编制人数内调剂解决，但某些民族成分较多，工作较繁的地区，可在上述原则之下报请省、市人民政府酌情照顾。

第二，明确民族教育行政机构的工作范围。各级教育行政部门的民族教育机构与该部门的高等教育、中等教育、初等教育等机构的分工范围，原政务院《关于建立民族教育行政机构的决定》中已有原则规定，其精神仍然适用。民族教育机构或所设专人掌管下列工作：

（1）民族教育方针政策贯彻执行；

（2）国家统一的教育方针政策和法令在民族教育方面贯彻执行的过程中，因民族特点产生的特殊问题的研究与处理；

（3）国家统一规定的学制、教学大纲、教学计划等为结合各民族的具体情况而作的变通或补充；

（4）掌管民族教育事业计划、学校网的设置和少数民族教育补助费；

（5）有关民族语文教材的编译工作及新创制少数民族文字在学校内的实验、推广工作；

（6）协助培养和提高民族学校的师资；

（7）关于民族学院和民族公学的有关工作。

1980 年 10 月，教育部、国家民委在《关于加强民族教育工作的意见》（［81］教民字 010 号）中指出，“恢复民族教育行政机构”。意见认为：“有必要重申 1952 年政务院关于建立民族教育行政机构的决定，各民族自治区地方的教育机构应把发展民族教育作为主要任务；少数民族人口较多的省、地、县，应在教育行政部门内设置民族教育工作机构，调配热心为少数民族事业服务的同志，专司其事。”1980 年，国家教育部恢复民族教育司。

1994 年机构进一步改革后，根据国家教委的三定方案确定了民族教育司的工作职责。

1992 年，第四次全国民族教育工作会议又进一步强调指出，要加强民族教育行政管理机构的建设，有计划地培养一批民族教育行政管理干部，努力提高他们的管理水平和决策能力，从中培养出一批少数民族的教育家。

（六）创办寄宿制学校和民族班

为了加速少数民族人才的培养，少数民族地区在办学形式上除了民族小学、民族中学、民族师范和民族学院之外，为适应当地少数民族的实际情况，各地还创办了寄宿制民族学校，由国家或地方政府对学生实行包吃、包住、包学，对特别困难的少数民族学生还给予衣服、被褥等补助。对寄宿制学校，国家在师资和办学条件方面给予特殊照顾。在尚不具备条件设立民族中小学的地方和城镇，采取在重点中小学里设立民族班的办法，招收少数民族学生，经学习后择优向高一级学校输送合格的少数民族学生。

1. 中小学民族寄宿制学校

各地创办寄宿制学校的情况是：1991 年新疆维吾尔自治区，牧区寄宿制民族中小学已由 1981 年的 122 所发展到 467 所，在校生达 5 万多人；内蒙古自治区，共有 29 个牧业旗，大多举办了村、乡、旗、县的寄宿制学校；云南省人民政府 1980 年 12 月 14 日作出决定，并拨出专款创办寄宿制民族中小学，到1988年，已有寄宿制民族中学38所，小学1 109所，另有半寄宿制高小班3 218个，在校生共有35万多人；宁夏回族自治区，自1980年以来陆续办起寄宿制民族中小学72所，主要招收回族子女入学，在校生已有6 500余人；四川省，近几年来也创办了一批寄宿制中小学民族班，据不完全统计，完全寄宿和半寄宿制的中小学民族班有590个，在校生达18 900人；甘肃省，近几年先后新建和扩建寄宿制民族中小学28所，共有学生3 500多人；青海省，有寄宿制民族小学368所，学生15 733人，寄宿制民族中学39所，学生4 567人。

据内蒙古、新疆、宁夏、广西、西藏、青海、云南、贵州、四川、甘肃等14个省（自治区）的统计，全国少数民族地区现有的寄宿制中小学共5 000多所（班），在校学生达100多万人。

2. 中小学民族班

到1993年，全国独立设置的少数民族中小学已达到28 000余所。此外，各地还设立了许多中小学少数民族班。新疆的喀什、新源、巴州、和静等州县的中小学，为了适应多种民族学习民族语言文字和文化知识的需要，普遍设立了民族班；宁夏回族聚居的泾源、西吉、海原、固原、同心、灵武、吴忠等县，都办起了回族中学或在当地原有中学里设回族学生班；广西从1980年下半年开始，每年招收400多名壮、瑶、苗、侗、彝、仫佬等民族的初中毕业生，到条件较好的百色、河池、柳州、武鸣、桂林、龙胜等地高中的民族班学习，党和政府按月发给他们基本伙食费和生活补助费，入学时每人发一套新卧具、新衣服，发给书本和作业本等；四川省在重点学校里举办了民族班，小学91个，学生3 300人，中学98个，学生4 200人；甘肃省也在武威、张掖、酒泉、临夏、甘南等地州和省属5所重点中学里开设了5个民族班；湖南省自1992年开始，每年办好500所少数民族寄宿制小学。

3. 高等学校民族班和预科教育

1980年6月21日，教育部在《1980年全国重点高等学校试办少数民族班的通知》中指出：为了更好地为少数民族培养人才，决定从1980年开始，有计划、有重点地在部分全国重点高等学校举办民族班，以后视情况逐步扩大，这是为发展少数民族教育而采取的一项特殊措施，希望有关高等学校和省、自治区大力支持。

高等学校中的民族班，以预科班为主，主要是补习高中课程，特别是数理化，并提高汉语听课能力。各校都选派得力的教师授课，使学生能扎扎实实地学到高中文化科学基础知识。招生对象和入学条件是：除少数本科生按全国重点高等学校最低录取分数线录取外，预科班招生如比全国重点高等学校最低录取分数线以上的考生不足计划招生数时，可适当降低录取分数，但以降低总分30分为限；年龄最好在20岁以下，由办班院校直接到各省、区选拔。各省、区教育部门要会同民委给予大力协助，要注意吸收少数民族山区、牧区学生。少数民族预科班学生，经过一年或两年的补习，合格者则根据少数民族地区的需要，直接升入校本科有关专业学习，一般不单独编班。所有民族班学生学成后一般回本地区工作。

自1980年以来，已有80所全国重点高等学校开办少数民族班，招收17个省、自治区的20多个民族成分的学生。1993年有在校民族班学生7 000多人，此外，有关部委和省、自治区的一些高等学校，也举办了类似的民族班，帮助少数民族加快人才的培养。

（七）帮助少数民族培养师资

党和政府一贯重视和关心少数民族教育的师资培养和提高，早在1951年第一次全国民族教育会议讨论通过的《培养少数民族师资的试行方案》中指出，培养、提高少数民族师资是发展少数民族教育的重要工作之一，有关的各级人民政府教育行政部门必须重视。该方案提出：

第一，各级人民政府教育行政部门应积极帮助现有的少数民族师范学校，改善物质条件，提高教师质量，改进教材教法，使其更好地为少数民族培养师资。在工作需要和条件可能时，则应予以扩充，在发展师范教育的计划中，应根据各地区少数民族人口的多寡，教育工作的实际，为少数民族创办一定数量的师范学校，培养少数民族的初等教育、工农业余教育的师资。在尚未具备单独设立少数民族师范学校的地区，可在一般师范学校或中学内增设少数民族师范班。

第二，少数民族地区为了适应发展初等教育、工农业余教育的迫切需要，可设各种短期师资训练班，招收知识分子予以三个月、半年至一年的训练，充当小学教师和工农业余学校教师。并采取轮训和加强在职学习等方法，提高现任教师的质量。

第三，为了培养少数民族的中等学校师资，省级以上的人民政府教育行政部门得在少数民族人口集中、教育较发达的地区筹设少数民族的师范学院或师范专科学校；各民族学院内得酌量增设民族教育系或师范进修科，并可选定若干师范学院或师范专科学校，增加有关少数民族教育的课程，或在原有各系内酌量增设少数民族教育组。

第四，各高等学校的研究部，应注意吸收少数民族研究生；中央人民政府教育部门在派遣留学生时，应选派一定数量的少数民族学生和干部，以培养少数民族的高等学校师资和专门人才。

第五，各级民族师范学校和师资训练班，以招收少数民族学生为主，同时也可招收一部分适合做少数民族教育工作的汉族学生，这些汉族学生必须学习有关少数民族语文，其待遇应与少数民族学生相同。全国各地各级师范学校在招生时，应注意吸收少数民族学生入学。

第六，各级民族师范学校的学制、课程、教材，均应以教育部的规定为基础，并结合少数民族的实际情况斟酌变通。在课程方面，应酌量增加民族问题和民族政策等课程。其学制、课程、教材的改变，须报请中央人民政府教育部核准。

第七，师范院校的少数民族学生，均给予公费待遇。

各少数民族地区根据上述精神，逐渐创办和发展了民族师范教育，大量招收少数民族学生，培养了兼通民族语文和汉语的中小学师资。

在少数民族地区从事教育工作，条件比较艰苦，民办教师待遇也较低，生活尤为困难。为了改善他们的生活和工作条件，保证教学工作的正常进行，党和政府还采取了以下措施：一是将边境县的民办教师转为公办教师。由国家拨出专项劳动指标，经考核合格者，将全国边境县的民办教师全部转为公办教师；对其他民族地区的民办教师，由各省、自治区有计划地安排劳动指标，经考核，择优分期分批逐步解决转为公办教师。二是补助民办教师的工资，逐步增加了民办教师的工资待遇。

师资队伍建设，是发展教育事业三项基本建设之一。为了在少数民族地区普及九年制义务教育，改善师资条件，在加强民族地区各级师范教育的同时，国家还建立了少数民族师资培训中心。1985 年，在兰州西北师范大学（原西北师范学院）建立了西北少数民族师资培训中心，计划规模 2 500人，面向西北 5 省、自治区招收少数民族高中毕业生，并承担部分少数民族地区在职教师的培训。10 年来，该中心已为西藏自治区培养了数千名教师。

（八）有计划有步骤地编译出版民族文字教材

我国是一个多民族的社会主义国家，55 个少数民族都有自己悠久的历史文化，有自己的语言。有的民族有两种或两种以上的语言，共有民族语言 80 多种，其中 23 个少数民族有自己的文字。以民族语文进行教学，是少数民族教育的重要特点之一。为继承和发扬少数民族悠久优良的历史文化传统，加强民族地区的社会主义建设，新中国成立以来，国家帮助 10 个少数民族创制 14 种文字，帮助 5 个民族改革或改进了文字。

1959 年 9 月 15 日，文化部、教育部、国家民委联合召开了全国少数民族出版工作会议。会议确定：各少数民族地区的中小学和师范学校应译用或采用全国通用的教科书，另外自编本民族语文教材和民族学校汉语教材及民族补充教材。少数民族文字教材的编译，必须以党和国家的教育方针为指导思想。

1975 年 3 月 29 日，国务院批转了国家出版事业管理局《关于少数民族文字图书翻译出版规划座谈会的报告》。该报告指出：1975 年秋季开学前，编译出版各种主要教材，使用协作教材或借用外省、市、自治区教材的应根据实际情况进行增删修改和自编必要的补充教材、乡土教材。

1980 年 4 月，教育部在北京召开了少数民族文字教材工作座谈会，会后发出了会议纪要，并要求抓好以下工作：第一，编译民族文字教材要从各个民族地区的特点出发，逐步做到多样化；第二，培养一支又红又专、兼通汉语文和本民族语文的编译队伍，建议各省、自治区党委和教育行政部门，从大中学校中，选拔一批兼通本民族语文和汉语文的优秀教师，从大学毕业生中选拔一批优秀毕业生，充实民族工作部门的编译队伍，对离开民族教材编译工作的人员，要积极动员归队，对不适合这项工作的人员，要适当进行调整，在充实和扩大编译队伍时，要注意培养本民族人才；第三，减少亏损，恢复民族教材补贴办法；第四，改善民族教材编译人员的工作条件和生活条件。

近几年来，民族教材编译和民族语文教学都有较大的发展和加强。八省区中小学蒙文教材协作组，五省区藏文教材协作组，东北三省朝鲜文教材协作组，在民族语文教材编译协作方面发挥了积极的作用。现在，全国已有内蒙古、新疆、广西、西藏、青海、甘肃、四川、云南、辽宁、吉林等10个省、自治区成立了民族文字教材编译机构。据1988年统计，全国各省、自治区有1万多人从事民族语文的编译、出版和研究工作，共编译出版10多种民族文字的各类教材和教学用书1 800多种，1.2亿册，初步解决了这些地区民族中小学的教学需要。各民族地区，还建立了一批用民族语文授课的中小学，据不完全统计，全国已有用少数民族语文授课的中小学16 300多所，在校学生达250多万人，并培养出6万多名兼通民族语文和汉语文的中小学教师。

少数民族文字教材编译出版事业的发展，为培养千百万少数民族人才创造了重要的条件。

（九）大力支援少数民族不发达地区发展教育和培养人才

我国的少数民族地区，地大物博，开发这些地区，不仅对于全国经济振兴、促进四化建设有着重要的意义，而且对加强各民族的团结，巩固边防也具有重要的政治意义。为此，在党的指导下，加强对边远少数民族地区学校的支援协作，是促进少数民族地区现代化建设，发展民族教育事业的有力措施。

1. 开展对少数民族贫困地区人才培养的对口支援

由于我国地域辽阔，各少数民族居住地区的差异很大，各地的经济发展很不平衡。在1986年国务院确定的328个国家级和省级贫困县中，有143个是少数民族贫困县，占全数的42.8%，其中大部分贫困县当时的人均收入不足200元。为了加强少数民族贫困地区的经济文化建设，促进各民族的共同繁荣，20世纪80年代以来，各级政府加强了对贫困地区经济和文化教育发展支援的力度。1992年3月召开的第四次全国民族教育工作会议提出，经济发达地区的县（市）要与国家确定的143个少数民族贫困县开展多种形式的结对支持。会后，国家教委下发了《关于对全国143个少数民族贫困县组织对口支援协作的意见》（教民厅［1992］12号）。该意见指出：开展对口支援协作的目的主要是帮助和推动少数民族贫困县发展教育事业，转变观念，从实际出发，探索教育为当地经济建设和社会发展服务的路子，加快民族贫困县脱贫致富的步伐，促进各民族的共同富裕和繁荣。该意见还指出，对口支援协作的主要任务是为少数民族贫困地区培养中、初级技术骨干，培训在职教师；派优秀教师赴贫困地区讲课，帮助提高当地的师资水平和教育质量；派人参加和指导少数民族贫困县进行教育综合改革实验、实施“燎原计划”、开展“三教统筹”与农科教结合，逐步提高少数民族贫困县自身发展的能力和后劲。

两年多来，特别是1993年12月国家教委与国家民委一并在宁夏召开了全国对口支援协作会议以来，全国对少数民族贫困地区的对口支援工作取得很大的进展。到目前为止，绝大多数贫困县已与有关内地经济发达县（市）结对，开展支援协作。

2. 开展内地与少数民族地区院校人才培养和队伍建设的支援协作

1978年6月，中央教育部在《关于教育部所属高等学校人员调整工作的几点意见》中指出：支援边远地区和经济、文化不发达地区的高等学校，是重点高等学校和老校应承担的一项光荣任务。为了有计划地切实做好这项工作，教育部所属各院校每年应有1%～3%的教师支援边远地区和经济、文化不发达地区的高等学校。早在20世纪50年代，国家就组织了内地教师到边疆支援少数民族发展高等教育。1985年12月，教育部又召开了西北五省、自治区第一次高等学校协作会议，会议决定设立协作机构，在自愿的基础上，本着平等互惠、互相支持的原则，开展各项协作活动，包括师资培训、人才培养、科学研究、学术交流、情报资料交换、学校管理、教学改革、思想政治工作、外交工作、后勤服务工作等的交流协作。会议指出近期协作的任务是：充分发挥各省区高校的作用，代培和培养需方的短缺人才，为需方培养研究生，以充实和加强高校师资队伍；鼓励教师到需方院校兼职、讲学，帮助建设学科梯队和培养学科带头人。为完成这些任务，决定在计划安排上坚持优先的原则，在收费上实行优惠的原则。1987年，国务院智力援藏工作会议进一步提出，开展对西藏高校的支援协作。

目前通过对口支援协作的方式，支持少数民族地区发展高等教育事业，已取得了显著成效。以新疆维吾尔自治区为例，在改革开放10多年中，就与内地10多个省区的60多所高等学校开展了校际支援协作，仅从1989年至1992年，内地高校已在新疆招收普通本专科学生13 000人，其间根据新疆经济建设的实际，从1990年到1992年，国务院的22个部委所属的50多所高校共招收新疆民族学生26 000多人，定向研究生280多人，接受新疆高校进修教师400多人，培训新疆厂矿、企业的厂长、经理300人，组织和支持新疆的高校与国外高校建立校际交流关系，选派公费出国留学人员，与新疆高校广泛进行学术交流和科研协作等，有力地促进了新疆教育事业和经济建设的发展。与此同时，内地高校还为新疆培养了研究生、进修教师，支援了教学仪器、设备、图书资料等。

1992年9月，国家教委与新疆维吾尔自治区人民政府共同召开了第二次内地支援新疆高校协作会议，制订了与新疆对口支援计划。会议确定，自1993年至1995年，国务院有关部委所属内地高等院校每年招收新疆少数民族本专科学生800人左右，定向研究生150人（其中博士生20人至30人），接收高校进修教师200人；每年培训新疆县处级少数民族经济、企业管理干部200人，3年共培训600人，并在公派出国项目及留学人员指标、国际合作等方面继续给予照顾。目前，在内地学习的新疆少数民族学生分布在60多所高校的近200个专业。1995年7月，国家教委与新疆维吾尔自治区人民政府在北京共同召开了第三次内地支援新疆高校协作会，确定了今后三年的协作计划。

（十）对藏族地区的人才培养和教育采取因地制宜、分类指导的方针

藏族人口聚居地区是我国各少数民族中情况较为特殊的地方。长期以来，国家对藏族地区的教育一直采取因地制宜、分类指导的工作方针。改革开放以来，为了加强对西藏、四川、甘肃、青海、云南等5个藏族人口较为集中的省、自治区有关藏族教育一些重大问题的指导，国家教委在甘肃省甘南藏族自治州召开了五省区藏族教育研讨会。会后，为了进一步加强对五省区藏族教育一些重大问题的协商、协作和研讨，总结交流藏族教育经验，根据中央有关领导同志的指示，设立了五省区藏族教育协作领导小组和五省区藏族教育协调小组。五省区协作领导小组的主要任务是：对藏族教育改革、发展中具有共性的重大方针、政策、措施进行研究，并向国务院提出建议；具体领导藏族教育协调小组的工作，研究教育协作中的重大问题。藏族教育协调小组的主要任务是：在协作领导小组领导下，对藏族教育师资培养、藏文教材的编译出版、藏族地区中、高级人才的培养等方面进行协调，组织交流藏族教育改革、发展经验；提出和表彰藏族教育

办得好的单位和个人；组织开展藏族教育科学研究，研究和提出藏族教育协作的具体计划和对有关问题进行协调。在此之前，五省区已成立了五省区藏族教材协作组。

（十一）对西藏教育的特殊政策

在藏族聚居的五省区中，西藏自治区的情况又最为特殊。长期以来，党中央和国务院采取比其他地区更为特殊的办法，加快扶持和指导。

西藏地处祖国西南边陲，是全国最具有特殊性的一个自治区。它是世界上海拔最高、面积最大的高寒地带，地广人稀，交通不便，长期以来同全国各地、世界各地来往都比较少；它经历了很长时间的封建农奴制社会，到20世纪60年代初过渡到社会主义社会，这是一次很大的飞跃。但封建农奴社会带来的历史痕迹很深，不可能一下子消除。西藏基本上是个单一的藏族地区，藏族人民长期聚居在一起，因此自我凝聚力强，心理素质比其他民族更具有特殊性；西藏是世界上受佛教影响最大、最深的地方，几乎全民族信仰佛教。由于在自然地理条件、社会发展、民族、宗教、历史文化传统、生产水平以及生活方式等方面具有很大的特殊性，对培养少数民族人才、发展教育形成了很大制约，因此，新中国成立前西藏现代学校教育很少，这是造成西藏教育长期落后的重要原因。

根据上述特点，为了帮助西藏迅速改变文化教育落后状况，培养大批藏族人才，适应西藏各项建设的需要，党和国家对西藏的教育事业发展以及人才培养向来十分重视，给予极大的关怀，提出了“全国支援西藏”的方针，制定了一系列特殊的政策。

1. 创办学校，培养人才

早在西藏和平解放初期，毛主席就号召进藏的中国人民解放军，帮助西藏大力发展文化教育，培养民族人才。昌都地区解放后，在人民解放军的帮助下，建立了西藏第一所现代小学，以后又相继建立了拉萨第一小学、拉萨第一中学、拉萨师范学校、西藏团校等。进入20世纪60年代，建立了西藏民族学院。所有这些学校，为建设社会主义西藏培养了成千上万的各类少数民族人才。改革开放以后，党中央又采取了更为特殊的政策和措施，发展西藏的教育，加速人才的培养。

2. 拨出专项经费予以扶持

援助西藏教育的目的，是为了继承和发扬西藏民族文化的优秀传统，进一步打破封闭状态，实行改革和对内对外开放，努力创造有利于西藏教育发展的良好环境，加强基础教育和师资培训，使西藏的基础教育在数量和质量上都有显著发展和提高。

为了帮助西藏培养人才，1985 年在内地有关省市创办了西藏初中班和西藏中学，国家拨出专款 3 000 万元，1986 年又追加 1 000 万元（五年安排，每年 200 万元），作为内地帮助西藏办学培养人才的补助经费。1987 年 9 月，国务院第二次援藏工作会议决定帮助西藏建设九大项目，共 34 个子项目，主要包括：扩建西藏 4 所中等师范学校，在西藏大学内建立中学藏语师资培训中心，在西北师范大学建立藏族师资培训和藏文教材教学研究中心，改善西藏边境县中小学的办学条件，充实内地办西藏中学班（校）的办学条件，为西藏教育部门配置教学服务用的汽车以及建立一个（教育、科普、文化）电视卫星上行站等，共投资 6 000 万元，其中基建投资 5 270 万元，教育事业费 730 万元。到 1992 年底，34 个子项目绝大部分已建成使用，使西藏各级各类学校新增校舍 95 650 平方米，增招学生 18 390 人，增加住校生 2 890 人；新增教研室 138 间，图书阅览室 1 325 个席位；新增教职工住宅 580 套，新购各种小汽车 60 辆；新建地面教育卫星上行站、地面卫星接收站 100 座。1993 年 3 月召开的全国教育援藏工作会议，中央再一次直接向西藏投资 4 100 万元，帮助发展西藏教育事业，加速各级各类人才培养。

3. 派遣援藏教师

为了帮助西藏地区尽快建设和发展教育事业，党和人民政府采取了支援西藏中学和大学师资的重大措施，全国各地积极响应，收到了显著的效果。

1956 年 7 月 20 日，教育部发出的《关于抽调初中、师范教员和教育行政干部支援西藏的通知》中指出："西藏地区本年将在拉萨、日喀则、昌都等地成立中学，并举办师资短期训练班。但该地由于历史原因尚无中学师资，即一般知识分子也很缺乏，因此，需要内地各省支援。这是一项光荣的任务和不可推卸的责任。"该通知下达后，从北京、天津、河北、四川、贵州、云南、甘肃、广西、湖南、山西、陕西、辽宁等省市选派 27 名教师和辅导员，长期支援西藏。

1974 年 4 月，根据国务院批转的教育部《关于内地支援西藏大、中专师资问题意见的报告》精神，由国家机关和上海、江苏、湖南、河南、辽宁等省市选派 461 名教师支援拉萨等地（市）的教育事业。

1975 年至 1986 年，教育部和国家教委又从上海、江苏、山东、湖南、湖北、四川、辽宁、河南等省市选派了 7 批共计 3 056 名教师支援西藏。

1987 年以后，国家教委又组织上海、浙江、湖北、辽宁、山东、山西、天津等省市以及北京经济学院、北京旅游学院、北京师范学院、南京师范大学、西北师范大学、西北农业大学、陕西师范大学、西安医科大学、西安体育学院、陕西财经学院等，派出 460 余名教师支援西藏。

从 20 世纪 50 年代中期到现在的近 40 年时间里，为发展西藏教育事业，全国共计选派 6 640 名教师援藏，他们与西藏各族教师一起，共同为发展西藏的教育事业贡献了青春年华。

4. 全面对口支援西藏教育

根据中央和国务院关于“全国支援西藏”的方针，把智力援藏的各项任务落实到国家有关部门、内地有关省市和学校，实行对口支援。支援的重点，是为西藏各类学校培养、培训师资和管理人员，办好内地西藏班和西藏中学，积极支援、培养西藏建设急需的各类专业技术人才。

（1）重点加强师范教育和师资的培养。在师范教育和师资培养方面，由浙江省对口支援拉萨师范学校，辽宁省对口支援昌都师范学校。主要任务是：根据西藏的实际需要，定期选派缺门专业课教师，采取走出去、请进来的办法，为 4 所师范学校培训在职教师和学校的管理人员，以便尽快提高他们的教学业务和管理水平。

（2）对西藏 7 个地市教育的支援。拉萨市，由浙江对口支援；林芝地区，由湖南对口支援；日喀则地区，由山东对口支援；阿里地区，由山西对口支援；那曲地区，由天津对口支援；山南地区，由辽宁对口支援；昌都地区，由湖北对口支援。对口支援的主要任务是：选派初中、高中骨干教师讲课，帮助培训中学教师和教育行政管理人员，对中学实验室建设给予技术指导，其他支援项目，由双方协商确定，内地有关省市应积极予以支持。西藏电教馆，由原国家教委电教司给予技术咨询和指导，由中央电教馆对口支援，帮助培训专业技术人员和管理人员；西藏自治区党校，由中央党校对口支援，具体支援项目由西藏提出，并由双方研究确定。

（3）加强西藏教育研究和藏文教材建设。西藏在社会历史、地理条件、民族、历史文化传统等方面都具有很大的特殊性，在西藏办教育，必须从西藏的实际出发，重视继承和发扬藏族优秀的历史文化传统。为此，依托西北师范大学设立必要的机构，加强以西藏为重点的整个藏族教育的研究工作，在继续加强藏、青、川、甘、滇等五省区教材编定协作的同时，西北师范大学和西藏教材编写机构紧密合作，争取5年内重新设计并逐步编写适合藏族特点的中小学教材。

5. 举办内地西藏初中班和西藏中学

为帮助西藏发展教育事业，加速人才的培养，促进西藏的社会主义建设，从1985年起，在内地有关省市选择条件较好的中学举办西藏初中班。从1989年开始，又在内地举办西藏中专班。目前，内地举办西藏中学班、中专班的学校累计招生1万人，分布在25个省、市、自治区和19个部委所属的100多所学校，现有在校生12 000余人。1993年秋，已有第一批中专毕业生返藏参加建设；近600名两届高中毕业生升入全国各地高等院校学习。

几年来，在内地举办西藏班，得到各级领导部门的重视，受到了西藏各族群众的热烈欢迎。

（十二）关于培养少数民族人才、发展民族教育事业特殊措施的几点反思

党和国家为培养少数民族人才，采取了一系列特殊政策和措施。实践证明，这些政策和措施极大地推动了少数民族教育、文化事业的发展，培养了大批少数民族干部和各类专业技术人才。党和国家为培养少数民族人才，提高各民族素质，实行了多种特殊政策，充分体现了党和国家诚心实意地帮助各民族进步繁荣的决心，为实现各民族的共同繁荣奠定了重要的基础。世界上没有哪一个政党、政府像中国共产党、中国政府这样关心各族人民的文化教育事业发展，帮助各少数民族培养人才。可以说，几十年来，我国在培养少数民族人才和发展教育事业上所取得的成就是巨大的、举世瞩目的。这些成就生动地反映了我国社会主义的新型民族关系，是我国社会主义制度优越性的充分体现，是中国共产党领导下的整个中华民族

对世界和对人类和平与发展的重大贡献。

虽然，长期以来为加速少数民族人才培养，党和国家采取了一系列政策和措施，但是从当前的发展来看，在这些措施的贯彻上，还存在这样或那样的不足，还不能适应形势的要求，必须在总结经验的基础上加以改革、调整、充实。

第一，要提高对培养少数民族人才采取特殊政策与措施重要性的认识。有相当一部分同志，由于不能正确地理解对培养少数民族人才采取特殊政策和措施的意义，在工作落实上不积极、不主动，更缺乏探索创新的精神。特别是少数地方，由于长期受“左”的思想影响，少数民族人才的培养及其作用，都还存在一些不正确的认识。

第二，过去对少数民族人才培养及教育采取的特殊政策与措施，主要侧重于外部条件，即在客观方面照顾得多，而对于如何从根本上帮助少数民族地区改变教育落后状况，如何转变教育思想，如何提高办学效益等方面相对考虑得少。

第三，很多地方对少数民族人才培养以降低条件要求来作为特殊照顾的手段，事实上放低了对人才培养的质量要求，客观上影响了少数民族人才的水平提高，不利于少数民族的长期发展。因此，必须把适当的照顾与严格的质量要求结合起来。

第四，少数民族人才培养与教育发展是复杂的系统工程，必须考虑改善整个社会培养人才的办学环境。这里包含着非常丰富的内容，如弘扬优秀的民族文化传统，不断提高民族地区的重教意识，改变传统宗教观念和传统的落后习惯，等等。

第五，必须加强对少数民族人才培养过程中的方法、手段以及培养内容的改革。根据现代社会发展的需要，必须增强现代科学内容，使用现代化的教育、教学手段，广泛实施双语教学。要从民族地区实际出发，大胆改革课程与教材内容。

第六，必须增强在培养人才和发展教育条件上照顾的力度，从根本上改善民族地区基础教育的办学条件。增加教育投入，培养合格师资，这是培养少数民族人才的基础。

第七，要把培养“培养者”作为一个重要任务。努力培养一大批懂得少数民族人才培养规律的教育行政管理干部和教学人员。

总之，培养少数民族人才，必须根据时代的不断发展变化，不断探索特殊的政策和措施，加速少数民族人才培养的步伐。

表 2－1 全国 143 个少数民族贫困县教育对口支援协作表

省援省、区	少数民族贫困县（市）	支援协作省（市）
河北省	1. 青龙满族自治县 2. 丰宁满族自治县 3. 围场满族蒙古族自治县	河北省
内蒙古自治区	1. 托克托县 2. 清水河县 3. 阿鲁科尔沁旗 4. 奈曼旗 5. 敖汉旗 6. 杭锦旗 7. 鄂托克前旗 8. 巴林左旗 9. 巴林右旗 10. 克什克腾旗 11. 中特旗 12. 科尔沁右翼中旗	北京市
内蒙古自治区※	1. 四子王旗 2. 乌审旗 3. 察哈尔右翼后旗 4. 准格尔旗	内蒙古自治区
浙江省※	1. 景宁县	浙江省
湖北省※	1. 利川县 2. 咸丰县 3. 宣恩县 4. 巴东县 5. 鹤峰县	湖北省

续表

省援省、区	少数民族贫困县（市）	支援协作省（市）
湖南省※	1. 永顺县 2. 保靖县 3. 花垣县 4. 桑植县 5. 城步苗族自治县	湖南省
广西壮族自治区	1. 乐业县 2. 德保县 3. 那坡县 4. 东兰县 5. 巴马瑶族自治县 6. 西林县 7. 天等县 8. 都安瑶族自治县 9. 隆林各族自治县 10. 凤山县 11. 靖西县 12. 罗城仫佬族自治县 13. 环江毛南族自治县 14. 田东县 15. 凌云县 16. 南丹县 17. 天峨县 18. 大化县	江苏省
广西壮族自治区※	1. 融水苗族自治县 2. 金秀瑶族自治县 3. 三江侗族自治县 4. 平果县 5. 龙洲县 6. 龙胜各族自治县	广西壮族自治区

续表

省援省、区	少数民族贫困县（市）	支援协作省（市）
四川省※	1. 酉阳县 2. 石柱土家族自治县 3. 黔江土家族苗族自治县 4. 彭水苗族土家族自治县 5. 秀山土家族苗族自治县 6. 白玉县 7. 金阳县 8. 昭党县 9. 美姑县 10. 布拖县	四川省
贵州省	1. 望谟县 2. 兴仁县 3. 普安县 4. 从江县 5. 黄平县 6. 剑河县 7. 沿河土家族自治县 8. 紫云县 9. 关岭县 10. 罗甸县 11. 三都县	福建省
贵州省※	1. 务川仡佬族苗族自治县 2. 威宁彝族回族苗族自治县	贵州省
云南省※	1. 禄劝彝族苗族自治县 2. 德钦县 3. 维西傈僳族自治县	云南省

续表

省援省、区	少数民族贫困县（市）	支援协作省（市）
云南省	1. 红河县 2. 绿春县 3. 元阳县 4. 屏边苗族自治县 5. 福贡县 6. 贡山独龙族怒族自治县 7. 麻栗坡县 8. 西畴县 9. 富宁县 10. 广南县 11. 武定县 12. 江城哈尼族彝族自治县 13. 澜沧拉祜族自治县 14. 沧源佤族自治县 15. 双江拉祜族佤族布朗族傣族自治县 16. 南澶彝族自治县 17. 漾濞彝族自治县 18. 墨江哈尼族自治县 19. 西盟佤族自治县	上海市
甘肃省	1. 永靖县 2. 卓尼县 3. 舟曲县 4. 东乡族自治县 5. 积石山保安族东乡族撒拉族自治县 6. 张家川回族自治县	天津市

续表

省援省、区	少数民族贫困县（市）	支援协作省（市）
宁夏回族自治区	1. 西吉县 2. 固原县 3. 海原县 4. 同心县 5. 隆德县 6. 泾源县 7. 盐池县 8. 彭阳县	辽宁省
青海省	1. 大通回族土族自治县 2. 民和回族土族自治县 3. 化隆回族自治县 4. 循化撒拉族自治县 5. 同仁县 6. 泽库县 7. 班玛县 8. 玉树县 9. 杂多县 10. 襄谦县	山东省
新疆维吾尔自治区	1. 塔什库尔干塔吉克族自治县 2. 阿坪县 3. 阿图什市 4. 英吉少县 5. 疏附县 6. 皮山县 7. 墨玉县 8. 托里县 9. 木垒哈萨克族自治县 10. 策勒县 11. 洛浦县 12. 尼勒克县	广东省

续表

省援省、区	少数民族贫困县（市）	支援协作省（市）
新疆维吾尔自治区	13. 福海县 14. 阿合奇县 15. 乌恰县 16. 民丰县 17. 伊吾县	广东省
海南省	1. 白沙黎族自治县 2. 东方黎族自治县	广东省

注：有※号者，为本省内部承担支援任务的县、旗。

三

少数民族人才培养的巨大成就和经验教训分析

长期以来，在党和国家的高度重视和大力支持及各族人民的共同努力下，我国少数民族人才的培养取得了巨大的成就。

（一）培养了大批的少数民族人才

第一，少数民族人才数量由少到多，发展迅速。据统计，到1993年底，全国已形成了一支由党、政、经济、科技、文化、教育、卫生等各方面专业人才组成的干部队伍。干部队伍人数已达到273万多人，比1949的近1万名干部增加了数百倍。第二，大批德才兼备的优秀少数民族干部走上各级领导岗位，做到了少数民族自己当家做主管理本民族的事务。经过各级党组织的努力，少数民族干部的综合素质及实际工作能力都有很大提高，已经和正在成为民族地区四化建设的中坚力量。全国55个少数民族都有自己的代表参加全国人民代表大会。第六、七、八届人大代表中，少数民族代表分别为405人、445人、439人，占全国代表总数的比例分别是13.60%、14.92%、14.75%，高于少数民族人口占总人口的比例。第三，各类专业人才在干部中的比重越来越大。到1993年，全国少数民族专业技术干部占少数民族干部总数的比重有了大幅度提高，更加适应少数民族地区经济建设的需要。第四，各类少数民族干部的文化素质越来越高。党的十一届三中全会以来，通过大专院校、各级党校、民族干部学校、电大、函大等多形式、多层次、多渠道培训了大批少数民族干部。第五，少数民族人才队伍的年龄结构日趋年轻化。

如四川省，全省已有65人担任了地、州级领导干部，占民族地区地、州级干部总数的 67.7%；三个自治州的党委、人大、政府的主要领导均由少数民族干部担任；县级少数民族干部已达 1 097 人，占民族地区县级干部总数的 51.29%；各县的县委、人大、政府、政协的主要领导多数由少数民族干部担任；区乡干部已基本实现民族化。此外，省委、省人大、省政府、省政协和省级一些厅局都有少数民族干部担任领导职务。到 1989 年底，全省少数民族干部中大专及相当大专文化程度的已占民族干部总数的 11.5%，具有高中、中专学历的少数民族干部占民族干部总数的 55.7%，初中和初中以下的占民族干部总数的 32.8%。在抓好学历培训的同时，还狠抓了对少数民族干部的培养。截至 1989 年底，全省少数民族干部已发展到 6.4 万人，占民族地区干部总数的 37.65%，特别是党的十一届三中全会以来的 10 年间，民族干部队伍增加了一倍多。其中，党政机关的少数民族干部为 2.9 万人，占党政机关干部总数的 49.5%；事业单位为 3 万余人，占事业单位干部总数的 37.2%；企业单位 5 000 余人，占企业单位干部总数的 16.2%。

（二）初步建立了少数民族教育体系，为人才培养奠定了重要基础

现在我国的少数民族地区，从幼儿教育、小学教育、中等教育到高等教育，已基本形成了具有少数民族特色的社会主义教育网络。据 1993 年统计，少数民族各级各类学校在校生已达 1 419.58 万人，比新中国成立初期的 1951 年增长了 14 倍多。其中，在校大学生 16.33 万人，增长 7.7 倍；普通中学在校生 313.7 万人，增长 78.4 倍；小学在校生 1 140.17 万人，增长近 12.2 倍；中等专业技术学校在校生 2 197 万人，增长 153 倍。

普及教育取得了可喜的成绩。据统计，目前已普及小学阶段教育的少数民族人口较多的县，共有 200 个；各省、自治区正在积极实施普及九年制义务教育；扫盲教育也取得了很大的进展，文盲半文盲率已从解放初期的 80%下降到了 30%。西藏自治区，新中国成立前适龄儿童入学率不到 2%，文盲率达 90%以上，现在文盲半文盲已降到 57%。随着科普教育的开展，民族地区的成人教育正在蓬勃发展。其中，电化教育发挥了重要的作用，它克服了民族教育中的许多薄弱环节，收到巨大成效，不仅培养出一批各类学科的正规高等、中等毕业生，而且通过电教手段，举办各种专业技术培训班，以短平快方式为各民族地区培养出一批具有一技之长的人才，为

民族地区脱贫致富创造了良好的条件，受到各地的好评。

表 3－1 各级学校少数民族学生数 单位：万人

年　份	高等学校	中等技术学校	中等师范学校	普通中学	小　学
1951	0.21	0.06	0.45	4.00	94.30
1965	2.19	1.09	0.81	37.18	435.00
1979	3.74	3.22	3.97	205.87	737.80
1988	12.54	9.20	6.46	281.64	1 024.0
1993	16.33	21.97		313.7	1 140.17

（三）建立了较为完善的民族教育行政领导机构

根据中央人民政府政务院 1952 年 4 月《关于建立民族教育行政机构的决定》精神，在教育部设立了民族教育司，在各大行政区人民政府内的有关教育部门设立了民族教育处或在有关处科内设专职人员，各有关省、市、专署、县人民政府的教育厅、局、处、科，也分别设立了民族教育处、科和指定专人负责，加强了对民族教育的领导。

在“文化大革命”中，民族教育机构全被撤销，人员被调离。粉碎“四人帮”后，为了加强对民族教育工作的领导，民族教育的领导机构逐步得到了恢复，教育部于 1979 年底经国务院批准恢复民族教育司。1981 年 2 月召开的第三次全国民族教育工作会议上，重申了 1952 年中央人民政府政务院的“决定”，要求有关省、市、自治区依照“决定”的精神，结合各地实际情况，恢复和健全民族教育行政机构。到 1993 年底，在省一级的教育行政领导机构的厅、局中设立民族教育行政机构的有：内蒙古、黑龙江、吉林、辽宁、青海、甘肃、四川、云南、贵州、广西、湖南、海南等，地（州）、县级的教育行政部门也相应恢复了类似机构或指定专人负责民族教育工作，进一步加强了对民族教育工作的领导，这对发展少数民族地区的教育事业，起到了积极的推动作用。

（四）少数民族师范教育体系初步形成，教师队伍逐步壮大

新中国成立前，我国少数民族教育非常落后，少数民族师范教育尤其薄弱。新中国成立以后，党和政府十分重视和关心少数民族师资的培养和

提高，不断加强少数民族师范教育。1951 年，教育部在北京召开的第一次全国民族教育工作会议就通过了《培养少数民族师资的试行方案》。该方案指出："培养提高少数民族师资是发展少数民族教育的重要工作之一，有关各级人民政府教育行政部门必须重视。"此后，国务院还多次开会强调加强少数民族师范教育。1980 年，全国师范教育工作会议专门提出《关于加强少数民族师资队伍的建设的问题和意见》。1986 年，国家教育委员会再次发出加强师范教育的通知。

上述政策和措施，推动了整个民族教育的发展，使少数民族师范教育取得显著成就。

1. 少数民族师范院校得到迅速发展

新中国成立前，旧中国只有 10 余所少数民族中等师范学校，少数民族的高等师范院校完全是空白。据 1991 年统计，内蒙古、新疆、广西、宁夏、西藏等 17 省区的中等师范学校和高等师范院校中，以民族师范院校命名或在校民族学生超过 50% 以上的中等师范学校已有 49 所，高等师范专科学校 36 所，本科制民族师范学院 1 所。此外，国家还在西北师范大学建立了西北少数民族教师培训中心。1991 年，在全国 66. 1 万名中等师范学校在校生中，有少数民族学生 6. 6 万人（约占 10%），比 1951 年增长了 13. 5 倍，同期全国增长了 3. 36 倍。1991 年，全国高等师范院校在校学生达到 479 287 人，其中少数民族学生为 37 289 人，与解放初期相比，全国增长了 10. 89 倍，少数民族在校生增长了百余倍。

表 3－2　各级学校少数民族教师数　　单位：万人

年　份	高等学校	中等技术学校	中等师范学校	普通中学	小　学
1965	0. 33	0. 11	0. 04	1. 46	13. 32
1979	0. 71	0. 29	0. 22	10. 82	31. 32
1988	1. 69	0. 85	0. 44	15. 84	43. 18
1993	1. 94	1. 04	0. 52	20. 21	47. 72

新中国成立以来，西藏、新疆等民族自治区的师范教育发展更快。和平解放初期的西藏，在现代教育上是空白，师范教育更谈不上。而现在西藏已有 5 所中等师范学校，1 314 名学生，另外还有内地西藏中师班 21 个，

学生850人，分布在内地的6所中等师范学校学习。西藏大学还专门设有师范教育专业和一个藏语文教师培训中心。新疆维吾尔自治区，新中国成立前只有几所简易师范学校，学生2 000余人，高等师范教育是空白。而到1990年，新疆已发展到22所中等师范学校、6所高等师范学校，在校生分别达到11 261人和8 471人。

2. 少数民族教师迅速增长

在全国901.3万名普通大、中、小学教师中，有少数民族教师72.65万名（占8.06%），与新中国成立初期相比，全国大、中、小学教师总数提高了4.3倍，而少数民族大、中、小学教师总数提高10.21倍。其中大学教师是1953年的28.78倍，中学教师是1952年的70.95倍，小学教师464 053人，比1953年增长了7.77倍。此外，其他各类普通学校还有少数民族教师51 867名。这支教师队伍是一支热爱社会主义，忠诚党的民族教育事业的坚强队伍，长期以来，为推动和发展民族教育事业，作出了不可磨灭的贡献。

3. 少数民族在职教师培训网络初步形成

根据1980年全国师范教育工作会议提出的面向普通教育，从教师实际出发，通过各种培训形式，提高中小学在职教师政治、业务水平的培训工作方针，以及“缺什么，补什么”的原则，各省、市、自治区结合自己所辖区内各少数民族地区的实际，进一步加强和改善了师资培训机构，建立了一批教育学院、教师进修学校、师范学校函授部等，同时采取教师自学、学校自培、举办讲座或汇报会以及业余大学、电视大学、广播师范大学讲座等多种形式，提高在职教师的业务水平和思想素质。1990年，全国有265所教育学院，在校学员252 977人，其中新疆、内蒙古、广西、宁夏等4个自治区有33所，在校学员达27 270人。1990年全国共有教师进修学校2 018所，在校进修生530 473人，其中新疆、广西、内蒙古、宁夏4个自治区共计教师进修学校214所，在校进修教师53 409人。各级在职教师培训网络的逐步形成与完善，为广大少数民族教师队伍素质的提高，创造了良好的条件。

4. 少数民族教师生活、工作条件明显改善

1979年，国家拨发劳动专项指标，将全国边境县的全部民办教师（其中大多数是少数民族）转为公办教师。与此同时，要求其他各省、自治区

对少数民族山区、牧区的民办教师，有计划地安排劳动指标，经考核选择，分期分批地逐步转为公办教师。广大边境地区少数民族民办教师转为公办教师，显著改善了生活待遇，调动了广大教师的工作积极性。此外，近年来政府还提倡各民族地区根据当地实际，对民办教师工资进行补贴，使民族地区的民办教师工资收入高于内地一般地区民办教师的工资。

回顾新中国成立40多年来，培养少数民族人才和民族教育发展的历程，道路虽然曲折，但成就是巨大的。概而言之：

（1）40多年来，党和国家一贯重视少数民族人才的培养，重视帮助各少数民族发展文化教育事业；

（2）培养了数以百万计的少数民族干部和各类专业人才；

（3）建立了少数民族教育的基本体系，形成了从幼儿教育到高等教育、普通教育到成人教育相结合的各类人才培养的网络；

（4）建立了一大批培养和造就少数民族政治干部和各类专门人才的高等院校和中等专业学校；

（5）形成了一支以少数民族为主体的少数民族管理干部和教师队伍。

我国少数民族人才培养和教育发展40多年来取得的成就，不仅是对整个国家社会主义建设的贡献，也是对整个人类文明的贡献。

（五）培养少数民族人才和发展教育事业的基本经验

在长期的革命和建设过程中，党和国家为培养少数民族人才和发展民族教育事业进行了不懈的努力和探索。经过了曲折的道路，既有成功的经验，又有失败的教训。回顾历史，成功经验主要是：

1. 必须围绕党和国家在革命和建设时期的中心任务，培养少数民族人才，改革和发展民族教育事业。中国共产党领导的社会主义革命和建设，为我国各少数民族的进步和发展创造了重要的政治条件和基础。历史证明，培养少数民族人才和发展民族教育事业，必须以党在社会主义革命和建设不同时期的历史任务的需要为宗旨，努力培养拥护党的领导、坚持社会主义道路的建设者和接班人。

2. 必须执行党和国家的教育方针、政策，坚持民族人才培养和发展教育的社会主义方向。培养少数民族人才，发展民族教育，是我国社会主义时期精神文明建设的重要内容，必须执行党和国家的教育方针和政策，坚持人才培养的社会主义方向。用马列主义、毛泽东思想教育青年，把坚定正确的政治方向摆在首位，培养有理想、有道德、有文化、有纪律的社会主义新人。同时，培养少数民族人才，发展教育，必须同贯彻党的各项民族政策、知识分子政策、干部政策结合起来。根据《中华人民共和国宪法》和《中华人民共和国民族区域自治法》，切实尊重和保障各少数民族在经济、政治、文化教育上的平等权利。

3. 培养人才，必须从少数民族的特点和民族地区的实际出发，坚持为当地经济建设和社会发展服务。培养少数民族人才，发展民族教育，有其自身的特殊性。必须充分考虑少数民族地区自然环境、生活条件、语言特点、风俗习惯、宗教信仰等各方面的特殊性。必须与各少数民族的社会、经济发展结合起来，紧密地为当地经济发展和社会的全面进步服务，为群众的生活幸福与文明服务。实践证明，培养人才，发展教育，凡是脱离了当地的经济和社会发展实际，群众就不欢迎，教育就无法发挥出应有的作用，培养的人才质量就受到影响，在民族地区经济和社会发展中就会失去应有的作用。

4. 必须在继承本民族优秀文化的同时，学习其他民族的优秀文化成果，坚持双语教学。我国各少数民族具有悠久的历史文化，它是中华民族和人类文明发展史上不可缺少的部分。发展民族教育，培养少数民族人才，必须学习和继承本民族传统的优秀历史文化，进而学习其他民族一切先进的文明成果。所培养的少数民族人才，应是能够在继承本民族文明成果的基础上，广泛学习掌握人类现代文明的人。

5. 必须实行教育与宗教的分离。培养少数民族人才，发展民族教育事业，必须与宗教分离。这既是我国社会主义制度对人才培养的政治要求，同时也是培养适应现代化建设人才的科学要求，必须认真执行《中华人民共和国宪法》规定的教育与宗教分离的原则，任何人不得利用宗教干预学校教育。少数民族地区，宗教的地位特殊，对培养年青一代具有深刻的影响。培养少数民族人才，必须注意加强关于自然现象、社会进化和生老病死、吉凶祸福的科学知识教育，帮助他们树立科学的世界观。在多数人信教的地区，还要注意发挥宗教界爱国人士在动员适龄儿童接受义务教育、募集资金、改善办学条件等方面的积极性。

6. 必须坚持国家帮助和自力更生相结合的方针。培养少数民族人才，发展民族教育，既要依靠国家的帮助，加速办学条件的改善和高级专门人才的培养，同时又要自力更生，最终走出一条依靠本地区力量，培养本地区所需民族人才的路子。

7. 领导必须重视人才培养，重视教育。各级领导，特别是民族区域自治地区的各级领导，必须真正重视人才培养，重视发展教育。把培养少数民族人才，发展教育纳入当地经济、社会发展规划，要保证基本投入。多年来的实践证明，凡是领导重视的地方，人才培养教育事业的发展就快，最终为当地经济建设与社会全面发展的贡献就大。因此，必须提高各级党委和政府以及广大少数民族群众对培养少数民族人才、发展民族教育重要性的认识。切实把培养少数民族人才、发展教育看做是关系国家和民族命运、国家兴旺发达、民族发展繁荣和进步及民族地区现代化的一件大事。

8. 因地制宜，分类指导，分类要求。由于我国55个少数民族分布广泛，自然条件各异，加上历史的原因，各地区、各民族的发展很不平衡。因此，培养少数民族人才，必须结合各地、各民族的实际，从各民族地区经济发展的特点以及各少数民族青少年身心发展的特殊性出发，因地制宜地进行分类要求和分类指导，决不能与全国各地搞“一刀切”。

9. 必须重视大批少数民族经济建设和科技人才的培养。党的十一届三中全会以来，我国社会主义建设的重心已经转移到以经济建设为中心的轨道上来。长期以来，在少数民族人才培养中，比较多地注意了少数民族政治干部的培养，而少数民族的专业技术人才和经济管理人才的培养相对薄弱，不能适应市场经济建设和民族地区现代化的迫切需要。因此今后应重视对少数民族科技人才和经济管理人才的培养。

（六）少数民族地区培养人才及发展教育的制约因素

影响我国少数民族培养人才和发展教育的不利因素，一方面包括了民族地区及民族人才培养与教育中客观的不利因素，同时也包括长期以来民族地区人才培养与教育工作中的问题（多因主观认识不足而造成）。众多不利的客观因素以及工作中存在的问题共同影响着我国少数民族教育的发展，给少数民族地区的人才培养带来极大困难。

1. 少数民族地区生产方式落后，经济贫困

由于历史的原因，我国大多数少数民族地区生产力发展落后，经济效

益十分低下，许多地区目前仍然处于非常贫困的状况。国务院1984年曾将我国边疆3年人均收入不到120元的贫困地区划分为18个片区，其中12个片区是少数民族地区，尤其是我国少数民族聚居的山区、边境地区绝大多数非常贫困。

少数民族地区生产方式的落后、经济的贫困对民族地区教育的限制作用非常突出。

（1）生产方式的落后，决定了对现代科学技术人才及普及教育的需求很低，从而使少数民族地区的普及义务教育失去了发展的内在动力。马克思指出："理论在一个国家的实现程度，决定于理论满足这个国家的需要的程度。"恩格斯也曾指出："社会需要比十所大学更能推动社会的发展。"目前，我国少数民族地区，生产方式落后，经济贫困，自然经济占据主导地位。而且，农业、畜牧业和林业仍然是少数民族经济的主要组成部分，还没有形成现代工业体系，这就限定了对教育的充分需求。由于生产方式落后，人们看不到普及教育对发展生产的好处，因而不容易激起对教育的渴望。（2）民族地区经济贫困，给人才培养与普及教育带来了很多负担。就学生个人来说，虽然义务教育实行免费，但在我国现有条件下，免费的程度和范围还十分有限，许多少数民族贫困家庭难以支付孩子上学读书的费用。另外，从地方财政和教育部门来看，由于经济贫困，生产方式落后，地方财政没有足够的资金来支持义务教育的发展。

2. 少数民族地区地理环境恶劣，交通不便，居住分散

我国少数民族居住地区地理环境比较恶劣，大多分布在边远区域或者大山高原地带，交通十分不便，不少山区处于"隔山能对话，步行得半天"的状况，而且由于历史的原因，多数少数民族居住分散，这些因素都给人才培养及发展教育带来很多困难。

3. 传统民族生活习惯及宗教的影响

在我国一些少数民族中间存在着早婚的风俗，这在很大程度上影响了对这些少数民族适龄女童义务教育的普及。

在我国一些宗教观念比较浓厚的少数民族地区，宗教活动比较频繁，对普及义务教育也有很大影响。一些信教民族的男孩从六七岁起就要进佛寺当小和尚，学经念佛，接受佛学教育，有的孩子直到十五六岁才还俗，致使适龄儿童的文化科学学习受到很大影响，也影响了整个民族的教育、

文化、经济的发展。在个别少数民族宗教观念中“男尊女卑”的思想很严重，把妇女看做是男人的依附，这些观念，严重影响适龄女童的入学率，最终影响妇女人才的成长。

4. 民族语言的隔阂

我国有多个少数民族，大多数民族都有自己的语言，隶属于不同的语系、语支、语族。由于长期以来各民族的政治、经济、文化发展不平衡，聚居、杂居、散居的条件不同，地理环境的不同以及各民族语言的不同，给各民族普及文化教育带来了较大的差别，对人才培养也产生了一定的影响。我国汉语发展和使用的范围最广，使用的人口也最多。当今世界各国的科学文化都选译成汉文在国内广为传播，而且国内自古以来的重要文献大多数都是汉文。这在客观上加剧了少数民族青少年儿童学习文化知识的困难。由于各民族语言隔阂，各少数民族青少年儿童不仅要学好本民族语言，而且还要学好汉语，才能更好地掌握科学文化知识，这使少数民族地区普及义务教育的任务比汉族地区更为艰巨。

5. 少数民族人口增长过快

新中国成立以来，随着整个国家人口的急剧增长，我国少数民族人口数量也大为增加，到 1990 年底，我国少数民族人口已由 1949 年的 3 290 万人增加到 9 120 万人。人口激增必然导致一系列矛盾的出现。在广大少数民族地区，人口的急剧增长不仅致使本来就很落后的地区经济境况更为艰难，而且增加了广大少数民族青少年儿童受教育的难度，进而人才培养的速度也会受到影响。

6. 少数民族普及义务教育起点低

新中国成立前，我国广大少数民族教育极端落后，各少数民族人民长期处在反动统治和民族歧视的双重压迫之下，民族经济和文化教育得不到发展。有的少数民族的教育还没有从宗教中分离出来，如新疆南部与西藏地区；有的少数民族没有学校，青少年的教育主要靠父母在家庭生活中进行；有的少数民族没有文字，还处于刻木结绳记事的状态，如云南边疆的一些少数民族。显然，在上述条件下，普及义务教育是不可能的。新中国成立以后，我国少数民族普及教育才逐步得到重视。但从整体上看，起步比较晚，基础弱、底子薄，对人才培养产生了一定的影响。

新中国成立 40 年来，少数民族教育虽然取得了较大的成就，民族中小学的规模和水平都有所提高，但与内地比较起来，少数民族教育仍然存在着很大差距，同国际水平相比则差距就更大了。差距主要表现在以下几个方面。

（1）我国少数民族人口文化程度很低。根据1982年人口普查，我国少数民族人口文化程度较低，与全国平均水平相比，差距很大。

（2）我国少数民族文盲率高，绝对数大。目前，世界共有10亿多文盲，而我国就占了2.38亿，其中，少数民族文盲率尤其偏高，绝对数很大，这是少数民族教育水平低下的突出表现。

表3－3 百万人口以上少数民族文盲率比较表

民族		文盲半文盲占12岁以上人口的比例（%）		
		合计	男	女
全国		31.87	29.15	45.23
汉族		31.16	18.45	44.52
少数民族总计		42.54	29.66	55.85
其中	蒙古族	28.46	24.05	36.41
	回族	40.71	29.45	52.29
	藏族	74.31	60.88	88.78
	维吾尔族	42.18	33.87	45.69
	苗族	58.11	39.54	77.69
	彝族	61.65	45.74	77.75
	壮族	31.37	15.73	46.99
	布依族	55.53	33.43	77.69
	朝鲜族	10.50	4.69	46.07
	满族	17.02	11.88	23.13
	侗族	44.59	25.14	65.48
	瑶族	46.91	30.48	62.26
	白族	44.27	20.81	61.61
	土家族	33.38	19.91	48.21
	哈尼族	70.12	56.08	84.38

注：转引自杨一星、张天路等《中国少数民族人口研究》，民族出版社1988年版。

通过上表可以看出，我国少数民族文盲率还很高，高出全国平均水平的 10 个百分点，妇女文盲率比全国平均比率高出 10.62 个百分点，在 15 个百万人口以上的民族中，藏族与哈尼族文盲率最高，分别达到 74.31% 和 70.12%，其妇女文盲率高达 80% 以上。15 个百万人口的少数民族中，只有朝鲜族和满族的文盲率低于全国平均水平，但其妇女文盲率仍然明显高于男子人口文盲率。

从第四次人口普查结果看，我国少数民族的文化程度比 1982 年又发生了较大的变化，文盲率明显下降，但与全国平均水平相比，仍然处于较低水平。全国文盲率高于 15% 的省份仍然主要集中在少数民族聚居的省区。

（3）我国少数民族教育综合指数①偏低。“教育综合指数”是指一个国家、地区或民族的青少年文化水准和科学技术发展水平的总和。与国外相比，我国教育综合指数偏低，少数民族教育综合指数更低。据统计，早在 20 世纪 60 年代初期，美国教育综合指数已达到 261.3，而我国当时只有 19.5，到 1982 年，我国教育综合指数才 45.4，而少数民族的教育综合指数仅 28.7。

表 3-4 一些国家民族教育综合指数表

国　别	时　间	教育综合指数
美　国	20 世纪 60 年代初	261.3
日　本	20 世纪 60 年代初	123.6
苏　联	20 世纪 60 年代初	92.0
埃　及	1980 年	74.27
土耳其	1980 年	31.3
巴基斯坦	1979 年	12.4
中　国	1982 年	45.4

（4）教育质量低。我国少数民族教育的差距，不仅反映在教育规模和教育数量上，更主要的是体现在教育质量上。这具体表现在学龄儿童入学率、升学率以及就学率上。教育质量低的另一表现是少数民族地区中小学

① 教育综合指数的计算方法是：一个国家 15 岁到 19 岁人口的在校人数比例，加上 20 岁到 24 岁人口中在学人数比例乘五之积。乘五的原因，意指一个受过高等教育的人，在能力方面相当于未受过高等教育的五倍。

教学质量低下，许多民族中小学生没有很好地掌握所学知识，达不到国家教委教学大纲和教学计划所规定的基本要求。

综上所述，我们可以清楚地看到少数民族普及教育在全国与国际教育中所处的地位还很落后，发展水平不仅远远落后于较发达的国家，而且在发展中国家也处于中下的地位。显然，发展少数民族义务教育的任务还很艰巨，给少数民族人才培养带来较大的影响。

表 3-5 每十万人拥有的小学以上文化程度人口表

地区	大学		高中		中学		小学	
	1990 年	1982 年	1990 年	1982 年	1990 年	1982 年	1990 年	1982 年
总计	1 422	615	8 039	6 779	23 344	17 892	37 057	35 237
北京	9 301	4 867	18 974	17 640	30 554	29 087	22 577	26 188
天津	4 668	2 283	15 908	13 305	29 379	28 520	29 635	30 790
河北	955	438	7 429	6 395	24 689	19 259	36 805	36 387
山西	1 384	593	8 820	7 440	29 237	21 851	35 713	38 835
内蒙古	1 475	569	10 056	7 451	25 473	19 305	33 397	32 761
辽宁	2 596	1 017	10 933	9 343	32 321	27 620	34 270	35 651
吉林	2 154	877	12 701	10 767	26 308	20 874	35 327	35 987
黑龙江	2 139	685	11 729	9 378	28 460	22 187	34 089	35 534
上海	6 534	3 468	19 532	20 345	31 592	20 839	22 683	25 205
江苏	1 474	636	8 670	6 977	26 426	20 052	34 791	32 605
浙江	1 170	467	7 006	5 194	23 741	17 785	39 664	39 375
安徽	883	407	5 035	3 972	19 967	13 924	34 685	29 705
福建	1 227	605	6 979	5 711	16 867	12 609	43 238	36 320
江西	991	475	7 097	5 500	18 841	13 258	40 672	38 589
山东	975	352	7 140	5 881	25 182	23 074	36 260	33 733
河南	348	328	7 069	6 308	26 545	19 190	34 729	31 164
湖北	1 566	627	8 862	7 516	23 164	18 711	35 832	35 634
湖南	1 438	460	8 010	6 547	22 567	17 274	42 071	43 022
广东	1 338	485	8 928	7 752	23 041	16 934	40 451	38 823

续表

地区	大学		高中		中学		小学	
	1990 年	1982 年	1990 年	1982 年	1990 年	1982 年	1990 年	1982 年
广　西	791	363	6 804	65 310	19 141	15 726	45 041	38 823
海　南	1 244	380	10 345	9 474	22 528	16 633	34 583	33 315
四　川	961	428	5 371	3 967	21 646	15 468	43 880	41 450
贵　州	777	387	3 927	2 962	14 645	11 416	37 336	28 775
云　南	807	331	4 095	2 792	13 795	10 224	37 905	29 305
西　藏	574	423	2 122	1 213	3 850	3 613	18 597	16 465
陕　西	1 672	863	9 255	7 852	24 359	19 372	31 130	32 660
甘　肃	1 104	552	7 825	6 254	16 851	12 204	29 127	27 711
青　海	1 490	808	8 275	5 115	17 761	13 983	26 489	25 656
宁　夏	1 603	659	8 000	5 294	20 274	15 542	29 384	25 686
新　疆	1 845	634	10 372	6 434	20 662	17 500	36 423	38 817

四

少数民族地区人才现状及其结构分析

全面而又准确地了解我国少数民族地区人才队伍的现状，不仅有助于我们了解长期以来在党的领导下培养少数民族人才所取得的巨大成就，同时，也有助于我们比较分析我国少数民族地区人才队伍中存在的问题，进而有利于各级教育部门提高对民族地区人才培养的针对性和适用性，促进民族地区人才培养工作有计划按比例地发展。

根据1990年第四次人口普查资料和有关少数民族地区80年代至90年代的人才现状调查资料，下面对我国少数民族地区专门人才现状进行概述和初步分析。

（一）从第四次人口普查结果看少数民族自治地区专门人才状况

根据第四次人口普查统计结果，1990年6岁以上人口中全国共有中专以上学历人口33 041 288人，占人口总数的3.18%；其中少数民族中专以上学历人口共有291万，占人口总数的3.19%。按地区统计，广西、新疆、内蒙古、宁夏、西藏5个自治区6岁以上人口中的中专以上学历人口及其所占各自治区人口总数的百分比如下（见表4-1）。

表4-1 全国及五个少数民族自治区人口文化程度状况比较表

	6岁及6岁以上人口合计	大学本科（%）	大学专科（%）	中专（%）
全　国	994 089 929	6 138 484 (0.67)	9 618 959 (0.97)	17 283 681 (1.14)
内蒙古	18 987 292	108 323 (0.57)	209 026 (1.10)	429 675 (2.26)
广　西	3 640 106	121 094 (3.33)	213 350 (5.86)	532 399 (14.63)
西　藏	1 863 057	4 559 (0.24)	7 858 (0.42)	24 263 (1.30)
宁　夏	4 023 231	28 609 (0.71)	46 358 (1.15)	89 921 (2.24)
新　疆	12 968 382	98 691 (0.75)	181 128 (1.39)	404 078 (3.1)

（二）各自治区专门人才调查状况

1983年以来，各自治区进行了专门人才预测和规划，尽管开始和结束的时间不尽一致，但总体上反映了民族自治区的人才队伍状况。

1. 宁夏

新中国成立前，宁夏的少数民族干部数量非常少。到1958年宁夏回族自治区成立时，全区干部总数达到20 711人，其中民族干部3 262人，占干部总数的15.75%。长期以来，在党中央和国务院的领导下，各级政府和组织十分重视民族干部的培养，采取各种形式和多种渠道大力培养民族干部，到1992年，宁夏全区干部总数达到17.3万人，其中少数民族干部达到2.6万人，占总数的15%。

2. 新疆

新疆1986年人才普查的结果表明，经过长期的大力培养，全区已有各类专门人才250 415人（如加上教育事业人才，全区各类专门人才共计378 074人），占职工人数的9.85%。其中少数民族人才81 000余人，占全区人才总数的32.36%。他们在新疆的革命和建设事业中发挥着重要的作用，是推动新疆经济、科技、社会发展的一支重要力量。

（1）在1986年人才总量中，中央在疆各部门45 011人，占17.87%；新疆生产建设兵团43 368人，占17.32%；自治区级属43 659人，占17.43%；各地州市118 384人，占47.28%。

（2）这些专门人才分布在国民经济的各个部门，其中，农林牧渔水利业23 861人，占9.53%；工业37 069人，占14.80%；地质普查勘探业4 710人，占1.88%；建筑业10 804人，占4.31%；交通运输、邮电、通信业12 888人，占5.15%；商业、饮食、物资、仓储业16 228人，占6.48%；城市公共服务业2 050人，占0.82%；卫生、体育、社会福利业50 234人，占20.06%；文化、艺术、广播电视业7 055人，占2.82%；科学研究、综合技术服务业9 569人，占3.82%；金融、保险业7 045人，占2.81%；国家机关、政党、社会团体64 648人，占25.82%。

（3）按从事专业分布看，人才数量比较集中的有：行政管理、党群、财会、财政金融、计划统计、管理工程、医学、药学、农学、畜牧兽医、地质、机械设计与制造、土建工程、水利、卫生学、公安、中国语言文学等18个专业，总计21.26万人，占人才总数的84.91%；矿业、林学、中医中药、气象、新闻出版、法律、通信、经济学、技术经济管理、图书资料管理等10个专业，合计1.97万人，占7.87%；机制工艺、精密机械与仪器、园艺特产、计算机技术、测绘、化学工程、材料及制品、环境保护工程、运输车辆、电机电器、热能工程、电力系统、测量技术与仪表、电气自动化、电子技术、建筑学、食品工程、纺织工程、教育学与师范、历史、外语、数学、化学、体育、音乐、表演艺术等27个专业，合计1.55万人，占6.2%；冶金、动力机械、流体机械、农牧渔产品加工、水产、化学轻工、其他轻工、电子材料与元器件、农业生物学、哲学、政治学、社会学、力学、物理学、天文学、生物学、美术、工艺美术、常规武器、航天航空、原子能、生物医学工程、外语（师范）、音乐（师范）、美术（师范）、体育（师范）等26个专业，合计2 554人，占1.02%。

（4）按学历层次分，有研究生171人，占专门人才总数的0.07%；大学本科生30 852人，占12.32%；大专生42 514人，占16.98%，中专生176 878人，占70.63%。如果以大学本科生数为1，从高到低的学历层次比例是0.0055∶1∶1.378∶5.733。

（5）从年龄结构看，在专门人才中，20岁以下的占2.65%，21—25岁的占18.09%，26—30岁的占12.27%，31—35岁的占11.31%，36—40岁的占11.72%，41—45岁的占14.08%，46—50岁的占16.75%，51—55岁的占9.02%，56—60岁的占3.21%。

3. 西藏

关于西藏专门人才现状及其结构状况，长期以来缺乏准确的统计。为了加速西藏自治区经济和社会各项事业的发展，进一步有计划地按需要培养各类专门人才，在国家教委和有关高等院校专家的支持和帮助下，西藏进行了专门人才现状调查，对专门人才培养进行了预测和规划。这次西藏专门人才现状调查具有重要的现实意义，是一次开创性的工作。据统计，这次人才现状调查共涉及3 000个汇总单位和36 733位调查对象，计算机累计处理各种有关数据200多万项。现状调查结果表明，1991年9月30日西藏自治区共有职工总数为121 774人（第四次人口普查结果在业总人数110 889人），其中干部总数为66 733人。按照中专以上学历者或有技术员以上职称者作为专门人才的判断标准，全区共有专门人才42 878人，占职工总数的35.21%，占干部总数的64.25%。其中有中专以上学历的33 011人，占专门人才总数的77%；有职称而无规定学历者9 867人，占专门人才总数的23%。

（1）西藏专门人才的民族与性别构成。全区42 878名专门人才中，藏族专门人才为26 904人，占总数的62.8%；汉族专门人才为15 151人，占总数的35.3%；其他少数民族813人，占总数的1.9%。就性别而言，专门人才中男性为26 788人，占总数的62.8%，女性为16 090人，占总数的37.5%。

（2）西藏专门人才的学历构成。现有专门人才中具有研究生学历的有33人，占总数的0.077%，其中分布在教育系统各部门的有11人，占33.33%，在非教育系统的22人，占66.67%；有大学本科学历的4 885人，占总数的11.39%，其中分布在教育系统的1 842人，占37.70%，在非教育系统的3 043人，占62.30%；有大学专科学历的7 471人，占总数的7.4%，其中在教育系统的1 619人，占21.67%，在非教育系统的5 856人，占78.33%；中专学历的20 622人，占总数的48.09%，其中在教育系统的4 042人，占19.6%，在非教育系统的16 580人，占80.40%；其他学历的9 866人，占总数的23.01%，其中在教育系统的1 742人，占17.66%，在非教育系统的8 125人，占82.34%。

根据第四次人口普查结果，1990年7月全西藏人口中，研究生、本科生、专科生、中专生及各类有职称无学历的人口分布情况如下（见表4-2）。

表4-2　1990年7月1日中专以上学历人口状况表①

中专以上学历人口合计	大学本科以上	大专学历	中专学历
36 680	4 559 （12.43%）	7 558 （21.42%）	24 263 （66.15%）

（3）西藏专门人才的职称构成根据1991年9月30日的人才普查统计结果，全区42 878位专门人才中，有正高级职称者78人，占总数的0.18%，有副高级职称的672人，占总数的1.57%（其中教育系统有正副高级职称者169人，占25.15%，非教育系统581人，占74.85%）；中级职称5 413人，占总数的12.62%（其中教育系统1 460人，占26.97%，非教育系统3 953人，占73.03%）；初级职称12 666人，占总数的29.5%（其中教育系统2 656人，占20.97%，非教育系统10 010人，占79.03%）；技术员级职称者6 536人，占总数的15.2%（其中教育系统1 629人，占24.92%，非教育系统4 907人，占75.08%）；无职称者17 513人，占总数的40.84%（其中教育系统3 342人，占19.08%，占教育系统专门人才总数的36.11%；非教育系统14 171人，占80.92%）（见表4-3）。

表4-3　1991年9月30日西藏专门人才职称结构表

项目＼职称	合计	高级职称	副高级职称	中级职称	初级职称	技术员级职称	无职称
全区总数及分布	42 878 （100%）	78 （0.18%）	672 （1.57%）	5 413 （12.62%）	12 666 （29.5%）	6 536 （15.2%）	17 513 （40.84%）
教育系统	9 256	6	163	1 460	2 656	1 629	3 342
非教育系统	33 622	72	509	3 953	10 010	4 907	14 171

① 根据西藏第四次人口普查资料有关数据统计。详见《西藏自治区1990年人口普查资料》，西藏人民出版社1992年版。

（4）西藏专门人才的年龄结构。西藏现有专门人才的平均年龄是33.6岁。其中30岁以下的专门人才数为18 735人，占专门人才总数的43.7%；30岁至40岁的专门人才数为14 886人，占专门人才总数的34.8%；40岁至50岁的专门人才数为7 056人，占专门人才总数的16.3%；50岁以上的专门人才数为2 192人，占专门人才总数的5.1%（见表4－4）。

表4－4　1991年9月30日西藏专门人才年龄结构表

年　龄	专门人才人数	占专门人才总数的比例（%）
30岁以下	18 735	43.7
31—35	8 946	20.9
36—40	5 940	13.9
41—45	3 695	8.5
46—50	3 361	7.8
51—55	1 623	3.8
56—60	439	1.0
61岁以上	130	0.3
合计	42 878	100

（5）西藏专门人才的分布情况。从专门人才服务的单位级别看，在中央直属单位的有4 966人，占人才总数的11.58%，在自治区直属单位的有11 861人，占专门人才总数的27.66%，在地、县的有26 051人，占全区专门人才总数的60.75%。其中在县里工作的有12 588人，占全区人才总数的29.35%。按单位所有制区分，分布在全民所有制的机关、事业、企业的专门人才有42 703人，占专门人才总数的99.6%；分布在集体所有制单位工作的有175人，占总数的0.4%。按单位的性质区分，分布在党政机关中工作的专门人才有11 971人，占总数的27.9%；在事业单位（包括集体事业单位）工作的专门人才有24 721人，占总数的57.6%；在企业（包括集体企业）工作的专门人才有6 260人，占总数的14.67%（见表4－5）。

表4-5 西藏专门人才在七个地市的分布情况表

地区	专门人才人数	占全区专门人才总数比例(%)	其中			
			中央直属	自治区直属	地区属	县属
拉萨市	17 201	40.1	2 430	9 703	3 083	1 985
山南地区	4 816	11.2	616	45	1 748	2 407
昌都地区	4 639	10.8	502	113	1 836	2 188
林芝地区	3 312	7.7	434	541	964	1 373
日喀则地区	5 970	13.9	680	90	1 887	3 313
那曲地区	3 496	8.2	529	53	1 340	1 574
阿里地区	1 549	3.6	250	13	592	694

通过对现状普查数据的分析，可以看出西藏自治区现已拥有一支门类比较齐全、有一定数量和质量的专门人才队伍和干部队伍。与内地其他省市或全国平均情况相比较，西藏的专门人才队伍具有以下特点：

(1) 专门人才占职工总数的比例较高。西藏自治区的专门人才占全区职工总数的35.2%，占干部总人数的64.4%，这个比例数大大高于全国的平均数（大约为12%），也高于内地发达地区的比例。例如，北京市1984年时的比例仅为11.4%，山西省1987年时的比例为14.4%。这个现象与西藏的特殊情况有关，西藏地广人稀，专门人才的密度仅为每平方公里0.035人，即每100平方公里内只有3名专门人才，大大低于全国其他地区的人才密度。

(2) 年龄构成比较年轻。全区专门人才的平均年龄约为33.6岁，低于全国专门人才的平均年龄（全国1983年时平均为38岁），西藏35岁以下的专门人才占64.4%。可以预见，在未来的若干年中，专门人才年龄老化的矛盾不会很突出。以历史的眼光看，现在35岁以下的专门人才将是西藏现代化建设的宝贵财富。

(3) 以藏族为主体的专门人才队伍已基本形成。经过多年的努力，西藏自治区已培养出一批以藏族为主体的少数民族干部。现有的专门人才中，藏族专门人才已占到62.8%，超过了汉族（35.3%）和其他少数民族（占1.9%）专门人才之和。藏族专门人才队伍具有适应性强、稳定性强的特点，非常有利于西藏的建设和发展。

（4）专门人才的政治素质较高。全区专门人才中党团员所占比例较高。其中，中共党员占34.7%，共青团员占24.7%，合计为59.1%。在专门人才的行政职务构成中，担任地专级和地专级以上职务的有336人，约占同级干部总数的70.6%；担任县处级职务的有2 708人，占同级干部总数的71.8%；担任科级职务的有7 832人，占同级干部总数的56.6%。专门人才中有科级以上行政职务的共有10 875人，占专门人才总数的25.4%。

表4-6　西藏专门人才的专业类别结构表

项　目	所学专业人数	占全区专门人才比例（%）	现从事专业人数	占全区专门人才比例（%）
理科	2 410	5.6	2 543	5.9
工科	4 251	9.9	3 202	7.5
农科	2 820	6.6	1 801	4.2
林科	378	0.9	241	0.6
医科	4 828	11.3	6 397	14.9
文科（含外语）	4 219	9.8	5 665	13.2
财经	3 585	8.4	7 465	17.4
政法	3 116	7.3	5 659	13.2
体育	511	1.2	389	0.9
艺术	909	2.1	1 097	2.6
管理	988	2.3	4 142	9.7
教育	4 634	10.8	2 911	6.8
其他	10 229	23.8	1 366	3.2
合计	42 878		42 878	

（三）民族自治地区人才队伍存在的主要问题

新中国成立40多年来，我国少数民族人才培养工作取得了巨大成就。但是，随着我国现代化建设事业的不断发展，少数民族人才现状与经济建设和社会发展的需要还很不适应，直接影响着实现各民族共同繁荣的目标。

1. 少数民族人才总量不足

现有少数民族人才的总量不足，少数民族干部的数量与其人口比例不相称。我们党的民族政策规定，少数民族地区干部数量要与其人口比例大体相当或略高。这是少数民族干部队伍实现数量结构合理化的一个基本要求。从全国来说，少数民族人口占全国人口的 8.04%，而少数民族干部才占全国干部总数的 6.1%，具体到各民族省区来说，除 1991 年内蒙古少数民族干部占全区干部总数的 22.72%，超过了人口的比例数 18.62% 以外，其他地区都少于人口的比例数。广西 1991 年少数民族人口占总人口的 39.1%，而少数民族干部只占全区干部总数的 34.25%；西藏少数民族人口占 95.2%，而少数民族干部占全区干部总数的 66%；新疆少数民族人口占 59.6%，而少数民族干部占全区干部总数的 45%；贵州 1991 年少数民族人口占全省人口总数的 34.69%，而少数民族干部只占全省干部总数的 24.36%；1991 年云南省少数民族人口占全省人口总数的 31%，而少数民族干部只占全省干部总数的 23%；青海省 1989 年少数民族人口占全省人口总数的 40%，而少数民族干部只占全省干部总数的 20.6%；宁夏民族干部的比例更低，1991 年全区回族干部 25 034 人，占全区干部总数的 15%，比人口比例低 18 个百分点。

如果进一步对少数民族现有干部中的各类人才构成情况作一分析，就会感到数量不足的问题更为严重。据统计，1987 年中级以上职称的少数民族专业技术干部仅占全国的 3%。1991 年，贵州少数民族专业技术干部占全省的 21%，其中，高、中级专业技术干部只占全省的 7.9% 和 17.5%。

2. 少数民族专门人才结构的分布不合理

（1）现有专门人才的部门分布不合理。

第一，专门人才的单位分布不合理，专业技术干部和现代化管理人员较缺乏。虽然干部总数中的专门人才的比例并不少，但相比之下，党政机关中占去的专门人才数量偏多，而企业等生产性部门中各类专业技术人才及管理人员都很缺乏。以西藏为例，据有关部门 1985 年统计，当时的 23 257名西藏各类专业干部中，党政、事业单位的干部占干部总数的 84.84%，企业单位的专业干部占 15.16%①。按 1991 年西藏人才现状调查，

① 李竹青. 西藏经济的发展与对策［M］. 民族出版社 1990 年版，第 272 页。

全区42 878 名专门人才中，在党政机关工作的有 11 971 人，占总数的27.9%；在事业单位（包括集体事业）工作的专门人才有24 721 人，占总数的57.6%；而在企业（包括集体企业）中工作的专门人才只有6 260 人，仅占专门人才总数的14.67%（见表4－7）。

表4－7　西藏专门人才分布状况（单位类别分布）表

单　位	人　数	百分比
中央直属单位	4 966	11.58
自治区直属单位	11 861	27.66
地区所属单位	13 463	31.40
各县单位	12 588	29.36
合　计	42 878	100

再以广西壮族自治区为例，广西专业技术人员在行政机关、事业单位、企业单位的分布比例以及除在中小学工作的人员以外的其他专业技术人员在行政层次的统计也表明：全区专业技术人员的一半以上集中在区直和区辖市、行署，且主要集中在事业单位。全区82 个县平均每县只占0.54%，到乡镇基层就更是凤毛麟角了。这种层次结构是明显不合理的①（见表4－8、表4－9）。

表4－8　广西专业技术人员的机构分布表

机构性质	人　数	总数中所占比例（%）
行政机关	24 935	5.93
事业单位	322 344	76.61
企业单位	73 481	17.46
合计	42 076	100

① 李竹青：西藏经济的发展与对策［M］. 民族出版社1990 年版，第272 页。

表 4-9　广西专业技术人员的行政层次分布表

层　次	人　数	在总数中所占比例（%）
自治区	56 339	26.332
区辖市、行署	58 806	27.485
县（市）	95 454	44.614
乡（镇）	3 357	1.569
合计	213 956	100

注：不含中小学。

再从新疆的情况来看，专业技术人员部门分布也不够平衡。教育、卫生、党政部门人才较多，卫生部门占 20.06%，党政机关占 25.82%。主要物质生产部门人才较少，如农业种植业人才 12 415 人，只占 4.96%；林业人才 1 368 人，只占 0.55%；牧业人才 6 917 人，只占 2.76%；工业人才 37 069人，只占 14.80%，平均每个主要工业行业只有 1 426 人；建筑业人才 10 804 人，占 4.31%；科研、综合技术服务人才也较少，只占 3.82%。

第二，专门人才的地域分布不合理，机关团体专门人才倒挂现象突出。自治区一级单位人员饱和，甚至超编，但县以下基层非常缺乏人才。从 1991 年的专门人才现状调查看，西藏全区专门人才中有 70.64% 集中在自治区首府拉萨及各地区行署所在地，而在县及县以下基层单位工作的专门人才只有 12 588 人，仅占全区专门人才总数的 29.36%。据 1988 年日喀则地区的人才现状调查，县以下的职工占全地区职工的 56% 以上，而专门人才只占全地区专门人才的 37.1%。

再以新疆为例，按人才所在地域分，北疆较多，南疆较少，城市较多，农村较少。北疆占 66.42%，东疆占 5.78%，南疆占 27.80%。人才较多的有乌鲁木齐市，占 28.29%，克拉玛依市占 4.65%；其次，伊犁地区占 12.55%，昌吉回族自治州占 8.59%，喀什地区占 9.48%，塔城自治州占 6.47%，阿克苏地区占 6.61%，巴音郭楞蒙古族自治州占 6.07%，哈密地区占 3.84%；再次为人才较少的地区，如博尔塔拉蒙古族自治州占 2.32%，和田地区占 3.7%，吐鲁番地区占 1.94%，克孜勒苏柯尔克孜族自治州占 1.93%。各地州所在市人才约占 44%，各县人才较少，平均每个县有1 250人左右。

第三，现有专门人才在行业和职业的分布不合理。西藏现有专业人才在各行业及职业人口中的分布状况很不合理。与西藏经济建设密切相关的农林牧、工科、工业电力、经济管理、就业及旅游等行业的专业人才比重偏低。尤其是农林牧行业的专业技术人才非常缺乏。第四次人口普查表明，1990 年西藏 1 108 891 名在业人口中，有农、林、牧、渔劳动者 876 755 人，占在业人口的 79.07%。但是从 1991 年的全区专业人才调查的结果看，全区实际拥有的农、林、牧、渔学科专业人才数以及农林牧渔等行业拥有的各类专业人才数的比例都很低，只有 2 267 人，占行业总人数的 5.3%，远远不能适应农、林、牧、渔等行业发展的需要，现状与实际需求形成了鲜明的对比。再从内蒙古阿拉善盟的情况看，据人才普查资料分析，全盟现有中高级专业技术人才 1 891 人。其中，教育、卫生、文化、艺术行业的专业人才1 343人，占全盟总数的 71%；而急需发展的有关行业所占比重很小，如交通运输、邮电通信、金融、保险及建筑业等专业人才只占 10%；特别是具有资源优势的采盐、盐化、煤、炭、毛编等行业的支柱企业的专业人才仅占全盟总数的 2.1%。高级科技人才队伍中，工业、农业、畜牧业科技人员比例偏低。工业技术方面的科技人员仅有 105 人，占总数的 5.6%；农业 72 人，占 3.8%；畜牧业 38 人，占 2%，这显然难以适应工、农、牧业经济的发展，全盟应用学科和实用技术方面的人才依然紧缺，专业结构问题仍须随着产业结构进一步调整解决（见表 4－10）。

表 4－10　西藏自治区专门人才主要行业分布表

行业	专门人才人数	占全区专门人才数的比例（%）
教育	10 786	25.1
农牧	2 267	5.3
卫生	5 801	13.5
交通	1 383	3.2
工业电力	819	1.9
邮电	767	1.8
广播电视	520	1.2
商业	1 368	3.2
旅游	421	0.98
其他行业	18 785	43.8

目前，专业卫生人员在各级卫生机构中的分布也很不合理。据西藏现状调查，有55.4%的专业卫生人员集中在自治区级和地市级卫生机构；县级卫生机构中的专业卫生人员占32.3%；乡和乡以下卫生机构中专业卫生人员仅占12.3%。显然这与西藏农牧业人口高达88%的比例是很不协调的。

（2）现有专业人才学科结构不合理、不配套。以西藏为例，1991年专门人才现状调查表明，全区现有42 878名各类专业人才。但从专业人才的所学专业和学科看，结构极不合理。就学科而言，工科、农科、林科、财经和管理学科均比较薄弱，以上5个学科的专业人员只占全区各类人才专业人员的29.05%。从人口密度来看，平均820个农牧业人口才占有一个专门人才，仅为全国农业系统平均水平的1/20。全区每个农业专门人才要覆盖1 500亩耕地、10 000头（只）牲畜和36.4亩可利用草场面积。再从各学科内部专业构成情况来看，结构也很不合理。如西藏可利用的草原面积达8.92亿亩，1985年统计全区草原专业技术人员只有8人。再比如，西藏有森林面积9 480万亩，蓄积量为14.36亿平方米，仅次于我国台湾省和黑龙江省，但1985年西藏全区只有林业专业人员83人，直到1991年也只有124人。全区现有水利资源开发量5 659.27万千瓦，但水利专门人才只有264人。又如西藏拉萨市的新鲜蔬菜多年来十分紧缺，比吃肉要贵。但蔬菜专业方面技术人员少得可怜，1985年只有4名。如此等等，充分证明当前西藏专业技术人才的短缺。此外，现有专业人才中主体专业与配套专业不协调，如1988年日喀则地区全区财会人员有190名，但其中商业会计、企业会计只有很少一部分。又如，在全区旅游系统中，英语专业的导游人才多，非英语专业的导游人才少。另外，目前西藏专业管理人员也很缺乏，整个社会的运行效率不高，为数不多的专业管理干部没有充分发挥潜力。

从新疆的情况看，据1986年人才现状调查，冶金、机制工艺、动力机械、运输车辆、流体机械、热能工程、电机电器、电力系统、化学轻工、纺织工程、农牧渔业产品加工、水产、经济学等方面的专门人才都比较少。尤其是农牧业产品加工、纺织、化工均为新疆经济建设的重点行业，专门人才不足表现得较为突出。

再以青海玉树藏族自治州为例，全州只有畜牧兽医约200人，平均每2

万只牲畜有一名畜医人员；草原工作干部有62人，平均每500万亩草场才有1名专业干部。

(3) 自然科学与社会科学间的专业技术人员比例失调。根据西藏自治区统计局统计，1989年西藏共有各类专业技术人员26 799人，其中自然科学类专业技术人员有12 329人，占46.1%，而社会科学专业技术人员有14 470人，占53.9%，比例明显失调。1991年的人才普查表明，现有的42 878名专业技术人才中，学习自然科学的仅占40%左右，再加之下面将提到的用非所学的原因，目前实际上从事自然科学的人员比例更低。

(4) 基层专业技术人才中大量缺乏中初级人才。根据少数民族地区的社会生产发展水平及各项事业的发展状况，目前仍然大量需求的是中初级专业人员，特别是农牧业技术员、水电、水利技术员、文秘人员、财会人员、放牧员等。据调查，由于这些方面的人才不足，影响着地方政府管理工作的正常运行。1991年，作者在实地调查中了解到，昌都地区的边坝县委领导还兼任县里的广播员，左贡县县委组织部一位干部，既当部长同时又是干事。

新疆、广西、宁夏、内蒙古等地广大农牧区也普遍缺乏中、初级人才。

(5) 高层次的专门人才少，技术职务结构不配套。少数民族地区目前普遍反映，高层次的专门人才较少。1991年，西藏自治区的专门人才中，具有研究生学历的只有33人，仅占全区专门人才总数的0.077%，可见现有专门人才中受过较高层次教育的人数比较少。同时，专门人才的职务结构也不配套。全区专门人才中有正高级职称的只有78人，占总数的0.18%。副高级技术职称的也仅671人，两项合计也仅占全区人才总数的1.28%。

目前具有管理经验的高层次人才相对比较缺乏。以旅游系统为例，西藏全区旅游系统专门人才中，只有一名高级职称的专门人才，30名中级职称的专门人才，仅占全系统专门人才总数的9.55%。

从表4-11可以看出，西藏各类专业技术人员的职务结构不合理，高级技术人员偏少。

表 4－11 西藏自治区专门人才学历及职称结构表

类型 人数	按学历分布（%）	按职称分布（%）
全区专门人才总数 42 878 （100%）	研究生 33（0.007） 大学本科 4 885（11.39） 大学专科 7 471（17.43） 中专 20 622（48.09） 无学历 9 867（23.01）	高级 78（0.18） 副高 672（1.57） 中级 5 413（12.62） 初级 12 666（29.5） 技术员 6 536（15.2） 无职称 17 513（40.84）

再从西藏卫生系统专业人员的学历情况看，现从事医药卫生专业工作的 6 162 名专门人才中，研究生程度的仅 1 人，占 0.02%；大学本科程度的 382 人，占 6.2%；大学专科程度的 564 人，占 9.15%；中专程度的 3 552 人，占 57.64%；高中及以下程度的 1 663 人，占 26.99%。特别是西藏卫生行业的每个专业中，有近 1/4 的专门人才没有受过专业训练（见表 4－12）。

表 4－12 西藏自治区卫生行业各专业专门人才学历结构表

现从事专业	学历结构					
	总计	研究生程度	大学本科程度	大学专科程度	中专程度	无学历
合计	5 394	1	312	433	3 157	1 491
基础医学	102		6	16	66	14
预防医学	758		21	63	495	179
临床医学（含口腔）	3 427		213	254	1 999	961
中医学	651		45	56	328	222
药学	320		13	17	199	91
医药管理	136	1	14	27	70	24

从整个新疆的人才状况看，学历层次偏低，很多部门几乎没有研究生，大学本科生较少，大部分是中专生。全区 1986 年人才普查虽已包括了没有中专学历但已评上专业技术职称的人才，但学历层次仍明显低于全国平均水平。

表 4－13 新疆 1986 年与全国 1985 年几个部门人才学历层次比较表 单位：%

部门		学历			
		研究生	大学本科	大专	中专
石油工业	全国	0.25	35.30	16.11	48.34
	新疆	0.03	14.77	23.55	61.65
机械工业	全国	0.23	30.88	23.52	45.37
	新疆	—	11.03	20.51	68.46
纺织工业	全国	0.07	24.03	29.03	46.87
	新疆	—	7.48	20.06	72.46

广西专门人才中专业技术人员的研究生、大学生（含相当者）、中专生（含相当者）与高中生及高中以下文化水平这四个层次的比例（以大学为1）为0.003∶1∶1.78∶1.54。

表 4－14 广西专业技术人员学历结构表

	研究生	高等院校		中等专业学校		高中	初中及以下
		毕业者	相当者	毕业者	相当者		
总计	336	92 393	5 346	167 275	4 916	59 870	90 624
自然科学技术人员	210	68 948	3 448	85 190	2 094	9 380	11 858
社会科学专业人员	126	23 445	1 898	82 085	2 822	50 490	78 766

（6）专门人才改行普遍，用非所学和学非所用现象比较严重。以西藏为例，根据全区专门人才填报的所学专业情况与现在实际所从事的专业对比可以看出，专门人才中约有 15 730 人（约占 60%）发生了专业转移现象。随着社会经济建设的重点不断调整和变化，发生一部分人才的专业转移是不可避免的。但是目前来看，西藏的一些专业人才的转移不合理，恰恰是在一些西藏本来就缺乏的专业领域，由于人才的转移造成的用非所学现象比较突出。如全区专门人才中，学农科的有 2 834 人，而实际从事农科专业的只有 1 809 人；全区专门人才中学教育学科的有 4 648 人，而实际从

事教育专业的人数只有 2 917 人；全区专门人才中，学政法专业的有 3 124 人，实际仍从事政法专业的只有 1 897 人。再从西藏统计局 1991 年统计年鉴公布的数字看，全区农业技术人员和教学人员的流动都很大。1980 年农业技术人员有 2 397 人，到 1989 年减少到 1 476 人，减少了 38.42%；1988 年全区有教学人员 7 631 人，到 1989 年只有 7 186 人，减少了 5.83%。这些专业人才减少的原因，一方面是部分内地援藏人员按政策内调，但主要是发生了人才的转移。1991 年作者在西藏昌都地区考察时，地区教委反映，1990 年全地区新增教师 21 人，但同时流失了 108 人，其中绝大部分是行业转移。农牧区人才不稳定的现象也很突出。1988 年日喀则专门人才中已改行的有 633 人，占专门人才的 14.34%，其中县以下改行的 444 人，占现行人数的 70.14%。大批专业人才改行，必然导致人才浪费，用非所长。

表 4－15 西藏专门人才从事所学专业情况表

科 类	所学专业人数	占专门人才比例（%）	科 类	所学专业人数	占专门人才比例（%）
理科	702	1.6	体育	511	1.2
工科	5 174	12.1	艺术	912	2.1
农科	2 834	6.6	管理	563	1.3
林科	380	0.98	教育	4 648	10.8
医科	4 836	11.3	其他	11 000	25.6
财经	3 612	8.4	政法	3 124	7.3
文科（外语）	4 601	10.7			
合计	42 878（100%）				

西藏专门人才用非所学的是另一种表现情形，大量从事现专业的人并没有经过该专业的训练。如 1991 年，全区专门人才中学医的共有 4 836 人，但实际从事医学专业工作的有 6 405 人；学财经专业的有 3 612 人，而实际从事财经专业工作的有 7 465 人。

据 1986 年新疆全区人才普查，全区学地质专业的人才有 5 723 人，实际从事该专业的有 3 347 人，为所学专业人数的 58.48%；学机械设计与制造的 16 253 人，从事该专业的 4 112 人，为所学专业人数的 25.30%；学土建工程的 4 580 人，从事该专业的 2 087 人，为所学专业的 45%；学水利的 4 082 人，从事该专业的 1 847 人，为所学专业的 45.25%；学农学的 12 498 人，从事该专业的 4 928 人，为所学专业的 39.43%。类似情况到处可见，相当突出，不利于人力资源的发挥。

(7) 性别结构不合理。少数民族人才的性别分布不平衡，妇女干部严重不足。如宁夏回族自治区共有回族妇女干部 3 400 多人，只占妇女干部的 11.2%，是全区干部总数的 2.8%。1991 年新疆维吾尔自治区女干部在各级领导班子中所占的比例低于全国平均比例，全区有 19 个县市区的乡镇干部无少数民族妇女干部。云南红河州 13 个县市中，县处级少数民族妇女干部仅占 5.9%；绿春县 19 名县级领导中无一名少数民族妇女干部。

3. 现有专业人才素质有待进一步提高

尽管人才普查结果表明，新中国成立以来，少数民族人口的文化素质有了较大幅度的提高，但与全国平均水平相比，少数民族干部的文化素质仍然偏低。内蒙古、宁夏、广西、新疆和云南的少数民族干部中，具有大专文化程度的分别占 15.4%、10.52%、10.13%、8.65% 和 7.79%，低于全国 19% 的比例。西藏自治区专门人才在全区职工和干部总数中的比例虽然分别已达到 35.2% 和 64.3%，高于全国的平均数。但是，如果从专门人才的素质来看，大大低于内地的水平。同时，由于专门人才的分布以及专业结构、职务结构、学历结构都存在一定的不合理状况，因而又直接导致了专门人才整体效益降低。

4. 现有专门人才的稳定性相对较差

随着近年来改革的深入，市场经济的发展，人才流动问题成为一个全国普遍性的问题。据有关人员 1990 年 7 月至 11 月对西藏全区科技人员意向抽样调查的结果表明，1980 年以来，西藏全区以及地、县流向区直和拉萨市的科技人员大约为 0.7 万人，从西藏流向兄弟省、市、区的科技人员超过 2 万人，其中 50% 的人流向东部省区。据西藏自治区组织部门和人事部门测算，今后若干年，每年仍将平均有 600 名汉族专门人才内调（其中有些是在西藏工作 8 年以上的汉族专门人才，有些是因各种原因调动）。

据统计，1979 年—1987 年新疆全民所有制单位，仅科技、管理人才就流出 1.8 万余人，他们大都是一些学有所长、政策水平较高、业务能力较强的专业骨干人才。近几年情况虽有好转，但一些地方，不少专业技术人才仍然不够安心。

少数民族人才的来源渠道较为单一。虽然国家一直重视少数民族人才的培养，但由于基础教育的影响，少数民族青少年中系统接受高等教育的学生数量和质量都受到一定限制，再加上一些受过高等专业教育的学生不愿回到民族地区，使少数民族地区专门人才的来源受到影响。当然，也有一些当地土生土长的少数民族专门人才是在实践中自学成才和锻炼成长起来的，但数量十分有限。

5. 原因分析

造成少数民族地区专门人才队伍上述状况的原因是多方面的，最主要的有如下几点。

第一，从历史原因看。新中国成立前少数民族长期遭受民族压迫、剥削和歧视，广大少数民族的政治地位没有保障，得不到基本的受教育机会和权利。

第二，教育上的原因。一是长期以来，我国少数民族地区的基础教育比较薄弱，不仅教育的普及程度不高，而且质量偏低。二是中、高等专业教育薄弱，高等教育和中等专业技术教育质量不高，输出的专业人才相当一部分不合格。而造成高等教育和中等教育教学质量不高的原因又主要是高校、中专教师队伍自身素质不高和基础教育的长期薄弱无法提供合格的生源，从而增加了高等教育和中等教育的难度，使不少学生根本无法合格毕业。1992 年，西藏全区 4 所高校的教师学历达到本科以上的只有 55.6%，全区 700 多名高校教师中，只有 11 名研究生。与内地平均水平相比，差距太大。

第三，我国少数民族绝大多数居住在边远山区、草原，地理环境特殊，交通不便，信息闭塞，广大专门人才的业务进修提高、外界交流受到一定影响，使大多数专门人才缺乏知识更新、技术提高的机会。

第四，从结构来看，无论是专业结构与学历结构乃至分布状况都很不合理。造成这一状况的主要原因，是长期以来主管部门对少数民族地区专门人才队伍建设缺乏长远的规划，同时对专门人才的管理科学化重视不够。

第五，造成少数民族地区基层初级专门技术人员缺乏的主要原因是少数民族地区基础教育结构单一，特别是中等职业教育落后，没有为基层农牧区培养出大批有文化、懂一定技术的劳动者。

第六，从认识上讲，一些地方由于长期受右倾思想的干扰，党的民族区域政策遭到破坏，在相当长一个时期，对少数民族人才的培养被忽略，一些少数民族干部在使用上还受到了不公正的待遇。另一方面，在少数民族人才培养的结构上，很多地方长期以来对政治干部的培养注意较多，而对少数民族专门人才的培养重视不够。

中国民族教育研究

Study on China's

National Education

下 篇

培养与管理

五

加强基础教育，为培养少数民族人才奠基

基础教育是提高民族素质的奠基工程，必须大力加强。在少数民族地区尤其要办好基础教育，这不仅是整个民族教育的基础，也是各民族共同繁荣的先决条件。一个民族的基础教育发展状况能够衡量一个民族文明发展的程度。

（一）少数民族基础教育40年发展历史

1. 40年历史与发展的回顾

旧中国，少数民族文化教育极其落后，一些少数民族处于刻木结绳记事的原始状态，各少数民族基础教育发展缓慢，普及义务教育无从谈起。

新中国成立以后，国家对少数民族普及教育非常重视。早在1949年9月29日，《中国人民政治协商会议共同纲领》中就明确规定，人民政府应该帮助少数民族的人民大众发展其政治、经济、文化、教育的建设事业，在全国“有计划、有步骤地普及教育”。

1949年10月1日，中华人民共和国成立之日，《人民日报》发表社论《中华人民共和国万岁》，社论中把恢复和发展文化教育事业作为建设新中国的基本任务。此后，广大少数民族人民在党和政府的领导下，在接管和改造旧学校的同时，采取积极的措施，大力举办了多种形式的民族中小学。

1951年9月，教育部在北京召开了第一次全国民族教育工作会议，会议讨论制定了发展民族教育的方针、任务。会议指出，少数民族教育“必须采取民族形式，照顾民族特点，才能很好地和各民族实际情况结合起来”。

1952年4月16日，政务院颁布了《关于建立民族教育行政机构的决定》，建立民族教育行政机构或设专人负责管理少数民族教育各项工作。此后，教育部和有关各级政府先后设立了民族教育机构或设专职干部，加强了民族教育的领导和管理工作。

1956年6月，教育部在北京召开了第二次全国民族教育工作会议。会议提出，在民族地区要有步骤地开展扫盲工作和实行普及小学义务教育。会议要求在12年内，民族教育工作应在数量和质量上赶超或接近汉族水平。

1960年3月，财政部、教育部颁布的《关于人民公社社办中、小学经费补助的规定》中指出，对少数民族地区中小学教育可根据情况给予临时性或一定时期的特殊经费补助。

1975年4月10日，国务院批转教育部《关于边疆和少数民族地区普及小学五年教育问题的请示报告》，国务院在批示中指出：普及农村小学五年教育，是关系到我国亿万农民文化翻身、巩固工农联盟、加强无产阶级专政、促进社会主义革命和社会主义建设的一项大政，各地、各部门要切实解决边疆少数民族地区普及教育工作中的实际问题，力争尽早地实现普及农村小学五年教育的任务。

教育部的《报告》还指出：要克服重内地、轻边疆，重城市、轻农牧区，重公办学校、轻民办学校的错误观点。要重视边疆少数民族地区，特别是边疆沿线的普及小学教育工作，大力扶持民办学校，坚持多种形式办学，加速培养少数民族师资，把教育规划纳入边防建设或各地区的建设计划，并同贯彻执行民族政策结合起来。

1980年10月，中共中央、国务院批准教育部、国家民委《关于加强民族教育工作的意见》。《意见》指出：少数民族教育要认真贯彻执行“调整、改革、整顿、提高”的方针，并在尽快恢复和进行必要调整的基础上，积极稳步加以发展，逐步建立适合少数民族地区特点的民族教育体系。该意见强调，首先要集中力量办好一批公办民族中小学校和举办寄宿制的民族中小学。

同年，中共中央、国务院《关于普及小学教育若干问题的决定》还规定，少数民族最贫困地区的普及教育，要由国家包下来，实行免费教育。

1981年2月，教育部、国家民委在北京召开第三次全国民族教育工作会议。会议强调指出，要根据少数民族地区的实际情况，采取多种形式，分期分批逐步完成普及小学教育的任务。

1983年7月，教育部、国家民委、国务院宗教事务局转发了甘肃省康乐县关于《在普及小学教育中注意发挥宗教界人士的积极作用，教育他们作动力不作阻力的经验值得重视》的报告。

1985年，《中共中央关于教育体制改革的决定》指出："国家要帮助少数民族地区加速发展教育事业。"《中共中央关于制定国民经济和社会发展第七个五年计划的建议》中，第35条还专门指出："少数民族地区和少数民族集中居住的地区要积极抓好少数民族的基础教育。"

1986年4月，《中华人民共和国义务教育法》正式颁布，第12条规定："国家在师资、财政等方面，帮助少数民族地区实施义务教育。"从此，我国少数民族普及教育走上法制的轨道。

由上可见，新中国成立40年来，党和政府对少数民族普及义务教育十分重视。

2. 40年的巨大成就

新中国成立40年来，由于党和政府的重视和广大人民的努力，特别是《中华人民共和国义务教育法》颁布以来，我国少数民族普及义务教育工作取得了巨大成就。

（1）中小学规模逐步扩大。据统计：到1993年，全国少数民族地区已建立小学103 139所（其中独立设置的民族小学25 037所），在校小学生1 140.17万人，比1950年增长了12.2倍，约占全国小学生总数的0.5%；共有普通中学11 563所（其中独立设置的民族中学2 289所），在校学生313.68万人。同时，普及教育过程中，民族地区寄宿制中小学教育恢复发展很快，据1986年4月对少数民族聚居的9个省和5个自治区统计，少数民族寄宿制中小学已达到4 496所（班），在校学生780 414人。其中，新疆寄宿制小学已达到328所，在校学生77 963人，寄宿制中学107所，学生23 000人。1986年，广西有寄宿制民族高小班105个，在校学生4 725人。

表5－1详细反映了我国少数民族中小学生的增长变化过程。

表 5-1　民族中小学在校学生数量增长对比表

年　份	普　通　中　学			小　　学		
	民族学生数（万人）	占全国总数（%）	增长倍数	民族学生数（万人）	占全国总数（%）	增长倍数
1951	4.0	2.6	1	94.3	2.2	1
1952	7.3	2.9	1.8	147.4	2.9	1.6
1957	27.7	4.4	6.9	319.4	5.0	3.4
1965	37.7	4.0	9.2	521.9	4.8	4.6
1978	246.7	3.8	61.2	786.6	5.3	8.1
1981	177.1	3.6	44.2	735.5	5.1	7.8
1986	254.0	5.19	63	1 003.7	7.8	10.9
1987	280.07	5.7	69	1 051.31	8.2	11.2
1993	313.68	5.85	78.42	1 140.17	8.5	12.2

注：此表根据《中国教育年鉴》整理。

（2）师资队伍逐步壮大。目前我国少数民族地区已初步形成了一支汉族与少数民族相结合的义务教育师资队伍。1953 年，全国只有民族小学教师 59 800 人，民族中学教师 2 708 人，而到 1993 年，全国已有少数民族小学教师 436 800 人，比 1953 年增长 7.3 倍；普通中学教师 150 474 人，比 1953 年增长了 55.6 倍。

表 5-2　全国少数民族教师队伍状况表

学校类别	项目	1953 年	1987 年	1993 年
小学	专任教师数（人）	59 800	436 800	476 000
	占总数（%）	3.8	8.0	8.6
	增长倍数	1.0	7.3	8.0
普通中学	专任教师数（人）	2 708	150 474	202 700
	占总数（%）	2.9	5.2	6.4
	增长倍数	1.0	55.6	74.9

（3）普及教育面逐步扩大，文化程度不断提高。一是民族地区普及教

育发展较为迅速，普及面逐年扩大。据内蒙古、新疆、广西、宁夏、西藏、云南、贵州、青海、四川等17个省、自治区统计，1986年有326个县普及初等教育，其中民族自治县有85个，1987年发展到90个。截至1993年底，全国所有少数民族自治县基本普及了初等义务教育。部分民族地区普及了九年制义务教育，延边朝鲜族自治州普及了中等教育。不少民族地区涌现出一些普及教育先进县、乡。

二是民族地区入学率、巩固率、升学率逐年提高。据统计，1992年新疆维吾尔自治区小学适龄儿童入学率达到97.2%。1992年西藏自治区的学龄儿童入学率达到60.3%。内蒙古自治区1986年少数民族在校学生达到429 262人，其中牧区学龄儿童的入学率从1983年的86.2%提高到92.8%，小学毕业生合格率从53.5%提高到90.8%。1986年，牧区在校小学生的巩固率、普及率分别达到93.4%和94.1%。蒙古族儿童入学率从1983年的90.4%提高到95%。1991年，全区学龄儿童入学率达到97.02%。云南省1994年适龄儿童入学率达到92.2%，巩固率为91.8%。广西适龄儿童入学率达到95.1%，巩固率达91.8%。宁夏回族学龄儿童入学率由1980年的65.5%提高到83.6%。

三是民族地区文盲率大幅度下降。据统计，新中国成立前，新疆各地90%以上的人目不识丁，到1982年人口普查时，文盲率降到20%。到1984年，全区文盲率下降到18.6%。1990年第四次人口普查表明，全区文盲人口只占12.75%。1986年，宁夏回族自治区青壮年非文盲率已达到86%。1990年，宁夏的男、女性文盲率又进一步下降到12.75%和22.06%。西藏和平解放前，学龄儿童入学率只有1%左右，人口文盲率高达95%以上。到1990年，全区文盲人口（15岁—40岁）已下降到44.43%。

四是各民族文化程度不断提高。我国各少数民族在1982年人口普查时的文化程度状况，比新中国成立初期发生了较大的变化。少数民族每千人口中具有大学文化程度的人数达到或超过全国同类平均水平的有14个民族，他们是朝鲜、回、蒙古、满、高山、达斡尔、锡伯、乌孜别克、俄罗斯、鄂温克、鄂伦春、塔塔尔、赫哲、京族，其人口共占少数民族总人口的25%。每千人口中，具有高中文化程度的人数达到或超过全国同类平均水平的有12个民族，即朝鲜、蒙古、满、塔塔尔、高山、乌孜别克、赫哲、俄罗斯、达斡尔、锡伯、鄂伦春、毛南族，其人口占少数民族总人口的

14.3%。每千人口中具有初中文化程度的人数达到或超过全国同类平均水平的有蒙古、朝鲜、满等11个少数民族，其人口占少数民族总人口数的9.3%。在新中国成立前还处于原始社会残余阶段、文化极端落后的鄂伦春族、鄂温克族、基诺族以及濒于灭绝的赫哲族，新中国成立后文化教育都有了较大的发展，各族人民群众的文化程度都有较大的提高。

五是双语教育体系初步形成。通过本民族语言进行教学是普及教育和义务教育的重要经验。目前，我国大部分少数民族地区不同程度地实行双语教学。延边以及内蒙古、西北部分民族地区，形成了较为完备的双语教学体系。到1985年，全国有用民族文授课的中小学1.6万所，在校生250多万人。有6万多名少数民族教师用民族语文进行教学，教师水平普遍有所提高。1993年，全国已有蒙古、藏、朝鲜、维吾尔、哈萨克等23个民族的600万名学生，使用30种少数民族文字进行学习。我国民族文字教材编译出版工作得到加强，内蒙古、吉林、青海、新疆、西藏、四川、云南、广西等省、自治区均设有民族文字教材编译出版的专门机构。据部分省区1985年统计，已用29种民族文字语言出版了1 800多种中小学教材，达1.1亿多册。1993年，30种文字的中小学教材达到3 000多种，覆盖12个省、自治区。

六是积累了大量具有民族地区特点的办学经验。近40年来，各省、市、自治区根据自己地区的特点发展民族教育事业，积累了一套具有民族特点的办学经验。如，必须执行党和国家的教育方针、政策，坚持社会主义办学方向；必须从少数民族的特点和实际出发，坚持为当地经济建设和社会发展服务；必须在继承发扬本民族优秀文化的同时，学习其他民族的优秀文化成果；必须实行教育与宗教的分离；必须坚持国家帮助和自力更生相结合的方针等。再比如，举办寄宿制民族小学、简易小学、牧读小学、民族班、预科班等；实行异地办学，改善办学环境；国家和地方设立少数民族教育补助专项经费，并集中力量办好一批民族骨干学校；动员各方面力量关心和支持民族教育事业的发展，特别注意充分发挥爱国宗教界人士助学的积极性；重视利用现代化教学手段，发展远距离教育；恰当地把文化教育、职业技术教育和当地的生产、社会生活实际与少数民族群众的需要结合起来；等等。

（二）少数民族基础教育存在的主要问题分析

1. 思想认识不足

新中国成立40年来，一些少数民族地区，没有把教育摆到应有的位置上，没有形成支持和推动民族教育发展的机制和社会环境，对教育实行的倾斜政策还不够，少数民族地区的普及义务教育发展缓慢。有人认为，教育投资太少，经费不足，这是普及民族教育方面存在的最大问题。但更重要的根源还是认识问题，重视教育的问题。

长期以来，一些少数民族，尤其是偏远地区的少数民族干部群众，在思想上积淀着陈旧的文化教育观念。

相当一部分领导没有从根本上认识教育的极端重要性，好像不抓教育也过得去，抓不抓关系不大。有的同志整天为经济发展速度发愁，对盖宾馆、盖办公楼劲头十足，唯独对办教育很不重视，甚至挪用教育经费。在经费安排上，往往是“一工交，二财贸，剩下钱来给文教”。有不少领导口头上说教育重要，而在实际工作中总让教育“坐冷板凳”，抓教育往往是声势大、落实少，虚的多、实的少，战略地位仅仅是抽象的、空洞的。一些领导不把教育投入看做社会发展和经济增长的最有效投入，而把教育看做是消费性投入、福利性投入、可多可少的投入。教育投放不足的现状，实际上是教育观念陈旧的集中反映。

不重视教育的陈旧观念在广大少数民族群众中也有深厚的思想根源。一些群众一时还没有认识到现代教育对自身发展和民族发展的重要意义和深远影响，因此，许多家长宁愿拿钱资助修寺堂盖庙宇，也不愿捐款修学校、送子女去上学。

特别是近年来，在不少地方存在着急功近利的短期行为，严重妨碍了少数民族义务教育的发展。一些群众的思想意识往往与其狭隘的生产方式、小生产观念相联系。而领导干部在教育上的短期行为，既有思想和认识方面的原因，也有体制方面的原因。有些领导干部在自己当政时期，总想上几个大项目，建几座大工厂，盖几幢大洋楼，显示其抓经济建设的功绩，至于教育问题则留给后任解决。事实上，如果仅仅以某一时期的经济发展速度、成就来衡量干部的能力、政绩，必然导致一系列的短期经济行为，而置社会和民族的长期发展于不顾。

另外，在我国整个教育布局和结构中，基础教育没有得到足够的重视，尤其前些年人们过分强调了高等教育的重要性及投资的比重，客观上影响了我国基础教育的发展。

2. 教育与经济发展脱节

教育要适应民族地区建设需要的有效机制没有很好地建立，教育思想、教育内容、教育方法以及各级各类学校培养的人才不同程度地与民族地区经济建设和社会发展实际需要相脱节。这一脱节主要表现为：（1）民族地区经济建设没有很好地支持民族教育；（2）民族地区经济建设没有转到依靠教育和科技进步、提高劳动者素质的轨道上来；（3）经济发展状况尚没有为吸收和利用民族教育成果创造良好的条件；（4）一些地方只抓基础教育而不重视职业教育、成人教育及其相互间的协调，在基础教育内部，只是片面追求升学率，学生除了应试外，没有掌握足够的能够为生产劳动服务的本领。总之，教育的“服务”问题和经济建设的“依靠”问题都没有解决好。

3. 教育经费十分紧缺

新中国成立以来，民族教育之所以发展到现今规模，主要得力于国家的大量投入。但是，随着民族教育规模的不断扩大，质量要求的不断提高，国家与地方政府的教育投入与民族地区教育发展的实际需要相比，缺口仍然很大，民族教育经费短缺的矛盾日益突出。经费短缺，已经成为影响当前民族教育发展的重要因素之一。

民族教育经费严重不足，造成了办学条件简陋，危房大量存在。一些地方，连基本的办公费、业务费都没有保障，个别地方，教师工资发放都有困难。

少数民族地区教育经费短缺的主要原因是政府投入不足，此外，是一些地方尚缺乏自力更生的精神，不能从当地实际出发，利用多种渠道积极积累资金。

4. 师资队伍薄弱

师资力量薄弱，素质低下，是影响少数民族义务教育质量提高的最突出因素。与内地相比，目前少数民族中小学校教师队伍更为薄弱。

其状况如下：

（1）数量不足。据新疆维吾尔自治区统计，该区“七五”计划期间需要补充23 000多名中小学新教师，还有9万名教师需要在职培训。按“七五”概算，西藏自治区1990年需要补充小学教师3 000人，中学教师800人。

（2）合格率低。新疆小学教师学历合格率近年虽有较大提高，但仍然低于全国平均水平。1993年底，西藏教师队伍中，小学教师合格和基本合格的占39.1%，初中教师合格和基本合格的占62.5%。

（3）结构不合理。教师队伍结构的不合理，表现在两方面：一是骨干教师少，在民族教师队伍年龄结构上，青年教师偏多，约占50%，中老年教师少，尤其中年骨干教师极为缺乏，几乎形成了“断层”；二是学科不配套，在学科结构上，音乐、体育、美术、双语教师严重不足，数量奇缺。许多乡村学校没有音乐、美术教师，因此该课程只好停开。新疆目前还缺少汉语教师700余人。由于上述学科教师不足，致使一些学科课程不能正常开设。

（4）队伍不稳定。由于工作条件、生活条件差，教师外流情况十分严重。据统计，近10年来，全国边疆少数民族地区共流失教师10万人。吉林省汪清县1981年—1986年5年间共流失教师759人；新疆喀什地区仅1982年—1983年，共调出中小学教师1 360名，其中大、中专毕业的骨干教师就占75%以上。湖南湘西土家族自治州的凤凰县1980年—1984年，各级中心小学调出骨干教师80多人。近年来人才流失更为严重。

（5）忽视民族教育特点。长期以来，我们对于普及民族教育的特殊性研究不够，特点认识不清，加之“左”的思想的影响，以及在民族工作中存在“反民族化”的错误做法，使民族教育的特殊规律和特点长期被忽略或否认。其主要表现有：① 在教育结构和体制上，照搬或模仿全国模式，搞“一刀切”；② 在教学内容和课程设置上，忽略地方特点和民族特点；③ 在教学方法及其组织形式上，忽略民族学生身心特点，方法单一，形式呆板，教学效果欠佳；④ 在发展规模和速度上，脱离民族地区实际，不顾质量，只求数量的发展。

我国少数民族普及义务教育不仅长期照搬全国统一模式，搞“一刀切”，忽略地区和民族特点，而且在民族教育内部也“一刀切”，忽略了各少数民族之间以及不同区域之间的特点。

5. 管理机制不完善

我国少数民族普及义务教育在管理机制方面存在许多薄弱环节。

一是缺少全国范围的少数民族教育发展长远规划和战略规划。由于缺少长远规划和战略规划，民族教育发展在宏观上具有一定的盲目性，缺乏稳定性和连续性，从而造成宏观效益低下。

二是地方民族教育管理体制不健全。有些民族地区至今还没有建立专门的民族教育管理机构，民族教育管理人员素质较差，缺乏教育管理经验，教育理论素养低，由此导致了民族义务教育管理的宏观效益低下。

三是对各级民族中小学校的领导班子建设重视不够。民族学校管理工作的质量实质上决定于学校领导班子的素质和能力，一个好的学校领导班子对于办好一个学校来说，十分重要。目前，许多少数民族中小学校领导班子非常薄弱，班子成员文化程度普遍偏低，缺乏现代教育科学、教育管理理论方面的知识，缺乏师范教育的严格训练，其结果导致了民族教育管理上的微观效益低下。

6. 教育结构单一

我国民族基础教育结构不合理，职业技术教育十分薄弱，与普通教育的比例严重失调。尤其是初级教育阶段职业技术教育几乎是空白，不能适应一些贫困地区发展初级职业技术教育的需要。

我国少数民族中初级职业技术教育落后，有着多方面的原因。长时期地片面追求普通教育的升学率是最主要的原因，以升学率来衡量办学成就，严重地挫伤了办好职业技术教育的积极性。此外，一些民族和民族地区鄙薄职业技术教育的传统观念，也阻碍了民族地区职业技术教育的发展。职业技术学校教师奇缺、设备不足，给民族职业技术教育的发展也带来了一定困难。

（三）加速改革与发展少数民族地区基础教育的对策

1. 在指导思想上，确立少数民族义务教育的战略地位

少数民族义务教育，是我国今后民族教育发展的战略重点。这是由少数民族地区社会、政治、经济以及文化教育的多种条件所决定的。

（1）民族地区生产力水平低，目前经济发展主要依赖于中、初级技术，这一状况在近年内还不可能发生根本性变化。今后相当一段时期大量需要的仍然是中、初级人才，有相当一部分地区普遍需要的是初级人才。

（2）民族地区教育起点低、基础差，现实水平比较落后，对绝大多数地区来说，普及初等教育依然是中心任务。

（3）国家和当地政府投资有限，有限的财力、物力应重点保证初等教育的发展。

（4）从大多数家庭承受能力来看，民族地区也只适于重点发展初等教育，包括中初级职业技术教育。

总之，普及义务教育是整个民族教育发展的战略重点，也是整个发展教育的奠基工程，必须给予战略上的高度重视。

2. 提高思想认识

按照社会主义现代化建设和提高民族素质的要求，当前在认识上应解决以下问题。

（1）克服陈旧教育观念，正确认识教育功能，树立民族繁荣、教育领先，百年大计、教育为本的思想，把发展民族教育事业放在突出战略地位，使少数民族地区的经济建设转到依靠科学进步和提高劳动者素质的轨道上来。

（2）摆正教育与经济的相互关系，树立社会主义建设必须依靠教育，教育必须为社会主义建设服务的思想，使教育从过去的从属地位、被动地位变为首要地位和主动地位。

（3）转变“教育投入是消费性投入”的片面投入观念，确立教育投入是社会发展最有效投入的观念。

（4）改变轻视教育以及“读书无用”的错误观念，确立“教育为本”、“科技兴国”的思想。

（5）改变“就贫扶贫”的片面做法，坚持“扶贫与扶智”相结合，坚持自然资源开发与智力开发并举的方针，一手抓经济，一手抓教育。

（6）克服领导在工作中的急功近利思想，纠正一些群众只顾眼前赚钱，不顾子女教育的短期行为，为国家和民族、子女和家庭的长远利益着想，增强发展民族教育的主动性、迫切性、积极性。

（7）从维护祖国统一、民族团结、我国在国际上的政治声誉以及构建中华民族多元文化格局的更高层次、更深远的意义上认识民族教育的战略地位。

为了提高少数民族地区各级领导以及广大群众的思想认识，应当采取以下措施。

第一，在少数民族地区大力宣传《义务教育法》及其实施细则，使其精神深入人心。

第二，抓好“三教统筹”、“农科教”结合，协调发展促进脱贫致富的典型，使群众看到实惠，得到实惠，以调动办学的积极性。各民族地区在中央的统一规划下，要抓好农村教育综合改革实验县工作，探索经验，启迪群众，促进民族教育的发展。

第三，经常宣传和表彰民族教育先进县乡，推广民族教育中促进民族地区经济发展的典型经验，以此来鼓励少数民族群众办好教育的热情和信心。

3. 增加少数民族教育投入

少数民族义务教育的战略地位，必须以一定的经济条件作保障。为了持续而稳定地普及少数民族义务教育，必须逐步增加教育总投入。为了各民族的长远发展，宁肯在别的地方忍耐一点，甚至牺牲一点暂时的经济发展速度，也要确保教育投资。民族地区各级领导干部和广大群众更需要有“宁肯过几天紧日子也要把教育搞上去”的见识与觉悟。为了保证下一代文化素质的提高，家长更要肯于付出代价。民族教育的经费来源渠道主要有五个方面：政府投资，国内社会团体、企业单位的经费投入，个体对教育的投入和赞助，学校内部挖潜，国外的各项赞助。

第一，扩大政府的投入总量。政府的教育投资是民族教育经费来源的主要渠道。增加民族教育投资主要是增大政府的投入总量。

在民族教育投资问题上，必须坚持“两为主”方针和“两高于”原则。“两为主”方针，即民族教育经费以政府投入为主，在投入中又要以中央政府为主的方针。“两高于”原则，即国家对少数民族地区的教育投入高于全国的平均水平，边远少数民族的教育投入高于一般民族地区。

国家经济的发展，扶植的重点在民族地区和边远地区。为了使东部沿海地区与民族地区、边疆地区协调发展，建议国家对民族地区和边疆地区在财政扶持方面进一步实行倾斜政策。尤其是在今后发展民族教育方面，中央应采取特殊倾斜政策，其必要性在于以下几个方面。

（1）少数民族地区生产力水平低，商品经济不发达，财政收入少，不少地区财政支出还要靠国家补贴。

（2）少数民族地区工矿企业少、规模小、经营差、赢利有限，集资办学和缴纳教育税的能力有限，拿不出太多钱来支持民族教育事业。

（3）少数民族地区的各种社会团体也拿不出很多钱来办教育和支持民族教育。

（4）总的来讲，少数民族群众经济收入不高，特别是贫困农牧山村群众收入微薄，交纳学费的能力有限。

（5）随着对内搞活、对外开放，民族教育争取国际有关方面的支持是可行的。但大多数民族地区不可能像广东、福建等沿海地区那样，得到国内外各方面强有力的支持。

（6）大多数民族地区地处偏远，内外交通不便，自然环境不利，外部教育资源难以流入，教育的效率和经济效益极低，同样的教育规模，同样的教育支出，比内地消耗更多的教育资源。

鉴于上述原因，我们认为当前和今后相当长一段时期，中央应对少数民族普及义务教育资金采取倾斜政策。当然，对少数民族义务教育采取倾斜政策以及民族教育资金投入，坚持以国家投入为主和中央拨款为主的方针，决不意味着削弱以地方为主实施义务教育的责任，今后各级地方政府也要进一步加强对民族教育的投入。

为了有效筹措民族地区普及义务教育经费，今后应当采取以下具体措施。

（1）自1990年中央已恢复“少数民族教育补助专项经费”，各级政府也都应设立“少数民族教育补助专项经费”。少数民族教育补助专项经费应当主要用于普及义务教育事业。

（2）建立少数民族发展基金会。为了有效地积累普及民族教育基金，并有计划、有组织、有重点地帮助特殊地区发展教育，应当成立国家少数民族教育基金会。有条件的民族自治地区也可酌情考虑建立地方民族教育基金会。目前新疆已成立教育发展基金会，并开展了许多有益活动，为发展新疆教育积累了一定数量的基金。新疆的做法值得推广。

（3）建议已经成立的“中国贫困地区发展基金会”重点扶持少数民族

地区，尤其要对少数民族的普及义务教育事业给予重点扶持。

（4）建议国家支持不发达地区的资金，划出较大的比例用于扶持民族教育发展。

（5）为了保证民族教育投资的稳定性，建议国家制定民族教育法，以法律的形式确认民族教育投资。中央以及地方对民族教育的投资和民族教育经费的分配与管理都要有明确的法律规定。

（6）民族教育经费内部分配，应重点考虑少数民族基础教育的发展，注意克服以往对于高等教育分配比例过高的不合理状况。

（7）各级各类少数民族学校的人头费，应高于全国水平的20%—30%；部分偏远地区可高于全国水平的40%—50%，个别地区还可高些。

（8）凡是校舍、危房没有得到很好解决的地、县，不得修建高标准的楼堂馆所，不得购买高级轿车。

（9）民族地区各级政府要实行精兵简政，紧缩开支，集中力量办好教育。

第二，拓宽社会团体集资渠道。普及义务教育，关系到少数民族地区社会各个方面的利益，因此，普及义务教育，不可能由中央包下来，除了政府的资金投入外，还要动员各种社会力量，广开投资渠道。

（1）厂矿企业投资。民族地区现有的厂矿企业应贯彻国家教委的规定，缴纳教育税，国营大中型企业应当提高纳税标准。今后凡中央各部委在少数民族地区兴建企业，都应按规定承担帮助民族地区兴办教育和兴办学校的义务。在有条件的情况下，除按规定纳税外，还应酌情赞助少数民族义务教育。

（2）各社会团体集资。要动员各种社会力量集资，包括企事业单位、群众团体、宗教团体，积极赞助少数民族义务教育事业。

（3）个人捐助。普及少数民族义务教育，也关系到每一个群众的切身利益。因此，要积极宣传，鼓励和吸引社会各界人士，酌情赞助民族教育事业。1989 年 3 月，在新疆政协会议上，新疆教育基金会发起了捐资助学活动，仅仅两个小时，就捐资 67 万元。

（4）争取国外赞助。积极创造条件，争取海外侨胞、国外有关机构和团体，特别是联合国教科文组织的赞助。

新疆在争取国外赞助方面取得了一些成就。1988 年日本向新疆和田地区赠款670万美金，折合人民币2 485.7万元，用于建设小学和幼儿园；邵逸夫侨胞捐资百万元用于发展新疆教育事业①。

云南省教育厅向世界银行贷款160万美元，用于加强培训初中教师。我们要善于争取国外贷款来发展民族教育。

（5）挖掘学校潜力。民族地区各级各类学校在不妨碍教学活动的前提下，应开展各种有利于学生能力发展和技能提高的勤工俭学活动。有条件的学校可办校办小工厂、小牧场、小农场、小经济作物园，既可增加收入，又可锻炼学生，解决部分经费问题。1987年，新疆勤工俭学集资118 750元。四川省西沱县中学1987年勤工俭学总产值突破34.5万元，获利润7.32万元，学生人均收入达42元之多，成为普教经费的一大来源。

总之，我们要建立以中央政府投资为主，地方政府投资为辅，社会和个人集资补充的多元结构、多种渠道的民族教育投资体系。

缓解民族教育经费紧缺的矛盾，一方面要千方百计开辟投资渠道，扩大投资总量；另一方面要努力提高投资效益，二者并举，不可偏废。

4. 抓好师资队伍建设

民族振兴靠教育，教育振兴靠师资，民族师资队伍状况的好坏，直接关系到民族教育的成败。民族师资队伍建设主要是提高质量和稳定队伍，以及解决数量不足的问题。

（1）提高待遇，稳定队伍。稳定教师队伍是加强师资建设的前提。师资队伍不稳定的主要原因之一是经济待遇低，社会地位不高。

稳定少数民族教师队伍的根本问题是提高教师的经济待遇、社会地位、政治地位，使教师工作真正成为全社会羡慕的职业。

（2）增加教师工资。要大幅度提高民族中小学教师的工资待遇，民族中小学教师的工资应较大幅度地高于内地汉族教师。建议中央和各级政府为高寒山区、边远地区的民族教师增加特别工资补贴，使这些地区的民族教师工资高于其他地区20%—25%，这不仅有利于稳定现有民族教师队伍，也有助于吸引新教师到这些地区工作。

（3）解决教师住房。要切实解决好民族中小学教师，特别是农村民族中小学教师的住房问题。截至2000年，教师住房问题应基本得到解决，确

① 袁治章．对新疆发展民族教育事业的回顾与展望．《新疆教育》1989年12期。

有困难的地区，中央应予以帮助。

（4）建立教师休假疗养制度。建议国家建立民族教师休假疗养制度，拨出专项资金，使中小学教师每5年享受一次赴内地发达地区疗养、参观、学习的待遇。

（5）民办教师的待遇应接近或不低于公办教师。民族地区的现有民办教师应通过培训，提高素质，逐步转为公办教师，以促使其安心民族地区的教育。经过培训仍不具备教师素质者，应逐步淘汰。

（6）国家采取有力措施，切实解决中小学教师的医疗保健问题。

（7）加强在职教师的培训，提高教师质量。办好各级教师进修学院，发展函授和广播电视师范教育，通过多种渠道，采取多种形式对民族教师进行在职培训，脱产培训和不脱产培训相结合，以不脱产培训为主。

各地区主管部门都要制订本地区民族教师培训规划。

（8）发展师范教育，培养合格教师。师范院校是培养师资的基地，要优先发展师范教育，民族地区师范教育又要以中等师范教育为重点。在教育经费安排上，对师范教育要给予优先照顾。

发达地区师范院校，要重点向少数民族学生招生，并进行定向培养、定向分配，杜绝中途截留，特别要照顾教育基础差的山区、牧区和高寒山区的需要。

要适当提高师范院校学生的生活补助。

（9）广开师资渠道。民族学院、民族地区综合大学，都应酌情承担培养、培训师资任务。我国少数民族中初级职业教育的师资十分薄弱，因此，民族地区理工科院校，也要积极为中初级职业技术教育培养师资，开办职业技术师资班。

（10）加强对民族地区教师培养的支援。继续组织内地高等院校为民族地区培养、培训教师，以加强民族地区的师资建设。

（11）建立民族教师考核制度。建立民族教师资格考核制度，促使在职教师积极参加培训，努力提高业务水平。

建立民族师资的“考核”制度要与教师进修制度配合起来，使少数民族地区不合格的师资逐步达到合格水平，而不能排挤那些不合格的教师，使本来就缺的民族教师更缺。因此，“考核”应从民族教师实际出发，不能要求过高。

5. 加强科学管理

普及少数民族义务教育一靠认识、二靠投入、三靠科学管理。民族教育管理水平直接关系到教育投资效益的高低，极大地影响着少数民族义务教育的普及进程。今后，必须加强普及义务教育的科学管理，把工作热情和科学态度结合起来。

（1）完善民族教育管理体制。完善民族教育管理体制，根本上是建立一整套从上到下的有效管理运行机制。

在宏观上对民族教育进行指导、规划、监督、检查和研究，协调国家各有关部委支持民族教育工作。同时，应当进一步健全完善地方民族义务教育管理机构，加强民族中小学校领导班子建设。

（2）加强民族义务教育计划管理、规划管理。民族教育计划管理与规划管理是民族教育行政管理的重要组成部分，长期以来这一环节十分薄弱，缺乏稳定的民族教育计划、规划和战略。鉴于这一情况，必须十分重视民族义务教育的计划管理、规划管理和战略研究，中央及各省、区、地、州、县应制定好民族义务教育发展规划。

（3）加强对民族义务教育管理人员的培训。民族义务教育管理干部的培训主要依靠各少数民族自治区和有关省的师范大学或教育学院，各民族地区的师范大学（或学院）、教育学院应设专门培训部门。有条件的教育系应开设教育管理专业或专修科。同时，国家在北京师范大学、华东师范大学、东北师范大学、华中师范大学、西南师范大学、陕西师范大学6所师范大学设立的各大区教育管理干部培训中心，作为对教育管理干部进行岗位职务培训的重要基地，也应该承担培养少数民族管理干部的责任。有条件的学校应开设民族教育管理干部培训班。

6. 抓好“双语教学”

“双语教学”对于民族团结、民族平等、民族振兴和民族文化繁荣，具有重要意义，在民族教育中具有十分特殊的地位与作用。利用本民族语言进行普及义务教育也是世界各国普及义务教育的成功经验。因此，必须认真执行语言政策，遵循语言规律，根据不同民族、不同地区的实际情况，采取行之有效的措施；切实抓好双语教学。凡是有本民族语言文字的民族，应使用本民族语言教学，学好本民族语文同时兼学汉语文。对于早就有自己语言和文字的少数民族，应广泛进行双语教学。对于新中国成立后国家帮助创造文字的少数民族，由民族地区自治政府在广泛征求各方面意见的基础上，决定是否进行双语教学。对于只有语言没有文字的人数较少的少数民族，其教学语言问题，应在深入研究的基础上，找出比较稳妥的解决办法。少数民族聚居区，要建立较完备的“双语教学”体制。

在学好本民族语文的基础上，要努力学习汉语文，以利于学习科学技术，促进文化交流，增加民族团结，促进对外开放。

要解决双语教材的编写、编译和出版问题，解决双语师资的来源和培训问题。要建立与双语教学相适应的课程设置结构、学制和教育形式。双语任务较重的地区和学校，家长和学生要求延长学制的，经报上级教育主管部门批准，可适当延长其学制（延长时间不得超过一年）。

7. 坚持多渠道办学

发展民族教育，普及民族地区义务教育，要进一步放宽政策，调动社会各方面的办学积极性，坚持多渠道办学，逐步建立与民族地区生产力发展水平和经济体制相适应的，以国家办学为主、集体办学为辅、私人办学以及其他社会力量办学为补充的义务教育体制。

（1）拓展工矿企业向教育辐射的新路子。民族地区的工矿企业，特别是大中型国营企业在本地区拥有强大的经济力量和技术力量，它们的建立和发展离不开当地各族人民群众的多方面支持和帮助，它们的经济效益包含着当地各族人民的贡献。因此，支持民族教育是这些工矿企业义不容辞的责任。这些厂矿企业应担负起支持民族教育发展的社会义务。有条件的工矿企业可帮助当地群众办学，或独立创办学校，为民族地区普及义务教育作出贡献。各级政府要制定相应政策和法规，拓展大中型国营厂矿企业和科研单位对民族教育辐射的新路子。

（2）拓宽内地帮助发展民族教育新渠道。内地学校办民族班，是发展民族基础教育的重要途径之一。

1985 年 9 月，上海、天津、辽宁、河北、河南、山东、山西、陕西、四川、湖北、湖南、安徽、江苏、江西、浙江、云南等 19 个省市，先后开办了西藏中学班，已招收了 10 批共 13 000 多名藏族学生入学就读。实践证明，在内地条件好的地方为少数民族培养人才，是一条好经验，符合多、快、好、省的原则。今后在有条件的省区内部也可以为本地偏远、落后地区办班，帮助培养人才。

(3) 开拓私人办学新渠道。私人办学，在我国教育发展史上具有重要地位，过去的私塾就是私人办学的重要形式。

解放前，许多民族地区办过私塾和私人学校。解放初期，红河州 1 245 所村小学中，私塾似的村小就占很大比例。20 世纪以来，延边朝鲜族自治州就兴办了数以百计的私立学校。西藏也有一定数量的私塾。

党的十一届三中全会以来，各民族地区包括边境地区已经涌现出一些热心办学的人士。许多民族地区已经产生了私人办学的苗头。内蒙古乌兰察布盟改变单一的办学模式，鼓励私人办学，进行“公立私办”学校试点，形成国家办、集体办、厂矿办、私人办等多层次、多规格的办学形式。以小学为例，1985 年，全盟有教育部门办学和集体办学 2 552 所，其他部门办学 54 所，私人办学 27 所（见《乌兰察布盟教育四十年》）。

我们应该对私人办学予以扶持、鼓励、帮助和指导，保障其合法权益，在民族地区开辟一条私人办学的新渠道。

(4) 海外华侨办学。学习广东、福建沿海地区经验，欢迎和争取国外友好人士、海外华侨到民族地区办学。

(5) 调动宗教人士办学积极性。从根本上讲，发展民族教育必须坚持与宗教分离的原则。

在宗教影响较大的地区，如在信仰伊斯兰教的西北地区及信奉小乘佛教的西南地区等，在宗教活动不干扰学校教育的前提下，应充分调动宗教界爱国人士支持教育的积极性。

据《光明日报》介绍，近年来，青海省宗教界涌现出许多有识之士热情助学办学。大通回族土族自治县不少伊斯兰群众捐资助学，近年来共集资 7.8 万元，协助本地政府办好民族小学。

在目前国家不可能保证民族地区教育经费的情况下，民族地区应多渠道办学，调动社会各层次、各方面以至于国外等多种力量发展民族教育事业，这是推动民族教育发展的一条有效途径。但是，民族地区由于地理环境的封闭性，经济文化、社会发展的低层次，决定了上述办学途径的有限性，在短期内难以奏效。另外，面临向国外开放的环境，又不同于东南沿海地区，开放对象主要是第三世界国家，开放的程度和范围也有限。而且，这种开放还受到特定的国际政治环境的影响，在短期内难以全方位深层次地开放，因此利用外资办学的条件受到一定限制。

因此，对于民族地区当前和今后一段时间多渠道办学的潜力和前景要有客观的认识，不可期望过高。

8. 加强民族基础教育立法

国家应尽快制定民族教育法，以确保民族地区教育的有效发展。民族教育法应对民族教育经费、师资待遇等方面给予特殊规定。

民族教育法应具体规定，家长保证子女受教育的义务和责任，规定子女受教育的合法权益。

日本在1954年制定了《偏远地区教育振兴法》，这一法规的制定，有力地推动了日本偏远地区教育的发展，这一做法值得借鉴。

六

改革发展少数民族职业教育和成人教育，培养大批中初级人才

（一）积极发展少数民族职业技术教育

少数民族职业技术教育是造就和培养少数民族地区中初级实用技术人才的重要途径。职业技术教育作为现代教育的重要组成部分，是工业化和生产社会化、现代化的重要支柱。

长期以来，职业技术教育是民族教育发展中的薄弱环节。1985 年以来，在《中共中央关于教育体制改革的决定》的精神指引下，民族地区和边远地区的职业技术教育已呈现出可喜的发展势头，涌现出一批有较大影响、能起示范作用的职业技术学校。但是，由于历史、社会和自然条件等方面的原因，不少人对职业技术教育在社会主义建设中的地位和作用，还缺乏应有的认识，职业技术教育与经济和社会发展的要求仍然有较大差距，教育结构不尽合理，教育的着眼点还是放在少数学生身上，致使大部分回乡中小学毕业生，既缺乏必要的建设家乡的思想准备，又不具备致富的技术和技能。有的地方即使办了职业技术学校，也未能摆脱普通教育的模式，不能培养大批合格的技术人才和劳动大军，严重地制约了这些地区经济建设和社会发展的步伐。民族地区发展职业技术教育，最大的障碍来自人们的传统观念和对现代职业技术教育的模糊认识。民族地区要做好宣传工作，要注意通过办好示范基地来改变人们对职业技术教育的认识。

为了进一步改变民族地区职业技术教育薄弱的状况，1992 年国家教委职业技术教育司与国家教委民族地区教育司联合在云南省宁蒗县召开了民族地区职业教育研讨会，会后下发了《关于加强少数民族与边远地区农村

职业技术教育工作的意见》（教职［1992］8号）。根据该意见关于加强少数民族与边远地区农村职业技术教育工作的主要精神，今后必须坚持以下指导思想。

第一，坚持主要为当地经济建设和社会发展服务的办学方向，培养素质较高的新型农牧民。根据目前少数民族与边远地区的生产力发展水平比较低，经济结构一般仍以农（牧）业为主的实际情况，职业技术教育的发展必须面向农（牧）业生产，面向农村经济和社会发展，面向农（牧）民脱贫致富的需要。在办学方向和培养目标上，应把培养有较高政治、文化和技术素质的新型农（牧）民和农（牧）业技术骨干作为主要任务；在专业设置上，要首先注重办好直接为农、牧、林业服务的专业。同时，根据当地经济建设和产业结构调整的需要，逐步发展为第二、三产业服务的有关专业。

第二，要加强与当地经济建设和社会发展的联系。职业技术学校应积极向周围农村和农户推广科学技术，积极参与农村社会生活的变革，为科教兴农贡献力量。县办职业技术学校要坚持人才培养、科技实验、生产示范、技术推广和经营服务相结合，发挥“上挂横联下辐射”（挂靠有关高等院校和科研单位，横联有关业务部门和企业事业单位，向下辐射广大农村和农户推广技术）的作用。

第三，坚持多层次、多规格、灵活多样的办学形式，建立职业技术教育和培训网络。在教育层次上，多数地区目前应以初等职业技术教育为主体，中等职业技术教育为骨干，同时广泛开展各种实用技术短期培训；在学制上，可长可短；在招生上，既可招职前的，也可招职后的，可采取定向及推荐与考试相结合的招生办法；在教学内容和方法上，要加强针对性和适用性，加强实践性教学环节和职业技能的训练，并适当拓宽专业知识面，以适应农（牧）区的需要。地（州）教育行政部门要加强对职业技术学校的布局、规格、专业设置及招生等的统筹管理。民族与边远地区的职业技术教育，当前应强调大力发展，在发展的基础上逐步改善办学条件，提高办学水平。要搞好“三教”统筹。普通中小学生在传授文化基础知识的同时，应在适当阶段引进职教因素，注意同职业教育的早期结合。

第四，加强农科教统筹结合，依靠社会各方面力量兴办职业技术教育。

第五，积极发展校办企业，开展勤工俭学，走产教结合、以厂养校的道路，经营并管理好生产实习基地。开展勤工俭学不仅是提高教育质量的必需手段，也是运用学校自身技术优势，增强自我发展活力的主要措施。对校办工厂和实习基地在起步资金、项目选择、产供销渠道等方面的困难，须争取各地政府和有关部门的支持，切实加以解决，还可通过银行为开展这项活动筹措部分贷款。

第六，采取特殊政策和措施，推动职业技术教育的发展。要采取多种措施，扩大职业技术教育经费的来源渠道，使职业教育的经费每年都有一定的增长。中央拨给各省、自治区的城乡职教补助费、民族教育专项补助费，要划出一定比例用于民族和边远地区发展职业技术教育。要规划、解决好职业技术教育的师资问题。有关高等院校，要在地方有关部门的统筹安排下，承担起为职业技术学校培养专业课师资的任务；在大、中专毕业生分配时要对民族与边远地区适当照顾；对一些急需的专业课师资，可请联办单位派兼职教师；对一些技艺性较强的专业课师资，还可聘请能工巧匠担任。各地还可从职业教育专项补助经费中划拨适当比例，用于专业课教师的培训。要加强电教设备建设，充分发挥现代化教育手段在职业技术教育和专业课师资培训中的作用。

第七，采取国家和地方相结合的办法加强教材建设。各地有关部门要根据当地需要，组织编写部分乡土教材，并在经费上给予支持。

第八，地方政府和有关部门要帮助职业技术学校配备和建设好生产实习基地，兴建有关专业的实验室，就近划拨一部分土地、山场、水面或小型企业；或帮助学校租赁、承包、领办有关企业或田产；或与科技、经济实体联合经营，建立相应的生产实习基地。业务主管部门或联办单位要支持、帮助作为职业学校的校外实习基地。学校要加强对实习基地的管理，做到人才培养和社会、经济效益双丰收。

第九，各级政府和有关部门要进一步落实“先培训后就业”的方针，逐步实行技术证书制度，各单位录用或聘用工作人员时，必须优先录用职业学校毕业生和经过其他职业技术培训的人员；对回乡参加农业生产的职业学校毕业生，在贷款、农田生产资料供应、科技承包等方面要给予优惠和照顾，帮助他们尽快成为专业户、科技示范户。对成绩突出者，应给予表彰和奖励。

第十，加强对民族和边远地区农村职业技术教育的领导。各级政府要把职业技术教育纳入当地经济和社会发展的总体规划，努力创造一个有利于职业技术教育发展的良好社会环境。要加强政府统筹，搞好教育、计划、劳动、人事、财政等部门的分工协作，加强教育部门的具体指导。县一级政府应成立职业技术教育领导小组，或建立联席会议制度，定期研究制定发展职业技术教育的规划、政策、措施，并认真检查实施，及时解决职业技术教育工作中遇到的问题。要调整、充实、配备好职业学校的领导班子，并分期分批进行培训，以提高他们的政治、业务和管理水平。

（二）大力发展多种形式的成人教育

成人教育是传统教育向终身教育发展的一种新型教育制度，对于不断提高全民族素质促进经济和社会发展具有重要作用。在少数民族地区，成人教育对培养实用中初级人才具有特殊作用。但是少数民族地区的成人教育长期以来是一个十分薄弱的环节。特别是在广大农牧区，农牧民文化素质不高，农牧业生产技术力量薄弱，已成为影响当地生产迅速发展、群众生活水平提高的重要制约因素。同时，在一些开展了成人教育的地方，教育的形式、内容还不同程度地脱离当地经济、社会发展以及群众生活的实际。因此，必须根据民族地区经济与社会发展及群众生活的实际，大力发展多种形式的少数民族成人教育。

1. 必须提高认识，转变观念

各级教育部门的一些领导要转变过去只重普通教育忽视成人教育的观念，把成人教育放到应有的位置。要纠正一些群众，特别是一些青壮年只顾眼前利益，不顾个人和社会长期发展需要而不愿学文化的短视行为。要动员农牧民青壮年积极参加各类成人教育学习，要鼓励广大农牧民家长送子女接受各种不同层次的普及教育。

2. 必须把扫盲工作作为成人教育的首要任务

扫除文盲仍应采取“堵扫结合，以堵为主”的方针。首先，扫盲工作要和普及小学教育结合起来进行，有效地杜绝新文盲的产生。对 15 岁以下不到小学毕业程度的少年要纳入普及小学教育范围。农牧区小学应采取多种形式，尽可能地组织好义务教育的实施。抓好普及义务教育，是搞好农牧民成人教育的一项重要奠基工程，也是扫除文盲的“治本”措施。各级成人教育部门、工农教育办公室和专职干部都要协助小学抓好普及义务教育，杜绝新文盲的产生。在课程设置上应贯彻“学以致用”的原则，语文、数学都应注意农牧区应用知识的学习。其次，要继续做好青壮年成人的扫盲工作。当前扫除文盲的主要对象是16岁至40岁的青壮年。要努力办好成人业余小学，有条件的乡、村还要积极举办业余初中，吸收文化程度低的青壮年参加学习。

3. 必须把普及农牧区成人文化教育与实用技术培训结合起来

当前农牧区的建设迫切需要大批中初级技术人才，而以往一些学校却脱离这个实际，每年把大批没有技术专长的高、初中毕业生推向社会。今后农牧区成人教育应当密切结合生产实际，一方面加强基础文化知识的教育，另一方面要进行实用生产技术教育。总之，要在农牧区形成“教促富，富促教”的良性循环机制。

要加强科技普及教育。开展科技教育，必须抓好两个环节。一是要抓好有计划的系统科学技术教育；二是要抓好群众性的科技知识普及教育。开展有计划的科技教育，目前的重点主要是举办初级和中级农牧民职业技术学校。发展职业技术教育与普及教育、成人教育相结合，需要进一步改革教育体制。职业技术教育必须与农牧区当地的社会发展结合起来，这就需要县一级政府将经济发展、科技推广和教育发展统筹规划，统一实施，努力形成“农牧科教一体化发展”的局面。

群众性的科学技术知识普及教育，应做到灵活多样，讲求实效。如举办各种实用技术学习班、短期训练班、技术夜校、专题讲座、技术交流、技术咨询以及科技电影、广播、函授等。教育对象不受年龄、文化程度的限制。学习内容可根据当地的实际需要学用结合，尽量满足各族农牧民群众迫切学习技术的需要。

各级各类农牧民文化技术学校应当加强民族政策和民族团结教育，使各级干部、群众从思想上、理论上懂得马克思主义关于民族和民族问题的基本观点，从根本上增强执行党的民族政策，维护民族团结的自觉性。

4. 采取多种办学形式发展少数民族农牧区成人教育，重视提高质量

发展少数民族地区成人教育，特别要注意农牧区人口分散、生产季节性强和流动不定的特点，采取多种办学形式。各级各类文化技术学校的学习形式和学习时间都应因地因人制宜，可采取集中与分散相结合、常年与季节性相结合、业余学习与脱产学习相结合等形式妥善安排。另外，在办

好固定教学点的同时，还应当辅之以巡回教学、远程教学、复式教学、函授学习等形式来推动农牧区民族成人教育的发展。

当前农牧区的机械化水平在不断提高，农牧区机械都逐步向大型化、复杂化发展。因此，农牧区的成人教育必须不断提高质量，提高教师的教学水平是提高教学质量的关键环节。县、乡两级教育部门要指定专人抓好农牧区成人教育，要重视教师培训工作，建立教师培训制度，通过自学进修、业务辅导、观摩教学和交流教学经验等多种形式来提高教师的业务水平。

为确保农牧区成人学校的教育质量，各地教育部门应当保证提供固定的学习场所，配备固定的教师，制定必要的规章制度，建立成人教育的评估制度。对于扫盲教育，应当逐步提高验收质量。当前要按照自治区规定的标准严格检查验收，达到标准后发给脱盲证书。

5. 进一步加强对少数民族成人教育的领导与管理

加强成人教育领导机构建设。成人教育要在各级党委和政府的统一领导下进行，各级党政部门应定期研究农牧民教育工作状况、发展计划、措施及落实情况，解决工作中存在的重大问题。

各少数民族自治区、州、县应当进一步抓好农牧民教育领导机构建设。要充实领导力量，在近期的机构改革中，农牧民教育管理机构只能进一步加强，而不能削弱。各级教育职能部门，必须认真把农牧民教育工作当做一件大事来抓。组织人事部门应当把教育工作的成绩作为衡量地方党政干部政绩的重要指标。

多渠道筹措资金，加强经费使用管理。应采取多种渠道解决的办法，并作为智力投资统筹一部分；地方财政和农牧、教育、科技等部门补助一部分；学校还可开展勤工俭学自己创收一部分。教育部门用于成人教育的经费，要做到专款专用。

重视成人教育专职干部的培训工作。为了提高少数民族成人教育专职干部的管理水平，应重视对现有成教干部的培训工作，有条件的地区，应对现有教育专职干部进行一次普遍性的轮训。农牧民教育专职干部的主要培训任务是增强他们对党的有关农牧民教育的方针政策的理解，提高教育科学管理水平。

加强农牧、科教的一体化管理，促进农牧区建设的全面发展。少数民族农牧区的教育与经济、科学技术发展状况有着十分密切的联系，只有坚持三者同等、同步协调发展，才能真正推动当地社会发展和建设，这不仅是教育体制改革的需要，而且也是发展农牧区生产力，促进农牧民致富的重要措施，农牧、科技、教育三方面必须通力合作。农牧业是阵地，科技是关键，教育是保证，离开哪个方面都将延误这个进程。农科教结合在一些发达国家和内地部分少数民族地区已有不少经验。伟大的人民教育家陶行知先生在60年前也曾指出："中国农村教育之所以没有实效，是因为教育与农业各干各的，不相闻问。""所以第一要农业与教育携手、教育与科学机关充分联络。"但是长期以来少数民族地区农牧业、科技、教育相脱离，人才、技术、实际相脱节的现象比较严重，远远不能适应农牧区经济发展的需要。现在许多地区认识到农牧业、科技、教育统筹的必要性，也都在努力改变这种现状，但由于旧的习惯势力和传统观念影响，做到这一点还有很多困难。

七

改革发展少数民族高等教育，培养少数民族高级专门人才

为了发挥总体效益，国家必须对民族教育进行统筹规划，完善民族教育的区域布局，适当调整结构，处理好民族院校、民族地区高等院校之间的关系，普通高校也要更多地为少数民族培养人才。

（一）新中国成立45年来少数民族高等教育的发展历程

中华人民共和国成立之前，我国各少数民族人民长期处于反动统治和民族歧视的双重压迫之下，民族教育处于落后的状态，有的少数民族甚至仍处于刻木结绳记事的原始状态。新中国成立前全国只有几所少数民族高等院校，只有极少数的民族学生接受过高等教育。

新中国成立以后，在中国共产党的领导下，中国少数民族高等教育发生了巨大变化，取得了巨大成就。

新中国成立45年来，少数民族高等教育的发展历程，大体上可以分为四个阶段。

第一阶段：1949年—1956年。这7年中，我国经济基本完成了社会主义改造，同时少数民族高等教育也取得了初步发展。

早在1949年10月1日中华人民共和国成立之日，《人民日报》发表的社论《中华人民共和国万岁》中，就把恢复和发展文化教育事业作为建设新中国的基本任务之一。

1950年11月24日，中央人民政府政务院第六十次政务会议批准了《培养少数民族干部试行方案》。这是新中国为发展少数民族教育而颁布的第一个重要方案。该方案指出：为了国家建设、民族区域自治与实现共同

纲领、民族政策的需要，从中央至有关省县，应根据新民主主义的教育方针普遍而大量地培养少数民族干部。该方案决定在北京设立中央民族学院，并在西北、西南、中南各设一处中央民族学院分院。1951 年 6 月，中央民族学院在北京正式成立。该方案还要求其他有关各级人民政府逐步整顿少数民族的高等教育。

1951 年 9 月和 1956 年 6 月，教育部在北京先后召开了第一次和第二次全国民族教育工作会议，会议讨论通过了一些新的有关少数民族教育的政策，其中包括少数民族高等教育的发展规划。到 1957 年，全国少数民族高等院校在校学生已达 16 100 人，教师数量也有所增加。

从 1949 年到 1956 年这段时间，既是中国少数民族高等教育初步发展的时期，同时也是中国少数民族高等教育发展速度较快的一个时期。

第二阶段：1957 年—1966 年。这 10 年是中国全面建设社会主义的 10 年。少数民族高等教育事业在前一阶段发展的基础上又有了新的飞跃。在此 10 年中，教育部和国家民委重点抓了民族学院的建设。各少数民族高等院校的规章制度在总结经验的基础上日益完善，教育质量明显提高。到 1965 年底，全国的各民族学院已有本科专业 21 个，还设有预科以及各类中等专业技术班和干训班。各民族学院共有在校学生 14 109 人，各民族学院毕业生累积 3 662 人，其教师 1 407 人。①

在此 10 年中，国家教育部先后召开三次民族学院院长会议。教育部还于 1963 年在北京召开了云南、贵州、四川三省教育工作会议。上述一系列会议着重研究了如何加强少数民族教育问题，对于促进中国少数民族高等教育的发展起了重要的指导作用，尤其是对各民族学院的发展与建设工作，产生了积极的影响。从 1957 年到 1966 年的 10 年里，整体来看少数民族高等教育的发展速度是很快的。到 1965 年底，全国已有 10 所民族学院，还有设在民族自治区的 20 所普通高等院校。两类院校共有少数民族学生 21 870 人，是 1950 年的 17 倍；少数民族教师 3 311 人，是 1950 年的 5.3 倍。②但是，还应看到，这 10 年中，少数民族高等教育也走过一些弯路。主要是在 1959 年到 1962 年间“浮夸风”、“瞎指挥”盛行，致使少数民族高等教育的发展受到了一定的影响。否则，这 10 年间少数民族高等教育的发展速度会

---

①②　《中国教育年鉴》，中国大百科全书出版社 1984 年版，第 409～412 页。

更快一些。

第三阶段：1966年—1976年。也是中国进行“文化大革命”的10年。国内长期坚持“以阶级斗争为纲”的指导思想，特别是由于林彪、“四人帮”一伙宣扬文化上的虚无主义，荒谬地鼓吹“知识越多越反动”，迫害知识分子，否定党的知识分子政策，致使整个国家的文化教育事业受到了严重摧残，少数民族高等教育也在劫难逃。“文化大革命”10年间，全国原有的10所民族学院仅剩下中央民族学院与广西民族学院两所，其余的全部被解散或合并。高等学校的少数民族教师队伍人数也从1965年的3 331人减少到2 600余人，减少了21%。

第四阶段：1976年到现在。这11年是我国社会主义建设的新的历史时期，也是中国少数民族高等教育迅速发展的时期，尤其是在党的十一届三中全会之后，少数民族高等教育走上了拨乱反正的轨道，全国各少数民族高等院校陆续恢复了招生。

1979年8月，国家民委和教育部共同召开了全国第五次民族学院院长会议，讨论了新时期民族学院教育工作如何为四化服务等方针、政策问题，推动了民族学院的各项工作。

1980年6月，教育部又颁发了《全日制重点高校试办少数民族班的通知》，这是发展中国少数民族高等教育的一个新途径，也是一项有效的改革措施。

1981年2月，国家教育部与国家民委又共同召开了全国第三次民族教育工作会议，总结了新中国成立30多年民族教育工作的经验教训，提高了与会者对民族教育工作重要性的认识。会议之后，国家有关部门切实从广大少数民族聚居区的实际出发，采取了一系列的具体政策和措施。如全国各高等院校在招生时，对少数民族聚居区的考生，根据其具体情况放宽录取分数线；在民族散杂居地区，对少数民族考生采取同等成绩优先录取的办法，尽可能多招收少数民族学生。与此同时，国家教委在经费、师资配备、办学条件等方面对少数民族高等教育给予了大力的支持和特殊的照顾。内地许多高等院校对边远地区少数民族高等教育的发展和建设给予了大力的支援。据不完全统计，近几年来，赴边远少数民族高等院校讲课的教师就有1 000多人次，调拨的教学仪器设备及图书资料数量也很多。①

从1976年到现在的18年时间里，由于党的十一届三中全会正确路线的指引，国家各级政府对少数民族高等教育的重视和特殊照顾以及内地各省市的热情支援协作，使少数民族高等教育得到了较快发展。

据统计，到1986年底，全国少数民族高等院校已发展到106所，比1952年的11所少数民族高等院校增长了近10倍，比1957年增长了5倍多，比1980年增长了42%。另外还建了一所少数民族师资培训中心。近两年来，新建和正在筹建中的少数民族高等院校还有西北第二民族学院、青海藏医学校、西藏大学、新疆艺术学院等。1986年底，少数民族在校学生达99 468人，比1952年的200人增长了34.55倍；1984年少数民族高等学校教师17 000多人，比1953年的600多人增加了28倍。近一两年来，少数民族教师的增长也很快。②

另外，随着全国各少数民族高等院校科研条件的改善和教学质量的提高，近几年来除培养了大量学士学位本科毕业生以外，还培养了一批硕士学位的少数民族研究生，而且从1984年底开始，还招收了攻读博士学位的少数民族研究生。

总之，回顾少数民族高等教育发展历程的四个阶段，雄辩的事实表明，新中国成立40多年来，中国少数民族高等教育的发展速度是很快的，成就也是巨大的。概括起来讲，40多年来少数民族高等教育的成就体现在以下几个方面。

（1）建立了少数民族高等教育的基本体系，积累了兴办少数民族高等教育的初步经验。

（2）建立了一定数量的少数民族高等院校，形成了一支基本的少数民族高等教育的教师队伍。

（3）为国家培养了大量的专业人才，促进了各少数民族地区的社会主义建设，各少数民族高等院校除为国家培养了大批本科毕业生外，还培训了大批在职干部。

（4）建立了一些新学科和科研机构，还设立了一些培养高级人才的专

---

① 转引自《谈内地高等院校对民族地区高等教育的支援》，《喀什师范学院学报》1986年第2期。

② 参引国家教委民族教育司有关资料。

业点，招收了硕士学位研究生。

少数民族高等教育所取得的上述成就是巨大的，从新中国成立前的少数民族高等教育极端落后状况发展到今天每个少数民族都有自己的大学生，其速度之快也可以说是一种奇迹。

少数民族高等教育发展速度之所以如此迅速，是与我党的正确领导和国家各级政府的关心照顾是分不开的。特别是与认真贯彻执行党的民族政策，切实尊重和充分保障少数民族在政治上、经济上和文化教育上的平等权利，从少数民族的利益出发，坚持实事求是的工作方针有着密切联系，这些都是我国少数民族高等教育建设和发展的基本经验。

（二）民族高等教育发展中存在的若干问题

新中国成立 40 多年来，少数民族高等教育发展很快，成就是巨大的。事实表明：自新中国成立以来创立和发展起来的中国少数民族高等教育曾经对实行民族区域自治、维护祖国统一、加强民族团结、促进各族人民繁荣发展，以及开创社会主义建设的新局面，都作出了重大的贡献。但是，必须看到中国少数民族高等教育在发展过程中还存在着一定的问题与困难，存在着与当前社会主义现代化建设的需要不相适应的方面。

1. 结构不合理，不能适应四化建设需要

新中国成立以来，少数民族高等教育发展速度很快，但忽略了教育结构的合理化建设。在横向结构方面，少数民族高等教育培养对象的数量比例不合理，长期以来，在职干部培训多，专业人才培养少，不能适应经济建设的需要。从纵向结构来看，培养对象的层次比例不合理，本科生培养得多，而研究生、专科生培养得比较少。从少数民族高等院校专业系科设置结构来看，也存在不合理因素。文理科的比例不协调是整个中国高等教育结构的不足之处，民族高等教育更是如此。少数民族高等教育对管理、政法、财政、少数民族史学、教育科学等方面的少数民族专业人才培养很少，有的少数民族高等院校还处于单学科发展的状态，这是少数民族高等院校专业结构方面极其薄弱的环节。再从教育结构与社会经济结构的整体关系看，少数民族高等教育发展过程中忽视了与少数民族地区经济关系密切的院校与系科的建设。我国少数民族居住面积占全国的 50% 到 60%，绝大多数少数民族区域自治地方都有很丰富的矿藏，新疆、内蒙古、宁夏、青海、西藏是我国最大的牧业基地。但长期以来，这些地区的专业人才非常缺乏。

2. 学科规模小，招生人数少，学校利用率低

由于原有基础比较薄弱，新中国成立以来新建的少数民族高等院校规模都比较小。按 1984 年全国 75 所少数民族高等院校，学生 56 000 人计算，我国少数民族高等院校平均每所只有 746 人。新疆的中医学院、石油学院均不足 500 人，青海省新建的海南民族师范专科学校，只有教师 22 人，招生能力就更弱了。近 10 年来，少数民族地区高校的办学规模发生了较大变化，但总体上看，规模效益仍然很低。少数民族高等院校规模小，招生人数少，均给学校教育工作带来了不利影响，也造成了学校师资、设备、仪器的浪费。

3. 新办学校多，师资力量薄弱

我国现有少数民族高等院校近 110 所，其中大部分是在粉碎“四人帮”之后恢复和建立的。这些新建少数民族高等院校的师资力量一般比较薄弱，结构状况不佳。从年龄结构看，大多数院校没有形成合理的老中青教师梯队，普遍存在着的问题是青年教师偏多，有的院校青年教师占教师总数的一半以上；从学历结构看，高层次学历的教师很少，大多数教师是大学本科学历，硕士研究生比例很低，博士学位研究生的比例就更低；从职称结构看，高级职称教师比例较低，大多数教师职称处于中层或中层以下，待定职称的教师数量很大。

4. 发展不平衡

少数民族高等教育在发展上也是不平衡的，首先从地理位置上看，东南各地少数民族高等教育的发展要优于西部地区，其次是新老学校之间存在着一定的不平衡。

上述四个方面是我国少数民族高等教育存在的几个比较明显的问题，造成这些问题的原因主要有以下几个方面。

第一，是由于历史的原因。从历史上看，长期以来我国少数民族地区的政治、经济、文化教育本身都比较落后。新中国成立前一些少数民族地区的文化教育发展还处于原始社会的水平。新中国成立后少数民族高等教育虽然有了较大的发展，但其间又先后受到 1958 年“浮夸风”及“文化大

革命”的影响，妨碍了少数民族高等教育的发展。

第二，各少数民族地区经济发展的不平衡状况以及地理位置偏远、交通不便、信息不灵也是造成我国少数民族高等教育存在上述问题的原因之一。

第三，在思想上对少数民族高等教育的重要性认识还不够深刻。新中国成立以来，在相当一个时期对高等教育重要性的认识不够，没有把高等教育在整个国民经济中的地位摆到应有的位置，因而对高等教育的投资也时多时少，很不稳定。少数民族高等教育也是如此，甚至有少数人还认为少数民族高等教育没有存在的必要。还有人认为，民族院校底子薄、条件差、水平低，应该合并到正规的一般高校中，这些观点都是极其错误的。

（三）加快民族高等教育改革，适应经济建设和社会发展需要

当前面临着科学技术革命的挑战以及世界各国纷纷改革高等教育的趋势，迫使我国少数民族高等教育必须加快改革，否则就无法适应新时期四化建设的需要。高等教育担负着培养高级专门人才、发展科学技术文化和促进现代化建设的重大任务。民族地区的高等教育是培养少数民族高级专门人才的主要基地，必须给予高度重视。邓小平同志指出的“教育要面向现代化、面向世界、面向未来”，为我国少数民族高等教育的改革指明了方向。

坚持教育的“三个面向”，核心是面向现代化。少数民族高等教育以培养少数民族地区四化建设的高级专业人才为根本宗旨。因此，少数民族教育的改革和发展必须首先面向现代化，从根本上讲，就是要努力培养适应社会主义四个现代化建设，愿意不断追求新知，具有实事求是、独立思考、勇于创造的科学精神，具有为建设少数民族地区努力奋斗精神的，有理想、有文化、有道德、有纪律的“四有”人才。

少数民族高等教育面向四个现代化的另一个重要方面是要立足于中国的实际，坚持实事求是，不能盲目地套用外国的经验而不顾中国的国情。同时，发展少数民族高等教育也不能盲目地把汉族地区的高等教育经验强加于少数民族地区，而且在各少数民族之间也要有区别，不能搞一个模式。少数民族高等教育必须加强与民族地区社会和经济发展的联系，应该从各少数民族地区的经济文化条件的实际出发，来建设当地的少数民族高等教

育，坚持“持续、稳步、协调”的发展步骤，使少数民族高等教育的发展速度与少数民族地区经济发展的速度协调起来。从总体看，今后一段时间，少数民族高等教育的建设应以充分挖掘老学校的潜力为主，新院校不宜多建。

少数民族高等教育还要面向世界。面向世界，一方面是要注意学习国外在教育方面成功的经验以及教育理论方面的新成果，经过鉴别，加以吸收；另一方面，是要重视当前世界上正在出现的新技术革命浪潮，注意由此带来的世界高等教育发展的新变化。

少数民族高等教育要面向未来，这是由教育的特点所决定的，教育是永恒的事业，教育本身是永远面向未来的。“十年树木，百年树人”正是揭示了教育面向未来的特征。因此，少数民族高等教育的发展和建设，要从长远考虑，从各少数民族地区今后长远发展的需要出发，不能只顾眼前的需要。从战略上看，20 世纪末全国经济建设的重点必然转移到地大物博、资源丰富的少数民族地区，实现这个重点转移事关整个国家的四化大业，其实现过程需要做大量的准备工作。其中智力开发与少数民族人才培养是最为重要的准备工作，少数民族高等教育承担着极其繁重的任务。

综上所述，发展少数民族高等教育，必须坚持“三个面向”。以“三个面向”为指针，这是促进我国少数民族高等教育健康发展的重要条件。

当前为了促进少数民族高等教育的改革和发展，还应当解决好以下几个突出的问题。

第一，必须建立一支数量足够、质量合格的教师队伍。我国少数民族高等院校教师队伍的状况如何，是发展少数民族高等教育的重要前提。尤其是少数民族高等师范院校的教师队伍建设更为重要，如果没有一支合格的师范院校教师队伍，就会造成整个少数民族高等教育上的恶性循环。如前所述，我国少数民族高等院校师资队伍结构存在许多问题，如教师学历层次低、青年教师偏多、教师职称普遍低等，根据这些实际情况，必须做好师资队伍的培养与建设工作，要采取多种途径相结合的办法，千方百计把教师队伍建设好。同时应充分调动广大教师的积极性，为我国少数民族高等教育事业尽力。

第二，建立一个多层次、多学科，结构与布局合理的少数民族高等教育体系。面临新技术革命的挑战，建立多层次、多学科的教育体系已是发展的必然趋势。新中国成立以来，我国少数民族高等教育的层次与学科结构一直比较单一，而且布局也不合理，应努力改革。

第三，扩大学校规模，逐步增加招生人数。过去我国少数民族高等院校规模普遍较小，招生人数少，造成了师资、物资设备、仪器的浪费，今后应逐步扩大学校规模，增加招生量，使现有少数民族院校做到物尽其用、师尽其才。增加招生人数的一个重要问题是要不断提高现有基础教育的水平，提高合格升学的比率，而不能用无原则降低录取标准的方法来扩大招生量。

第四，要办好现有少数民族基础教育，为发展少数民族高等教育提供良好条件，否则少数民族高等教育的生源质量难以保证。针对少数民族地区基础教育薄弱的状况，少数民族高等教育要增强为基础教育服务的自觉性。

第五，发展少数民族高等教育要与发展少数民族经济相互联系，因此教育科学工作者与教育行政部门要加强对少数民族地区经济结构与社会结构的研究，加强对教育结构与社会经济结构相互关系的研究。少数民族地区高等院校的科研部门，要加强基础研究和应用技术开发研究，积极参与国民经济各部门的改革，加速现代科技成果在民族地区，特别是在农牧区的推广和应用。加强对少数民族高等教育规律性的研究，改进管理体制和教学方法，同时要搞好少数民族高校的教材建设。

第六，少数民族高等院校，特别是师范院校，应当积极参与农牧区教育的综合改革，为农牧区教育的发展和改革积极创造条件，为农业的现代化生产和农牧民的生活幸福服务。要通过推广科学技术、帮助培训教师和管理干部、开发乡镇等多种形式，推动农牧区教育与当地经济、社会发展的紧密结合。

发展少数民族高等教育，对四化建设具有重要的现实意义。展望未来，我国少数民族高等教育必将有一个大的发展，经过全国各族人民的共同努力，一定会把中国的少数民族高等教育事业推向新的发展阶段。

八

深化少数民族师范教育改革，培养少数民族教育人才

民族的振兴靠教育，教育的振兴靠教师。师范教育是对未来教师的教育，是整个教育事业的“工作母机”，师范学校是培养“人类灵魂工程师”的重要场所。没有师范教育就没有教师，就没有整个教育事业的发展和振兴，就不能培养出大批的人才，就不能真正提高全民族的科学文化水平和全体劳动者的素质。少数民族师范教育是我国师范教育的重要组成部分，它的好坏直接影响着少数民族地区教育事业的发展和质量的提高，直接关系到少数民族地区义务教育的实施。提高师范教育的质量，已经成为一个国际性的问题，而不仅仅是少数国家所关心的问题。不论大国还是小国，发达国家还是发展中国家，也不论是人口众多的民族还是少数民族都予以极大的关注。

（一）深化我国少数民族师范教育改革刻不容缓

1. 深化少数民族师范教育改革是改革民族教育现状的迫切要求

新中国成立以后，在党的民族政策指引下，由于国家的大力支持和帮助，少数民族地区的教育事业有了巨大的发展，取得了很大的成就。不仅发展了初等教育和中等教育，而且创建了相当数量和规模的高等院校，培养了大批少数民族干部和各方面的建设人才。但是，从世界范围内的教育发展动向和我国四化建设的实际需要来看，我国少数民族教育的现状还远远不能适应。尤其是边境地区、牧区、高寒山区少数民族的文化教育还十分落后，集中表现为文盲多、入学率低、巩固率差。特别是近年来，少数民族地区中小学生的辍学率也很高。由于民族基础教育和职业教育落后，许多地区需要的会计、出纳、医生、放映员等人才十分缺乏，中等和高等

教育缺乏合格新生来源，这些都严重地影响了少数民族地区和边疆的四化建设。由此可见，我国少数民族教育的落后现状是少数民族地区和边疆四化建设的根本障碍，要想促进少数民族地区的经济和科学文化发展，关键是要搞好民族教育，使民族教育有一个较大的发展。而要真正搞好民族教育，其关键还在于搞好少数民族师范教育。

万里同志曾说："办好师范学校关系到中华民族的素质的提高和我们国家的兴旺发达。各级党委和政府必须从战略上重视师范教育，给师范教育开绿灯。"又说："办教育，盖校舍比较容易，困难的是房子盖起来了，你有没有合格的教师，教师不是一年两年就能培养出来的。所以，你想真正加强教育，就必须首先重视师范教育，培养一大批德才兼备的、热心教学又善于教学的合格的教师、教育家。"这一点，对少数民族地区来说尤为重要。没有一支合格的少数民族教师队伍，民族教育的发展是不可想象的，只能永远处于落后被动的状态。现在少数民族教育中最薄弱的环节，就是缺少一支合格的民族教师队伍。要培养合格的民族教师队伍，必须从上到下充分认识民族师范教育的战略地位，优先发展少数民族教育，使其成为整个民族教育事业的先导。否则，不仅会拖少数民族教育事业发展的后腿，也会拖少数民族地区两个文明建设的后腿。

2. 深化少数民族师范教育是改革师范教育的需要

新中国成立初期，我国政府就十分重视和关心少数民族教育的师资培养和提高。1951 年，中华人民共和国教育部在北京召开的第一次全国民族教育工作会议上就通过了《培养少数民族师资的试行方案》。该方案指出："培养提高少数民族师资是发展少数民族教育的重要工作之一，有关的各级人民政府教育行政部门必须重视。"该方案还就培养教师问题，在办学条件、招生对象、课程设置、经费和物质待遇等方面都作了具体的特殊规定。此后，国务院还专门召开过多次关于发展少数民族教育的工作会议，1980 年又召开了全国师范教育工作会议，1986 年国家教育委员会发出了关于加强师范教育的通知。上述一系列重要会议和文件，都大大促进了少数民族师范教育的发展，使民族师范教育工作取得了很大成就，为少数民族培养了大批中小学教师。但是，目前少数民族师资队伍存在的问题也十分突出。具体表现在以下几点。

（1）教师队伍素质较低。教师素质不高，在少数民族地区不是个别现象，而是有一定代表性。靠这样的教师队伍，民族教育质量无法提高，也培养不出高质量的人才。

（2）数量不足。少数民族教师的数量严重不足，学生和教师的比例达不到国家规定的标准，本民族的教师尤其缺乏。

（3）民办教师比例过大，远远超过汉族地区民办教师的比例。这是当前少数民族地区教育落后的一个重要原因。外地教师由于政策不落实，大部分不安心在民族地区工作，而少数民族自己的师资又没有培养起来，形成青黄不接的现象。

（4）各科教师不配套，外语、生物、历史、地理、音乐、体育、美术教师十分缺乏。

凡此种种，都说明我国少数民族教师队伍目前存在的问题很严重。深化我国少数民族师范教育的根本任务是迅速建立一支合格的、稳定的少数民族教师队伍。

表8－1　全国少数民族中小学教师发展情况表

	普通中学			小学		
	少数民族教师数（万人）	占教师总数的比例（%）	发展倍数	少数民族教师数（万人）	占教师总数的比例（%）	发展倍数
1953	0.45	3.9	1	5.98	3.8	1
1965	1.46	3.2	3.3	13.32	4.7	2.2
1978	11.23	3.5	25.5	31.02	5.9	5.2
1979	10.82	3.5	24.0	31.30	5.8	5.2
1980	11.23	3.7	25.0	32.94	6.0	5.5
1981	10.52	3.7	23.4	33.06	5.91	5.5
1987	16.05	5.2	31.5	43.68		7.3
1993	30.21		44.0	47.72		7.9

（二）深化我国少数民族师范教育改革的关键是办好少数民族师范院校

1. 少数民族师范院校自身存在的问题十分突出，迫切需要改革

目前，少数民族中等师范学校有 198 所，在校学生占全国中师生的 12%，少数民族高等师范院校有 35 所。① 少数民族师范院校存在的主要问题有以下几方面。

（1）民族师范院校数量少，质量不高。少数民族师范院校一般规模较小，多在 1 000 人以下，影响了教育投资效益的发挥；投资少，经费不足，因而设备差，缺乏起码的实验、实习条件；同时，管理不善，不能适应少数民族教育事业发展的需要。

（2）民族师范院校的结构不合理。从层次结构来看，高师本科生和中师生多，而专科生和研究生少；从系科设置来看，存在着明显的单一倾向，一是文理科的相互渗透不够，二是一般师范院校还处于单学科发展状态，其结果造成了中小学一些学科教师的紧缺；从形式结构来看，也比较单一，主要是以全日制师范院校为主。

（3）民族师范院校的师资队伍薄弱。少数民族师范院校师资队伍薄弱主要表现在三个方面：一是师资数量不足；二是师资质量差，没有形成合理的教师梯队，缺乏学科带头人，高层次学历的教师极少，硕士和博士研究生的比例更小；三是教师队伍的专业结构不合理，学科教学法的师资普遍缺乏，音乐、体育、美术、英语等学科的师资严重不足。

（4）民族职业技术师范教育体系尚未创立。《中共中央关于教育体制改革的决定》和《中华人民共和国义务教育法》都强调要大力发展职业技术教育。国务委员李铁映在青海视察工作时曾强调："边远少数民族地区的教育，当应该实行'双轨制'，即文化教育和职业技术教育同时进行。"他说："我们过去教育最大的问题是对技能素质重视不够，现在需要开放职业技术教育体系，使受教育者都成为具有一定专业技能的劳动者。"② 从少数民族地区来看，更需大力发展职业技术教育，但职业技术教育师资紧缺，急需

① 柳斌：《采取有力措施发展民族教育》，《中国教育报》1988 年 3 月 5 日。
② 李铁映：《教育必须适应经济发展的需要》，《光明日报》1988 年 7 月 15 日。

大力培养。可是目前少数民族地区的职业技术师范院校十分薄弱，如不及早解决这个问题，将直接影响少数民族地区教育和经济结合。

2. 办好民族师范院校必须采取有力措施，大胆改革

要办好民族师范院校，应抓好以下几点。

（1）改变传统观念，优先办好民族师范院校。民族师范院校对培养有理想、有道德、有文化、有纪律，热爱少数民族教育事业的一代新师资具有重要作用。因此，各省、自治区、地（州）、县必须给师范教育以足够的重视，加强领导，并在人力、物力、财力上给以优先照顾，把它放在优先发展的地位。把民族师范院校办好，是少数民族地区教育事业发展的基本条件。苏联十月革命后普及教育的一个重要经验，就是重点培养少数民族教师。以俄罗斯联邦为例，1924—1925 年，有 35 所师范学校为少数民族学校培养低年级教师。20 世纪 30 年代初，又在边疆地区举办了几千个培养少数民族教师的短训班，并成立了新的师范学院。在俄罗斯联邦就有 13 所师范学院、105 所师范学校和 107 所中专为少数民族培养师资。1933—1934 年与 1927—1928 年相比，少数民族教师增加了一倍多，从而为推广俄语，为在少数民族地区依靠本民族教师实行普及教育奠定了良好的“基础工程”。①这个经验对我国发展民族教育也是可取的。

（2）端正民族师范院校的办学思想，明确办学方向。少数民族师范院校的改革，要面向现代化，面向世界，面向未来，既要适应少数民族地区普及九年制义务教育和提高基础教育水平的需要，又要适应市场经济条件下，少数民族地区经济和社会发展的需要。要结合各少数民族的实际和特点，对教育思想、专业设置、课程开设、教学方法和教学制度进行系统的改革和更新，不断提高民族师范院校的教学水平和学术水平，培养合格的民族教育师资，以适应少数民族教育发展的需要。

少数民族师范院校能否培养出合格的少数民族教育师资，是衡量少数民族师范院校办学思想是否端正的重要标志。因此，在办学方向上，民族师范院校必须面向少数民族，不能照搬汉族地区的做法，也不能在各个少数民族院校之间搞“一刀切”，如此才能办出各个少数民族师范院校的特点来。同时，还应坚持师范院校的学术性和师范性的统一，既要反对盲目追

---

① 摘自中央教科所编：《教育文摘》1984 年第 1 期，第 2 页。

求师范教育的学术性倾向，也要反对师范院校向综合性大学看齐的做法。在发展速度上，师范院校发展应与民族地区普及中等教育以及九年制义务教育的实施进程基本同步，如此，才能促进少数民族教育的发展，也才能收到较好的教育投资效益。在培养规格上，由于少数民族地区人口分散，一般学校规模都比较小，加之少数民族地区经济、文化的落后，青少年必须具有一定的劳动能力和就业能力。在结构上，应建立复合式、多层次、可延伸、辐射力大、覆盖面宽、适应性强的新结构，如此才能大大提高民族师范院校的师资培养效能。这是因为当今科技发展的趋势是日益综合化，新的边缘学科不断产生，许多学科在互相渗透，自然科学和社会科学出现合流的趋势。现代教育家认为，没有综合化，就不会产生伟大的文化和伟大的人物。因此，民族师范院校必须重视培养学生向“多知多能”的方向发展，有条件的学校可加强多科性学习，实行双学位制或多开选修课，使未来的少数民族师资成为“复合式”、“一专多能”、“完整型”的，懂得社会主义商品经济，能够培养新一代“四有”人才的教师，不仅具有渊博的文化科学知识，而且具有较强的自学能力、研究能力、创造能力和教育、教学能力，从而提高师范生的培养规格，增强少数民族师范生的适应性。特别是面向广大农牧区的师范院校培养的教师，应当既能讲授文化科学知识，又懂得一定综合劳动技术，能为农牧区学生传授一两项适合当地生产劳动的实用技术。

（3）改革少数民族师范院校的招生制度和分配制度，提高民族师范院校的招生质量，并保证毕业生按培养目标分配工作。在少数民族师范院校的招生问题上，国家教委（原教育部）明确指出：“民族师范学校应以招收少数民族学生为主……逐步做到少数民族地区小学的多数教师，由合格的少数民族教师担任。”① 为此，国家规定：“高考招生，应对少数民族学生实行择优录取和规定比例适当照顾相结合的办法，在民族自治地方，少数民族学生录取的比例应力争不低于少数民族人口比例。设在少数民族自治地方和少数民族较多的省内的汉族重点中学，应当积极为少数民族学生举办高考补习班，还应尽可能地办一些民族补习班。”② 因此对少数民族师范院校的招生要给予更多的照顾，要做好以下几点。

① 《教育部关于师范教育的几个问题的请示报告》，国务院1980年批准。

② 《教育部、国家民委关于加强民族教育工作的意见》，1980年10月9日。

一是要面向少数民族和有志于民族教育的各民族学生，特别是汉族学生，并从当地的实际出发，制定有吸引力的措施，鼓励更多的热爱少数民族教育的人报考民族师范院校；二是采取特殊优惠政策，实行定向招生，其比例可根据各少数民族地区的实际而定，可以高达40%—60%，以解决民族教师缺乏的问题；三是对那些有实际经验的少数民族中小学教师，可在招生年龄上适当放宽到中师20—22岁，高师23—26岁。录取分数线也可按实际需要，大幅度下降。这样有利于促进现有少数民族教师业务水平的提高。

在改革招生制度的同时，也要改革毕业生的分配办法。在少数民族师范生的分配问题上，要做好以下几点：一是实行定向分配，以保证补充某些地区的师资来源；二是要切实把师范生分配到教育工作岗位上去，杜绝“中途截留”，或分配到其他行业，防止学非所用的不合理现象；三是要注意照顾教育基础较差的广大牧区和山区教育的需要。为此，师范院校平时就要加强热爱家乡、建设家乡的教育。

（4）建立合理的少数民族师范院校教育结构。不同的教育结构，产生不同的社会功能。教育发展的历史表明，各国的教育发展不存在固定的模式和结构。改革我国现有少数民族师范院校的结构状况，使之更加合理化和科学化，必须重视以下几个方面。第一，在层次结构上，应进一步加强少数民族师范专科教育。第二，在专业结构上，必须加强对短缺专业学科的建设。目前，全国各少数民族地区中小学中音乐、体育、美术、生物、史地、汉语等专业教师普遍缺乏，影响了教学任务的全面完成。第三，在类型结构上，既有师范学院、师范专科学校、师范学校、幼儿师范学校，也有职业师范学校；既可以办单一的民族师范院校，也可以办多民族的“联合式”或“协作式”的师范院校，既培养少数民族的师资，也培养汉族师资；也可以在以汉族为主的师范院校或其他大专院校内附设民族师范部（科或专业班），以便各民族根据自己的实际建立一个合理的师范教育网络系统，为培养本民族的师资服务。

（5）狠抓少数民族师范院校师资队伍的建设。师范院校的教师为师者之师，没有高水平的教师，就不能培养出合格的毕业生。因此，加强少数民族师范院校的教师队伍建设具有特殊的意义。从我国少数民族师范院校的师资队伍状况来看，更需要花大气力加强培养和提高。如前所述，我国少数民族师范院校教师队伍力量普遍比较薄弱，学历层次低，年轻教师多，教师队伍梯队不健全，老教师知识更新不够等是存在的主要问题。此外，还有部分教师不懂教育科学，不重视业务水平的学习和提高，这些问题都严重地影响着现有少数民族师范院校教育质量的提高。

首先，加强现有少数民族师范院校教师队伍的建设，在方式上应当多样化，既可以派出去，也可以请进来。各少数民族师范院校要努力把有培养前途的教师派出去，进修提高。条件允许时，可将有学术造诣的专家学者请进来，举办师资提高班。

其次，加强对现有少数民族师范院校的师资队伍建设，还必须大力争取内地的支援。

（6）加强双语教师的培养。当前我国少数民族教育仍然十分落后，其原因是多方面的，而缺少能运用本民族语言和汉族语言文字进行教学（特别是数理化教学）的师资，则是一个重要因素。在现代科学技术迅速发展的今天，第二语言的学习将有利于少数民族掌握现代科学技术知识和学习汉族地区的先进经验。因此，民族师范学院、民族学院和民族进修学院都应重视双语教师的培养。民师系科的教师一律要用本族语和汉语两种语言授课，并采取灵活多样的教学方式，加强对学生运用本族语和汉语能力的训练，不断提高其本族语和汉语的水平。

（7）适当发展和大力办好民族中等师范学校。民族师范学校是培养民族小学教师的重要基地，它在发展少数民族地区的基础教育，提高少数民族文化水平，加速边疆少数民族地区现代化建设上起着重要的作用。目前，大多数少数民族地区小学师资不仅数量缺乏，而且质量偏低，这对实施九年制义务教育，巩固和发展边疆建设极其不利。因此，办好民族师范学校极为重要。

民族师范学校应与民族地区普及初等义务教育同步发展。因为发展民族师范学校、培养足够数量的合格小学教师，是发展少数民族地区初等教育，提高少数民族地区初等教育质量和教育投资效益的关键。

（三）提高在职教师水平的长远大计是建立民族教师培训网络

少数民族师资的质量决定少数民族地区教育的质量。根据目前民族地区师资队伍状况，培训提高的任务十分艰巨，如不把现有一半以上不合格教师的水平加以提高，发展民族教育是不可能的。因此，建立一个合理的提高现有民族师资水平的培训提高系统，是深化民族师范教育改革和提高少数民族教育质量的根本大计。

1. 从战略高度认清抓好少数民族师资在职培训工作的重要性

20 世纪 50 年代以来，世界各国为了提高教育质量，无不重视在职教师的进修。美国认为对教师的教育是无止境的，教师的在职教育是终身教育。我国自古以来也都认为“师高弟子强”、“名师出高徒”，有了高水平的教师，才能培养出出类拔萃的人才。如上所说，我国民族教师中，合格的师资比例低，大多数未经过专门训练，不少教师是小学程度教小学，中学程度教中学。因此，加强对他们的在职培训，使他们成为知识渊博，懂得教育科学，又有高尚道德品质和崇高精神境界的合格的民族师资，这样少数民族教育事业的发展就会大有希望。

由于在职培训的效果显现有一个“滞后期”的原因，通过培训少数民族在职教师的素质有所提高，但这只是潜在的“教育能力”，要把潜在的教育能力转化为现实教育能力，还有待于教师在新的基础上的实践应用和认识上的深化。因此，我们要用战略眼光来看待少数民族在职教师的培训进修，切实抓好少数民族在职教师的培训提高工作。

2. 下大力气办好民族教育学院和教师进修院校

《中共中央关于教育体制改革的决定》中指出：“要切实办好教育进修院校。”民族教育学院和教师进修院校是民族师范教育体系的重要组成部分，它担负着民族中小学在职教师文化、业务的系统培训，使他们在所教学科方面达到中等和高等师范院校本科和大专毕业水平的任务。它在提高民族教师初、中等教育水平上起着重要作用，必须把它办好。要办好民族教育学院和教师进修院校，必须采取一些特殊的措施。

（1）要尽快改善民族教师进修院校的办学条件。目前民族教育学院和教师进修院校困难很多，人、财、物缺乏，办学条件很差。大多数院校在校舍、仪器、资料等方面还不如一所普通中学完备，这种状况与其所承担的任务极不相称。因此，改善民族教育学院和教师进修院校的办学条件，是搞好民族在职教师培训的物质保证。

（2）民族教师进修院校要制订一套本地区民族教师的培训计划。制订这个计划，要一反过去由教师进修院校制订上报，因没条件实行而成一纸空文的做法，而应由政府主管部门牵头，进修院校协同制订。制订计划之前，要深入少数民族地区进行调查研究，切实弄清民族教师文化业务水平的现状，从各少数民族教师的实际出发，实行分类指导，根据“教什么，学什么”，“缺什么，补什么”的原则，把长远的文化、专业知识的系统学习和搞好当前教学工作的教材教法学习结合起来，做到层层有培养规划，人人有进修计划。这样才能得到组织上的保证，才能把培训计划落到实处。

（3）民族教师进修院校要实行特殊的招生办法，扩大进修生的来源。民族教师进修院校应根据自己的实际，实行比汉族地区进修院校更为灵活多样的招生办法。例如，为一些教龄长、教学经验丰富的民族教师提供条件，帮助他们做好“专业合格证书”考前的培训工作；实行“先上车后买票”的招生办法，即只要持有初、高中毕业、肄业证书或同等学力证明书，就可先入学参加培训，然后严格要求，尽可能把他们培养成合格的教师，实行累计学分制，采取“零存整取”的办法，除政治课外，其他学科学生可根据学校的教学计划进行自学，参加考试，不受学年限制，不论时间长短，只要累计达到规定的学分，即可发给毕业证书，等等。

（4）民族教师进修院校的培训形式要多样化，为教师更新知识或取得高一级学历创造条件。由于在职教师具有工作忙、时间紧、家务重等特点，因而在职教师培训的趋势，将是不脱产进修多于脱产进修，短期进修多于长期进修。因此，如何建立一套灵活的、富有弹性的、适应新形势需要的培训制度，是民族教师进修院校的重要任务，在这方面，应视不同民族地区的情况在培训形式上多样化：既有教育学院和进修院校，又有函授、广播电视、夜校、短训班、专业班和自学等；既有省、自治区、地方办的，又有各级各类学校办的，可以多种形式、多种规格和多种途径。在业务水平上，要实行分类指导的原则，切实提高培训质量。因此，应举办多层次的进修班，如单科或多科短训班、研究班等。采取正规与业余、长期和短期、讲座与辅导相结合的办法进行，不要使进修院校一般化。这样，既有利于较快地提高民族教师的素质，也有利于提高他们的社会地位。为此，民族进修院校的教师，要根据在职教师培训的需要调整自己的业务方向，不能囿于一两门学科，进行逐章逐节的系统讲授，而要能够适应新形势的要求胜任新学科、新理论和新知识方面的专题报告或讲座，使自己成为某门学科的专家。

3. 加强对民族教师的资格考核

(1) 建立民族教师资格考核制度，促使在职教师积极参加培训。定期考核教师是世界各国培训教师的一个重要措施。

各地建立民族师资的“考核”制度要与教师进修制度配合起来，使少数民族地区不合格的师资逐步达到合格水平，而不是用来排挤那些不合格的教师，使本来就缺的民族教师更缺。因此，“考核”应从民族师资实际出发，不能要求过高。

(2) 把教师培训制度和工资制度、职称晋升制度结合起来，以提高在职教师参加进修的热情。从世界各国情况看，不少国家对进修后取得高一级资格的教师，按照有关规定晋升级别，增加工资，以调动教师进修的积极性。这点对我国民族师资的进修也是可取的，应把他们的进修和晋级加薪结合起来，以促进广大民族教师参加进修的积极性。在进修期间，还应给以优厚的待遇，除保证工资、奖金等应有的待遇外，还应在住宿费、交通费方面予以补助，并设立奖学金，奖励那些进修成绩优秀的教师。对业余进修的教师，应保证他们必要的学习时间。

4. 重视对学校领导的培养

民族教育学院和教师进修院校要重视对民族中小学行政领导干部的培训工作。原国家教委主任李铁映指出：“各类教师进修学院，一项重要的任务是培养合格的正、副校长，办好校长培训班，请各方面的‘专家’讲课。争取每年寒暑假各办一次，连续四五年，使校长能真正胜任自己的工作。”因为，“校长是办学治校的核心，是教师的教师”，“校长负有领教师、管教师、提高教师水平的重任，校长应该是懂教育的人”。① 因此，重视对各民族学校领导的培养，也是民族进修院校的一项重要任务，应该认真办好，这对少数民族地区教育事业的发展，具有不可估量的作用。

少数民族师范教育是少数民族地区经济文化的反映，它必须适应少数民族地区经济文化发展的需要，才能对少数民族地区的经济和文化发挥巨大作用。现代化要靠人才，人才要靠教育，教育要靠教师。因此，我们必须不断深化少数民族师范教育的改革，从人力、财力、物力上予以大力支持和特殊照顾。要按照“三个面向”的要求，一方面从少数民族的实际出

① 李铁映：《要培养大批懂商品经济的教育家》，《中国教育报》1988 年 7 月 26 日。

发，另一方面要积极实行对内地开放，进一步打破封闭状态，不断深化民族师范教育的改革，从而建立一个层次合理、规格明确、专业配套、分布适当、多类型开放的能够主动适应少数民族教育事业发展的培养新教师和培训提高在职教师的师范教育体系，为发展少数民族的经济和文化教育服务。

九

加强少数民族女性教育和人才培养

妇女在少数民族地区的现代化建设中具有非常特殊的地位，恩格斯曾在《反杜林论》中引用傅立叶的话说："在任何社会中，妇女解放的程度是衡量普遍解放的天然尺度。"这里，恩格斯高度概括了妇女在人类社会进步中的重大作用。新中国成立后，社会主义建设的实践也充分表明，妇女无论是对于经济建设还是对于民族整体素质的提高都具有重要的影响。

（一）少数民族教育中女性教育发展概况

据 1990 年第四次全国人口普查统计，全国有少数民族人口 91 200 314 人，其中女性人口为 43 519 969 人，占全国少数民族总人口的 47.7%；占全国女性总人口的 8.3%。中国少数民族妇女，素来具有能织能耕、能牧能猎、能渔能副和勤劳俭朴的美德，她们在少数民族地区乃至全国的经济建设和社会发展中，占有特殊的地位，发挥了极其重要的作用。

1. 旧中国少数民族人口中女性教育状况十分落后

旧中国由于历代反动统治阶级实行民族压迫和民族歧视政策，少数民族不仅生产力发展水平很低且不平衡。各少数民族和民族地区文化教育极其落后，少数民族女性教育，又是整个民族教育中最薄弱的环节。如前所述，全国几个少数民族比较集中的地区，解放前乃至新中国成立初期，适龄儿童入学率都很低，大部分地区 80% 以上的人口为文盲和半文盲。西藏、宁夏、广西、新疆、内蒙古等自治区，解放前学校很少，文盲和半文盲率达 90% 以上，有的地方甚至高达 95% 以上。

由于自然条件、社会环境、传统文化、民族习俗以及宗教等各种因素的影响，民族地区女性受教育的程度又大大低于当地人口平均受教育的程度。

2. 新中国成立40多年来，少数民族女性教育受到充分重视

新中国成立后，首先，法律中规定了妇女在文化教育等各方面享有与男子平等的权利。《中华人民共和国宪法》规定："中华人民共和国妇女在政治的、经济的、文化的、社会的和家庭的生活等方面，享有同男子平等的权利"，"国家保护妇女的权利和利益"。少数民族妇女同全国所有妇女一样，受教育的权利和机会得到了充分的保障。为了增加少数民族女性受教育的机会，新中国成立后，全国各少数民族地区在大力恢复改造旧有学校的同时，努力扩大学校布点，广泛开展"男女平等"宣传教育，使少数民族女童享有受教育的平等权利。贵州、新疆等省、自治区教育行政部门作出规定："各级各类学校招生时，对同等成绩的，优先招收少数民族女生。"党的十一届三中全会以来，政府把提高少数民族女性教育放在整个少数民族教育的重要位置，把它视为真正实现妇女解放、男女平等的重要标志。从有关法律规定上，力求确保少数民族女性同男性一样享有受教育的平等权利。1986年4月，全国人大常委会通过的《中华人民共和国义务教育法》明文规定："凡年满六周岁以上的儿童，不分性别、民族、种族，应当接受规定年限的义务教育。"与此同时，国家在确定教育事业发展的重大政策时，还把少数民族女性教育同全国教育的总目标紧密联系起来，要求全国在20世纪末，实现基本普及九年制义务教育，基本扫除青壮年文盲过程中，重视少数民族女性教育。《中国教育改革发展纲要实施细则》和《全国民族教育发展与改革指导纲要》都明确指出，要加强对女童，特别是少数民族女童的教育。

其次，长期以来中央和各级地方政府对少数民族女性教育采取了一系列的措施和办法。

（1）开办女童班、女子学校。由于社会文化和旧传统习惯的影响，在一些边远山区"男尊女卑"的思想至今仍不同程度地存在。由于存在着种种偏见，一些家长不放心女孩子在男女同班、同校学习。为解决这一问题，除加强宣传教育外，一些地方和学校，还从当地实际出发，因地制宜地开办女童班、女子学校，以增加少数民族群众送女童入学的吸引力。

宁夏回族自治区各级人民政府，为解决回族女童入学难，入学后巩固难的问题，采取开办回族女子中小学和女子班；举办寄宿制民族中小学，

对女童实行降分录取，为女童提供更多的入学机会；对山区回族女童免收书本费，减免学杂费；对小学四年级以上回族女生每月发给一定数量的助学金等办法，使回族女童入学难的状况得到了一定程度的改善。

广西壮族自治区融水县，1987 年全县适龄儿童入学率只有 64.5%，其主要原因是女童入学寥寥无几。女童入学率最低的是苗族、瑶族聚居的贫困乡村，其中有 3 个行政村的学龄女童入学率仅为 9.7%，有的乡竟无一名女童入学，出现一些“男子学校”。根据这一严重情况，县教育局、民委和妇联于 1988 年秋，在白云乡开办了两个红瑶女子班；1994 年又在该乡女童入学率很低的瑶、苗聚居的村屯开办了 3 个女子班，使女童入学率明显上升。

青海省从 1977 年起，就在回族聚居的门源、大通、化隆、湟中等县建立了回族女子中学；在循化撒拉族自治县开办撒拉族女子中学。

（2）允许带弟妹上学。大多数少数民族和民族地区，经济基础很薄弱，妇女承担着繁重的家务劳动。不少学龄女童，除帮助父母放牧牛羊外，还需要承担照看弟妹的任务，以便父母有更多的时间从事农牧业生产及其他主要劳动。不少地方和学校从当地实际出发，允许带弟妹上学，方便了部分女童入学。

（3）加强少数民族女教师的培养。由于某些地区的一些少数民族群众，存在着应该由女教师承担教育女孩子的心理，因此，从某种意义上说，在这样一些地区，培养一名女教师，就可以吸引一批女孩子上学。为解决少数民族女教师的培养问题，各地都采取了一些有效措施。如宁夏回族自治区从 1989 年起，在固原民族师范学校，增设了一年制民族班，招收历届高中毕业生，并规定回族女生不得低于 70%，为山区县培养了一批回族女教师。甘肃省临夏师范学校，根据当地实际需要开办女子师范班。其他民族师范学校招生时，规定女生要占一定比例。实践证明：重视女教师的培养和配备，有利于提高少数民族女童的入学率，有利于提高少数民族女性教育。

（4）动员和鼓励社会各界对女性教育的关注。几十年来，不仅教育行政部门对女性教育十分重视，同时也动员和争取了社会各界关心女性的教育，特别是对女童的教育。如由中国儿童少年基金会和香港周洁冰女士于 1993 年发起的“春蕾计划”，旨在支持贫困地区失学的女童，产生了良好的社会效益。此外，国家教委还争取了联合国儿童基金会、世界银行等国际组织对少数民族地区女童教育给予支持。

3. 少数民族女性教育和女性人才培养的显著成就

经过40多年的努力，我国少数民族女性教育同整个民族教育一样，取得了令人瞩目的成就，中国少数民族妇女从繁重的家务劳动和各种劳动中解放出来，成为一支具有文化科学知识、积极参与社会生活的生力军。

（1）少数民族女童入学率大大提高。由于各级政府重视、义务教育法的广泛宣传和贯彻落实，全国少数民族地区女童入学率有很大提高。

表9－1　全国10个少数民族人口较多的省、自治区1991年小学学龄女童入学率状况表

地　区	学龄女童入学率（%）	地　区	学龄女童入学率（%）
云　南	92.05	西　藏	42.03
内蒙古	96.33	甘　肃	91.62
广　西	96.74	青　海	76.87
四　川	95.24	宁　夏	88.79
贵　州	85.63	新　疆	96.43
全　国	96.90		

注：根据《中国教育统计年鉴》（1992年）整理。

上述10省、自治区的女童入学率，已有部分省（区）接近全国平均水平。与新中国成立初期比较，可说是发生了根本性变化。

（2）少数民族女性人口中的文盲半文盲比重大幅度下降。由于少数民族教育事业的迅速发展，各地大力开展群众性的扫盲工作，少数民族女性的文盲半文盲比重明显下降。根据1990年第四次全国人口普查的数据表明，我国少数民族人口较多的10个省、自治区的少数民族人口中，15岁及15岁以上女性人口的文盲半文盲所占比重显著下降，有的低于全国平均数。

表9－2　部分省、自治区少数民族女性文盲半文盲人口数及所占比重

地　区	文盲半文盲人口数	占15岁及以上人口的比重（%）
全　国	12 255 072	41.65
内蒙古	294 257	22.90

续表

地　区	文盲半文盲人口数	占 15 岁及以上人口的比重（%）
宁　夏	298 435	64.88
甘　肃	505 466	81.48
新　疆	766 491	27.50
青　海	468 036	79.30
广　西	1 745 845	32.67
云　南	2 392 596	60.32
贵　州	2 183 808	62.28
西　藏	588 912	85.55
四　川	1 018 696	63.52

注：根据第四次全国人口普查资料整理。

上表数据表明，内蒙古、新疆、广西三个自治区的 15 岁及以上少数民族人口中文盲半文盲所占比重低于全国同类人口中的平均比重。

（3）全国少数民族女性人口中，拥有各种文化程度的人口比重大幅度提高。解放前，我国绝大部分少数民族人口中，文盲半文盲人口占 90% 以上，有些地区方圆数十里找不到一个识字人。经过几十年的努力，全国少数民族人口中，各种文化程度的人口比重成倍增长，少数民族女性人口中各种文化程度的人口比重大幅度提高。全国 100 万人口以上的 14 个少数民族中，女性具有大学本科文化程度在女性总人口中的比重大幅度增长，其中有 7 个少数民族（蒙古、回、藏、维吾尔、满、朝鲜、白族）的女性人口中，大学本科生所占比重高于全国平均水平。有 5 个少数民族（蒙古、回、藏、朝鲜、满族）的女性人口中，大学专科文化程度的比重接近全国平均水平。

（4）少数民族女性人口中，各类专业技术人才，从无到有，队伍不断壮大。1990 年第四次全国人口普查统计数据表明，全国已有 16 个少数民族的女性专业技术人员在本民族专业技术人员中的比重高于全国女性专业技术人员在专业技术人员总数中的比重。

表9－3　全国百万以上人口的14个少数民族女性人口中各种文化程度状况表

民　族	女性人口数	大学本科		大学专科		中　专		高　中		初　中		小　学	
		人数	比重（%）	人数	比重（%）	人数	比重（%）	人数	比重（%）	人数	比重（%）	人数	比重（%）
全　国	343 687 387	1 719 970	0.50	3 059 338	0.89	7 153 011	2.01	27 971 059	8.1	103 815 591	30.20	199 968 418	58.18
蒙古族	1 553 102	12 892	0.83	19 825	1.28	54 109	3.48	172 058	11.08	461 520	29.72	832 700	53.62
回　族	2 166 097	17 117	0.79	29 468	1.36	66 941	3.04	242 900	11.21	722 881	33.37	1 087 795	50.22
藏　族	393 576	2 242	0.57	3 422	0.87	19 970	5.07	14 191	3.60	65 655	16.68	288 096	73.19
维吾尔族	2 109 303	11 907	0.56	11 417	0.54	51 594	2.45	119 440	5.66	383 822	18.20	1 531 123	72.59
苗　族	1 364 051	1 867	0.14	4 288	0.31	18 149	1.33	49 520	3.63	228 769	16.77	1 061 449	77.82
彝　族	1 081 169	1 751	0.16	2 375	0.22	13 583	1.26	28 059	2.60	162 390	15.02	873 011	80.75
壮　族	46 499 898	6 496	0.14	13 193	0.28	60 044	1.29	218 315	4.70	962 335	20.70	3 389 515	72.88
布依族	459 353	925	0.20	1 588	0.35	7 795	1.70	12 222	2.66	74 254	16.16	362 569	78.93
朝鲜族	77.1 896	13 359	1.78	13 352	1.73	33 783	4.38	155 171	20.10	313 517	40.16	242 714	31.44
满　族	3 434 980	20 799	0.61	37 651	1.09	83 919	2.44	293 622	8.55	1 155 922	33.65	1 843 067	53.66
侗　族	616 576	2 095	0.18	2 241	0.36	9 522	1.54	24 966	4.05	11 521	18.67	463 658	75.20
瑶　族	518 591	823	0.16	1 642	0.32	6 705	1.30	20 954	4.04	80 340	15.49	408 127	78.70
白　族	405 527	2 240	0.55	2 434	0.60	8 669	2.14	20 853	5.08	92 679	22.85	278 922	68.78
土家族	1 580 702	2 580	0.16	6 680	0.42	26 763	1.69	81 640	5.16	342 450	21.66	1 120 589	70.89

表9－4　全国16个少数民族各类专业技术人员中女性人数及所占比重表

民　族	专业技术人员数	女性专业技术人员数	女性所占比重（%）
全　国	34 393 821	15 563 894	45. 25
蒙古族	202 678	101 314	49. 98
回　族	278 878	144 038	51. 65
朝鲜族	127 231	66 380	52. 17
满　族	366 124	182 305	49. 79
高山族	243	130	53. 5
景颇族	1 681	772	45. 90
达斡尔族	7 930	4 997	60. 00
锡伯族	9 384	5 111	54. 47
乌孜别克族	988	528	53. 44
俄罗斯族	1 184	859	72. 60
鄂温克族	1 632	1 059	64. 90
塔塔尔族	425	223	52. 50
鄂伦春族	468	322	68. 80
赫哲族	318	199	62. 58
门巴族	142	77	54. 23
洛巴族	45	28	62. 22

据有关部门统计，到1992年已有少数民族女干部60. 76万人，占全国少数民族干部总数的26. 6%，第八届全国人民代表大会代表中有少数民族女代表106人，占女代表总数的17%。

（5）少数民族女性人口，在全国各行业门类中所占比重明显提高。少数民族女性在全国各行业门类中的就业状况，不仅是女性享受平等权利的重要标志，同时也是受教育程度如何的一个重要方面。随着民族教育事业的发展，少数民族女性受教育机会的增加，在全国各行业门类中在业的少数民族女性人口也明显增多。

表 9－5　全国各行业门类在业女性人口中少数民族女性人数及所占比重表

行　业	汉族女性人数	所占比重（%）	少数民族女性人数	所占比重（%）
农林牧渔水利事业	201 883 468	91. 12	19 563	8. 83
工业部门	35 983 320	略	1 143 248	3. 08
教育文化艺术广播电视事业	5 819 887	略	435 443	6. 96
科研与综合服务业	514 331	略	22 077	4. 1
各级机关和社会团体	2 734 444	略	199 186	6. 78

注：根据 1990 年第四次全国人口普查资料整理。

从表 9－5 可以看出，除工业部门少数民族女性在业人口比例较低外，其他部门中少数民族女性在业人口均占一定比重，有的已接近或超过少数民族女性在全国女性人口中所占的比重（8. 30%）。

（6）培养了一批少数民族女性大学本、专科生和部分研究生。国家和各级政府一直采取特殊政策措施，大力加强对少数民族干部（尤其是妇女干部）和各类专业人才的培养，造就了一批少数民族出身的各类专门人才干部，同时也造就了一批少数民族妇女干部和文化层次较高的女性人才。

1990 年第四次全国人口普查的统计资料表明，全国 6 岁及以上人口中，具有大学本、专科以上文化程度的占 0. 87%，全国少数民族女性同类人口中，具有大学本、专科以上文化程度的占 0. 60%。从 1963 年到 1985 年，全国共培养少数民族硕士研究生 4 220 人，其中女性占一定比重，仅从 1991 年到 1993 年底，全国共有少数民族在校女性研究生 800 人。

（二）当前少数民族女性教育和人才培养中存在的问题和原因

我国少数民族女性教育，除长期受封建伦理道德、重男轻女传统思想的影响外，还受少数民族和民族地区特殊因素的制约。新中国成立后，尽管党和各级人民政府十分重视发展少数民族教育事业，并取得了巨大成就，但由于整个教育基础极其薄弱，加上一些传统观念和旧的习俗的影响，少数民族女性教育仍然是整个教育中最薄弱的部分，存在一些亟待解决的问题。

1. 存在的主要问题

（1）少数民族女性人口中文盲半文盲率仍然较高。新中国成立 45 年来，在大力发展少数民族教育事业的同时，大力开展多种形式的扫盲工作，使大部分少数民族妇女脱了盲，有相当多的妇女具有了中等以上文化程度。但文盲半文盲人口的比重仍然偏高。1990 年第四次全国人口普查的数据表明：全国仍有 7 个省、自治区的 15 岁及以上的少数民族女性人口中，文盲半文盲占 50% 以上。

表 9－6 七省（区）少数民族 15 岁及以上女性人口中文盲半文盲人数及比重状况表

省（区）	15 岁及以上女性人口中文盲半文盲人口数	文盲半文盲占 15 岁及以上人口的比例（%）
四　川	1 018 696	63. 52
贵　州	2 183 808	62. 28
云　南	2 392 696	60. 32
西　藏	588 912	85. 55
甘　肃	506 466	81. 48
青　海	468 036	79. 30
宁　夏	298 435	64. 88

此外，各少数民族女性人口中，文盲半文盲占同龄人口的比重仍然较大。到 1990 年，全国 55 个少数民族中，有 15 个民族的女性人口中文盲半文盲占同龄人口的 50% 以上。

表 9－7 全国 15 个少数民族女性人口中文盲半文盲占同龄人的百分比

民　族	女性人口中文盲半文盲的比重（%）	民　族	女性人口中文盲半文盲的比重（%）
藏　族	82. 40	水　族	73. 13
苗　族	58. 74	东乡族	92. 07
彝　族	64. 83	景颇族	52. 35
布依族	61. 68	土　族	70. 44
哈尼族	75. 90	羌　族	50. 38
傣　族	53. 18	布朗族	73. 62
傈僳族	76. 99	佤　族	69. 15
拉祜族	77. 94		

注：根据 1990 年第四次全国人口普查统计资料整理。

少数民族女性文盲半文盲比重较高，其主要原因是：这些少数民族绝大多数分散居住在自然条件相当恶劣的高寒山区、大石山区，社会环境差，生产力发展水平低，教育事业发展缓慢。在这些少数民族地区，女性教育是难中之难，要赶上或接近全国女性教育的平均水平，仍需经过长期的艰苦努力。

除上述15个少数民族外，其他少数民族女性教育的状况虽然好些，但还未根本上改变文化程度低于全国同类人口文化程度平均水平的状况，特别是女性文化程度与男性文化程度差别仍然较大。

1990年第四次全国人口普查时，100万以上人口的15个少数民族的女性人口中，文盲半文盲占同龄人50%以上的还有5个民族，而男性人口中，占同样比重以上的，只有一个民族。无论是在同一民族中，或是同龄人口中，文盲半文盲率之比，女性均高于男性。

（2）少数民族女性适龄儿童入学率仍然偏低。由于社会的、经济的和教育内部因素等多种原因，少数民族女性适龄儿童入学率不仅低于全国平均水平，而且普遍低于同一民族的男性适龄儿童的入学率。在一部分边远少数民族山区，男女入学率的差距相当大。由于少数民族女性适龄儿童入学率低，使女性人口中文盲半文盲率居高不下，不仅使少数民族女性受教育的平等权利受到制约，而且影响到少数民族人口素质的提高。

根据少数民族人口较多的8个省、自治区1991年的统计，女童入学率均低于全国平均水平，最低的与全国平均水平相差近55个百分点。

表9-8所显示的差距，仅仅是一省、自治区女童入学率与全国平均水平的差距。事实上，各省、自治区内部少数民族女童的入学率也很不平衡，各省、自治区内的各地、各民族女童的入学率又往往低于本省（区）女童的平均入学率，与全国平均水平比较差距则更大。根据有关方面抽样调查表明，一些边远山区的少数民族女童入学率还非常低。1992年，甘肃省6个少数民族贫困县的女童入学率只有50%；四川省3个民族自治州中的5个民族贫困县的女童入学率不超过20%；青海省玉树藏族自治州学龄儿童入学率仅有22%，有的县仅有17.7%，还有个别区仅有8%。

表 9-8 少数民族人口比重较大的八省、自治区 1991 年小学学龄儿童入学率对比表

地区	女童入学率	
	百分比	与全国女童入学率差（百分点）
全国	96.90	
内蒙古	96.33	0.57
广西	96.74	0.16
新疆	96.43	0.47
西藏	42.02	54.88
宁夏	88.79	8.11
云南	92.05	4.85
贵州	85.63	10.27
青海	76.87	20.03

注：根据《中国教育统计年鉴》（1992 年）整理。

解决我国少数民族女童入学率普遍低的问题，不仅是我国少数民族教育的一个难题，同时也是我国在 20 世纪末实现“两基”目标的一个十分突出的问题。

2. 我国少数民族女性教育的制约因素

我国少数民族女性教育水平普遍偏低，既有历史原因，也有许多现实因素。在新中国建立以前，一些地区的少数民族尚处在封建社会前的各种不同社会形态，一部分少数民族仍处于无近代学校教育的状况，对女性的教育无从谈起。中华人民共和国成立后，女性公民与男性公民一律平等，女性公民从而享有了与男性公民同等的受教育的权利。然而，由于各地区、各民族的生产力发展水平很不平衡，传统观念、生活习俗、宗教信仰差异很大，加上教育基础薄弱、办学条件差等诸多因素的影响，使得少数民族的女性接受教育的机会受到一定制约。归结起来，影响少数民族女性教育的因素主要有以下几方面。

（1）社会外部因素

一是传统观念及婚俗的影响。封建社会的传统观念影响严重。在漫长的封建社会，奉行的是“女子无才便是德”、“三纲五常”、“重男轻女”等信条，从根本上剥夺了女性享有与男子平等的地位和权利，从而也剥夺了

女子受教育的权利。歧视女性、虐待女性、残害女性的陋俗充斥整个社会，女子根本谈不上受教育的权利。新中国成立后，妇女从根本上得到了解放，得到了与男性平等的权利，其社会地位发生了根本性的变化。但旧社会遗留下来的陈规陋俗及其恶劣影响却很难在短时期内彻底消除。一些少数民族把女子看成是为别人家养的，所谓“嫁出门的女，泼出门的水”，这种心态影响了一部分家庭送女孩读书的积极性。

二是宗教观念的影响。受宗教教规影响较深，个别少数民族的一些家长认为女孩子到学校，男女混杂在一起，又唱又跳，违反教规；一些地方，人们认为，女孩子到9岁就有了闭斋的责任，10多岁就要订婚，送到学校抛头露面，而且学不了“做针线、茶饭和教规”。因此，送女孩上学会遭到亲友的讥讽和要承受社会舆论的压力，不如早回家准备出嫁。这些观念既影响了家长送女孩子上学的积极性，又造成女性儿童辍学率普遍偏高。

三是法制观念淡薄及影响。少数民族居住地区，大多为牧区和山区，地广人稀、居住分散、交通不便、信息闭塞，法制宣传和执法意识也相对较弱。尽管国家颁布了《义务教育法》，但由于各种原因，宣传教育不够，群众的法制观念淡薄，一些地方女性受教育的权利仍缺乏法律保障。

四是经济因素的制约。新中国成立45年来，特别是改革开放10多年来，我国民族地区经济建设取得了令人瞩目的成就，与新中国成立前相比，农村、牧区的面貌发生了根本性的变化。但由于历史欠账太多，基础太差，加上自然条件、人才技术等方面的限制，与沿海和内地发达地区比较仍有很大差距。多数民族地区经济发展仍比较缓慢，地方财政和群众生活仍然困难。目前我国8 000万尚未解决温饱问题的人口中，民族地区人口占了很大比重；1993年公布的全国592个贫困县中，少数民族和民族地区贫困县约占半数；边远山地，特别是石山、深山区，农村年人均纯收入在300元（人民币）以下的仍占相当大的比重。这些地区，一是政府财政收入低。全国30个少数民族自治州，靠国家财政补贴的占90%以上；124个少数民族自治县（旗）中，120个要靠国家财政补贴。地方财政紧缺，严重制约着对教育的投入。如青海省玉树藏族自治州，1992年地方财政收入1 100万元，当年仅教育经费一项支出达963万元，占整个财政收入的87.5%；云南省思茅地区财政收入1.5亿元，如大部分地区在20世纪末普及九年制义务教育，每年需要投入建校资金8 000多万元，仅此一项就占全地区财政收入的

51.3%；宁夏固原地区1992年的财政收入为3 554万元，而当年教育经费支出为1 550万元，占43.6%，全地区所有县预算内教育经费支出均大于县财政收入总额。由于贫困地区地方财政收入低，教育经费投入严重不足，办学条件跟不上事业发展的需要，影响了一定数量的学龄儿童入学。二是农牧民经济收入低，送子女上学的经济承受能力差。一些家长因经济困难往往只能优先考虑送男孩子上学。此外，因家庭经济不支，或家务劳动需要，或过早订婚而中途辍学等原因，女童辍学比例大大高于男童。

少数民族地区的经济发展速度不快，一方面影响了办教育的物质投入，另一方面，也影响了对教育的需求程度。并且由于生产力发展不平衡，不少地方少数民族囿于自给自足的传统耕作和生活方式，对科技和文化教育的需求不甚迫切或强烈，女性教育更加容易被忽视。

（2）教育内部因素的影响

第一，办学思想造成的影响。长期以来，在“学而优则仕”等传统思想的影响下，我国学校教育大多办成单纯追求升学率为主的教育模式，教育内容不同程度地脱离少数民族和民族地区的生产生活实际。

第二，教师因素造成的影响。一些少数民族边远山区，由于缺乏贴近本地实际的乡土教材和能用儿童的母语教学的教师，教学效果往往不明显，也影响女童入学的积极性。

第三，学校设置与布局的影响。少数民族山区，人口居住分散，学校布局往往比较集中，学生上学路程较远。女孩子走远路上学，家长不放心。

上述种种因素，严重制约着我国少数民族女性教育的迅速发展。

（三）加强少数民族女性教育和人才培养的未来展望与对策思考

回顾我国少数民族女性教育，新中国成立40多年来取得了巨大成就，同时也面临着许多不容忽视和亟待解决的问题。随着改革开放的进一步扩大，经济建设的发展，《中国教育改革和发展纲要》的深入贯彻，《中华人民共和国义务教育法》的实施，“双基”任务的落实，可以预见，我国少数民族女性教育将进入一个新的发展时期。

1. 改革开始，我国民族地区经济社会发展的深刻变化，对发展少数民族女性教育提出了迫切要求，并提供了重要的社会条件

党的十一届三中全会确定了以经济建设为中心，实行改革开放政策，

民族地区正在和全国一样发生着深刻变化。经济的发展，不断对教育提出新的要求。一是要求广大农牧区直接从事农业生产和乡镇企业的劳动者，具有一定的文化知识，同时还要掌握不同层次的劳动技能。二是随着社会主义市场经济体制的逐步建立，边境贸易以及与沿海内地的经济交往日益频繁，没有一定的文化知识，固守传统生产生活方式和旧的传统观念难以适应形势发展的要求。因此，提高科学文化素质，已成为各个民族、每一个村寨的迫切要求。三是民族地区农牧经济的迅速发展，使各民族干部、群众逐步认识到提高全民族素质的重大意义，女性教育引起了人们的关注。经济建设、社会发展的需求，传统观念的变革，引起人们对女性教育的重视，这将使少数民族女性教育的社会环境得到进一步改善。广大少数民族干部和群众越来越认识到，经济要发展，人民生活要富裕必须依靠人才，而人才的培养靠教育。许多地方提出“教育兴州”，“教育兴县”，“治穷与治愚结合，发展经济与发展教育相结合”的响亮口号。许多地方的政府领导把教育放在了优先发展的战略地位。大家认识到，教育内容、教育方法越贴近各民族的生产生活实际，就越吸引更多的女性入学。

2.《义务教育法》、《中国教育改革和发展纲要》的深入贯彻实施，是加强少数民族女性教育的根本保证

1994年6月中旬，中国共产党中央委员会和国务院在北京隆重召开了全国教育工作会议。这次会议是在我国加快建立社会主义市场经济体制和现代化步伐的形势下，动员全党和全社会进一步落实教育优先发展战略，认真实施《中国教育改革和发展纲要》的重要会议。《中国教育改革和发展纲要》提出，在20世纪末基本普及九年制义务教育，基本扫除青壮年文盲。明确指出：“这是今后一个时期我国教育事业发展的‘重中之重’。要力争在本世纪末在85%左右人口的地区普及九年制义务教育，使青壮年中的非文盲率达到95%左右。”并强调指出，实现这一目标，是全党全社会的一件大事。同时，还明确指出，要重视少数民族教育事业，进一步做好对边远贫困地区和少数民族地区教育事业的对口支援，重视发展幼儿教育，解决好女童入学问题。全国教育工作会议所确定的一系列方针、政策和措施，给进一步加强少数民族女性教育提供了极其良好的机遇。

在20世纪末，实现“两基”（即基本普及九年制义务教育和基本扫除青壮年文盲）是我国教育事业的“重中之重”。我国完成“两基”任务的难

点在边远民族贫困地区，“难中之难”又可以说是少数民族的女性教育，可以说，我国少数民族女性教育是机遇与困难并存。我们一定要抓机遇，认真实施《中国教育改革与发展纲要》，大力宣传和贯彻《义务教育法》，切实做到依法治教，推动我国少数民族女性教育不断向新的广度和深度发展。

3. 我国民族教育事业已取得的成就，为少数民族的女性教育奠定了坚实的基础

新中国成立 45 年来，我国少数民族教育事业所取得的巨大成就，既为发展少数民族女性教育奠定了坚实的基础，又为其提供了一些基本经验。一是各地经过反复实践，因地制宜，建立了一批民族中小学（含寄宿、半寄宿制民族中小学、牧读小学及寄宿制民族高小、初中和高中班）；二是采取多种适合当地实际的办学形式，如早晚班、隔日班、简易小学、女童班、女子学校等，为女童入学提供方便；三是一些贫困山区，允许带弟妹上学，为女童入学创造必要条件；四是出台一些特殊政策措施，为女童入学提供免（减）学杂费的照顾，以减轻女童家庭经济负担；五是不断改革教学内容和方法，密切结合当地生产生活实际，增强学校对女童入学的吸引力；六是培养了一批学历合格、业务素质较高的少数民族女教师；七是开展“希望工程”、“春蕾计划”等各种助学活动，救助部分失学女童返校学习；八是积极开展少数民族女童教育专题研究，为加强少数民族女性教育提供科学决策；九是加大国家和各级地方政府对少数民族教育支持的力度，改善办学条件，为少数民族女童教育创造一个较为良好的教育环境。

4. 加强少数民族女性教育对策的几点思考

（1）进一步加强《中华人民共和国义务教育法》的宣传，努力提高各级领导干部和广大群众的认识。《中华人民共和国义务教育法》是我国第一部有关义务教育的法规。其第五条明文规定：凡年满 6 周岁的儿童，不分性别、民族、种族，应当入学接受规定年限的义务教育。各级领导、群众都应该增强贯彻《中华人民共和国义务教育法》的自觉性，对于当前阻止女童入学的家长或法律监护人应当严格追究法律责任，并通过采取强制性措施令其送女童入学。

（2）打破传统文化观念和习俗，激发适龄少数民族女童的求知欲望和热情。改变女学龄儿童义务教育落后的现状，关键在于打破传统的文化观念和风俗习惯，激发女童受教育的内在动机。打破传统的观念并非一朝一

夕所能完成的，必须经过艰苦的努力。要通过宣传教育使女童及家长确实感到接受教育的好处。在婚俗上，应逐步改变早婚早育观念和行为，树立晚婚晚育、计划生育、优生优育的正确观念。

（3）加强义务教育投资，在广大农村及少数民族贫困地区推行免费义务教育，并提供必要的生活补助。我国部分农村，特别是贫困地区，不少人基本的温饱问题还没有完全解决好，供养子女就学困难大，严重影响着这些家庭的女童按时接受义务教育并完成9年学业。因此，国家对农村贫困地区及少数民族地区应当加强教育经费投入，应实行包括书本费、学杂费在内的全免费教育。对于极贫困的家庭，国家还应适当给予其他方面的补助，以利于学龄女童的入学。

（4）适量办好女子学校女子班，办学形式应多样化。在少数民族地区，尤其是伊斯兰教民族地区，适量办好一些女子学校或女子班，将有利于吸引更多的女童入学。应当配备好少数民族女子学校的领导和教师队伍。

在办学形式上，除了办好正规的学校教育之外，在边远农村及少数民族地区应采取更加灵活的形式鼓励和方便女学龄儿童入学。在有条件的极贫困地区可以设半日制或夜校，在极偏远的地区可以举办寄宿教育、巡回学校，还应鼓励私人办学。

（5）加强学校教育与社会及女学生生活的联系，改进教学内容。

首先，学校应当加强与当地社会生产实际之间的联系，加强乡土教材的建设，以便学生学以致用。在农村，应当加强农村生活所需教学内容。

其次，学校应当重视照顾女学生的实际需要，教学内容应当有助于女童的个人生活需要。职业技术学校或职业班专业的设置，更应考虑适合少数民族女童身心特点的专业，如刺绣、缝纫、编织、饲养、食用菌栽培等技术课程。

（6）重视少数民族女教师培养。

（7）优化师生关系。发扬教学民主，提高教学质量，不断改善师生关系，把师生关系建立在平等、互尊、互爱的基础上。尊重少数民族女童内向的心理特点，克服惩罚女学生和不尊重女学生人格的不良行为。

（8）不断改革各级招生制度与毕业分配制度。为了吸引和稳定女童接受教育的积极性，必须改革招生制度与毕业分配制度。

在招生制度上，要放宽女学生入学的条件，特别应放宽女学生升入中学与高等学校的条件。同时，在民族中小学还应举办成人妇女班，将条件基本合格、愿意学习的成年妇女纳入学校教育中。

在毕业分配中，要改变重男轻女的倾向，要做好初中和高中以及各类职业学校的女毕业生的就业安排工作，在就业安排中，要体现出教育程度的优越性。

20 世纪末至 21 世纪初，是我国教育体制改革、教育结构调整进一步深化和完善的关键时期。随着各级各类教育的进一步发展，教育教学质量将进一步提高，少数民族女性教育以及人才培养的规格、层次、质量也将迈上一个新的台阶，与全国人口受教育平均水平的差距将逐步缩小。

十

加快我国少数民族地区人才培养的宏观思考

（一）利用多种途径，加速少数民族人才培养

如前所述，发展少数民族教育，是大规模培养少数民族人才的主要途径，是各类人才培养的基础。但除此之外，还应当充分利用其他途径，培养少数民族人才。要努力把少数民族人才的职前培养与职后培训结合起来，正规教育与非正规培训结合起来，专门的培训与自学成才结合起来。

（1）充分利用各级党校、行政干部学校等培训少数民族人才，特别是培训行政干部。要通过在党校或行政干校的培训，使被培训者系统地掌握邓小平同志建设中国特色社会主义理论，提高理论水平和解决实际问题的能力。

（2）继续利用干部交流、挂职锻炼等形式，培训和提高少数民族人才。多数少数民族人才是在当地土生土长的，对本地区民族和经济、社会了解较多，但由于自然环境的局限，视野受到一定限制，一些人观念比较保守，因此，应当通过到上级部门或外地交流、挂职锻炼等形式，提高他们的管理和业务水平。除了走出去，还可以采取请进来的办法，让上级部门或发达地区的干部、人才到民族地区传经、送宝。

（3）要搞好岗位培训，大胆放手，为少数民族人才的脱颖而出，创造有利条件。

邓小平同志曾指出：要有计划地对大批干部、工人进行正规教育，提高他们的政治水平、技术水平、经营管理水平，这是能够收到很好效果的智力投资，要使全体干部、工人充分理解这种培训的重大意义，逐步把这

种培训变为适用于全体干部和工人的经常制度。

（二）少数民族人才培养与民族教育改革

如总论所述，少数民族人才的培养，具有重要的现实意义，是我国现代化建设的重大问题。

少数民族人才的培养，是一个复杂的社会系统工程。在社会主义市场经济条件下，少数民族人才的培养必须采取多种途径和特殊有效的措施，但根本上必须依靠教育。特别是依靠少数民族各级各类学校教育的发展，这是大规模地、系统地培养适应现代化建设人才的主渠道。少数民族人才培养，必须坚持以少数民族学校正规教育与校外非正规教育结合，以正规为主的方针。这是大面积提高少数民族劳动者素质，造就少数民族人才的根本措施。显然，在当前社会主义市场经济条件下，要加速少数民族人才的培养，就必须加快少数民族教育事业的发展和改革。

1. 少数民族教育的改革发展必须与少数民族地区经济建设相互适应

“教育必须为社会主义建设服务，社会主义建设必须依靠教育”，这是党中央提出的关于新时期我国教育改革的基本指导思想。民族教育的改革与发展，也必须坚持这个总的指导思想，以此为核心，逐步改变不适应现代化建设的方面，使民族教育在发展的数量上、质量上以及教育思想、教育结构、教育内容、教育方法等各个方面更加适应民族地区经济建设的需要。

2. 认真贯彻“两全”，努力培养适应现代化建设需要的“四有”新人

发展民族教育，必须坚持党的领导，坚持社会主义办学方向，坚持用马列主义毛泽东思想教育学生，培养学生的共产主义觉悟。特别是在当前国际形势发生重大变化，国外敌对势力对我国社会主义制度进行攻击、渗透、“和平演变”的情况下，各级各类民族学校都要认真贯彻《中国教育改革与发展纲要》提出的“全面贯彻教育方针，全面提高教育质量”的精神，重视对学生加强热爱祖国、维护祖国统一和民族团结的爱国主义教育，要通过进行民族压迫斗争史、翻身史的教育以及社会主义建设伟大成就史的教育，培养学生热爱社会主义、热爱党的感情，牢固树立各民族平等、团结和共同繁荣的信念。中等以上的各级各类民族学校都要重视加强党的民族政策和马克思主义民族理论的教育，引导学生掌握马克思主义的民族观，

提高学生同国内外一切民族分裂活动进行斗争的自觉性。

各级各类民族学校都应加强无神论思想与科学世界观的教育。长期以来，宗教在我国大多数少数民族地区对群众生活具有深刻的影响。因此，对年青一代的科学思想教育要从小抓起，而且要常抓不懈。

各级各类民族学校应重视对学生的思想品德教育，并从学生的实际出发，加强德育内容、德育工作方法的研究和改革。还应注意民族和民族地区特色，对不同的教育对象，应有不同层次的要求，有针对性地开展工作。同时注意通过各种教学和开展丰富的课外活动，对学生进行思想品德教育和热爱劳动、艰苦奋斗精神的教育。我国社会主义教育的几十年历史实践表明，劳动教育和勤工俭学活动对青少年儿童的思想具有深刻的影响，有助于学生树立全心全意为人民服务的观念。

3. 改革与发展民族教育要从实际出发，采取特殊政策

我国各少数民族在长期的历史发展过程中，在生产生活方式、文化习俗、语言文学、宗教信仰等方面形成了自身的特点。发展民族教育必须充分考虑我国民族问题的特殊性、长期性和复杂性，针对各少数民族的特点，采取特殊而有效的政策。

（1）进一步完善双语教学政策。发展民族教育，必须重视使用民族语言文字教学，这是党的民族语言文字政策的重要内容。同时，为有利于少数民族学生学习工作，有利于民族间的相互交流和适应改革开放，民族教育还必须重视加强汉语言文字教学，实行双语教学。

（2）认真贯彻《宪法》关于民族教育与宗教关系的有关政策。在我国社会主义建设初级阶段的广大民族地区，宗教影响具有长期性。我国《宪法》在规定公民有信仰宗教自由的同时，也规定教育必须与宗教分离，不许宗教干扰教育，不允许任何人利用宗教进行妨碍学校教育的活动。《中华人民共和国义务教育法》也明文规定："不得利用宗教进行妨碍义务教育实施的活动。"今后发展民族教育，我们应认真贯彻《中华人民共和国宪法》和《中华人民共和国义务教育法》的精神，在法制轨道上妥善处理好发展民族教育与宗教的关系。国外任何组织和个人都不得招募在校学生学经。

（3）完善扶持少数民族教育发展的有关政策。为了扶持民族教育的发展，应继续加强和完善有关特殊政策。1990 年中央财政已设立发展民族教育的专项补助经费，各省、自治区财政也应按照《中华人民共和国民族区

域自治法》的有关规定，设立民族教育专项补助经费。今后，国家拨给民族地区的“三项”补助经费和扶贫资金，应当划出相当比例，用于发展民族教育。鉴于多数少数民族地区的经济发展比较薄弱，各地应根据经济发展状况，筹措教育附加费或减免教育附加费。

国家在经济条件十分困难的地区（如西藏等）实行的“三包”（包吃、包穿、包住）政策，对减轻贫困地区少数民族群众供养子女就学的负担，提高学龄儿童入学率有积极影响，但也存在一些具体问题，应不断完善。内地对口智力支边的政策，也应继续完善，特别是西藏内地办学工作应长期坚持下去，并不断提高质量。

民族地区发展少数民族教育，应在接受国家扶持和内地兄弟省市支援的同时，注意调动自身的积极性，提倡人民教育人民办，办好教育为人民，把外部援助和自力更生结合起来，同时应注意办学效益。

（4）从实际出发，采取灵活多样的办学形式。发展民族教育还应从各地的实际出发，采取灵活多样的办学形式。学校的布点、建校以及学年课程的编排必须把规模效益、当地自然环境和各民族的生产、生活特色结合起来统筹考虑，以方便少数民族子女入学。人口稀少、居住分散的地方或经常流动的牧区，学校布局应相对集中，从一定年级起举办寄宿制学校。在民族杂居地区，提倡不同民族学生合班或合校分班上课，风俗习惯不同的，可分餐分宿。风俗习惯有特殊要求的民族地区，应根据群众要求，兴办女子班，以提高少数民族女童的入学率。除了办好现有正规学校教育外，还应办好各级各类非正规教育，尤其需要注意在偏远地区充分利用广播、电视等远距离教学手段发展民族教育。

由于制约因素的特殊性，发展民族教育是一项艰巨而又复杂的社会工程，必须加强党的领导。一方面，要加强民族教育的立法和管理制度建设，努力使我国民族教育工作逐步走上依法治教和科学管理的轨道；另一方面，必须重视对管理干部的培养，努力造就一批精通民族教育发展规律的少数民族教育管理干部。

（三）必须加强人才培养和教育的科学研究

少数民族人才的培养以及民族教育事业的发展，有其特殊的客观规律，必须加强科学理论的研究。特别是在我国加快改革开放步伐，建立社会主义市场经济体制的过程中，必然会在少数民族人才培养和发展教育中遇到许多新的问题，因此必须重视理论的研究。要对一些重大的理论问题，进行长期深入的研究。少数民族人才培养和发展民族教育是一项复杂的社会系统工程，必须采取有力措施，以保证研究的深入进行。

1. 需要加强研究机构和队伍建设

目前，我国研究少数民族人才培养和管理使用的专门机构数量很少，力量十分薄弱。不仅各地研究机构不健全，而且缺乏组织和联系。从中央来讲，尚无一个专门的少数民族人才研究机构或少数民族教育科学研究机构。这一状况与我国具有众多民族且少数民族人才培养任务繁重、发展教育难度大这一实际不相适应。因此，必须加强少数民族人才培养问题的专门机构和民族教育研究机构的建设，可以依托现有的国家人才问题研究中心或中央教育科学研究所来进行。有关的高等院校，特别是民族学院、民族地区的师范院校，在条件允许的情况下，应当设置必要的研究机构，并根据需要，搞研究队伍的建设。

2. 要注意统筹规划，分工协作

少数民族人才培养以及发展民族教育等是较为复杂的研究课题，国家必须进行统筹规划，合理分工，使各地、各方面的研究力量有效地利用起来。国家哲学社会科学“八五”研究规划以及有关年度课题规划对少数民族人才培养问题与民族教育研究问题给予了一定的重视，需要及时总结经验。

3. 要加强对研究经费的投入

少数民族人才培养问题研究的经费开支相对高于一般问题研究，需要在研究经费上给予保障。必要时，可设少数民族人才培养问题奖励基金，以勉励广大科研工作者。

4. 要集中力量，形成攻关合力

少数民族人才培养问题的研究覆盖面大、涉及部门多，需要各部门的共同努力，要集中各方面的力量，形成攻关的合力。

（四）少数民族人才的管理与使用

1. 提高对培养少数民族人才战略意义的认识

各级领导干部在思想认识上要转变观念，提高对培养民族人才战略意义的认识，把培养民族人才放到重要的议事日程上。

党的十四大报告指出："重视培养选拔妇女干部和少数民族干部。"要建设一支思想作风过硬、业务能力强、文化水平高的民族人才队伍，各级领导必须下大决心，花大气力来解决。

长期以来，少数民族人才培养的数量不足，以及少数民族干部发展缓慢，一个重要原因是领导干部思想认识上重视不够。我们有些在民族地区工作的领导同志，对马克思主义民族理论、党的民族政策和《中华人民共和国民族区域自治法》不甚了解，因而就无法认清少数民族人才培养的紧迫性、重要性和战略意义，无法看到要彻底解决民族问题，实现社会主义现代化，没有大批少数民族出身的优秀干部是不行的。

斯大林也曾经指出："人才、干部是世界上所有宝贵资本中最宝贵、最有决定意义的资本。"① 西方社会学家英格尔斯在其《走向现代化》一书中也说："人类发展最终要求的是人在素质方面的改变，这种改变是获得更大发展的先决条件和方式，同时也是发展过程自身的伟大目标之一。"还说："再完善的现代制度和管理方式，再先进的技术工艺，也会在一些传统的人物中变成废纸一堆。"

显然，在我国广大的少数民族地区进行现代化建设，就必须努力培养少数民族人才和普遍提高整个劳动者的素质，这具有十分重要的意义。

2. 加强对少数民族人才的科学管理和使用

新中国成立以来，我国少数民族人才培养取得了巨大成就，但是从整体上看，还远远不能满足和适应民族地区现代化建设的需要。因此，要在继续大力培养新型少数民族人才的同时，提高对少数民族人才的科学管理水平，使现有少数民族人才发挥出最大效益。

第一，必须摸清现有少数民族队伍的基本情况，掌握其基本的特点。主要包括地区分布、专业结构、年龄结构、学历结构、职称职务结构、学用情况等。这是进行科学管理的基本前提，也是进行人才培养规划的基础。长期以来，少数民族人才培养相当程度上是自发运行，缺乏科学规划，往往造成有些专业供过于求，有些专业又供不应求的现象，其主要原因是底数不清，缺乏预见性。

---

① 《斯大林选集》（下），人民出版社 1979 年版，第 373 页。

第二，改革人才管理体制，建立适应市场经济需要的人才管理体系。长期以来，由于体制的原因，少数民族人才没有发挥出应有的效益。从第五章的分析中我们可以看出，人才的地域分布、专业分布都存在一定的不合理因素，如部门对人才使用不当造成的浪费、专门人才集中在城市、有些单位用非所学人才过多，等等。因此，必须建立一个支配力强、具有统筹功能的人才管理机构，对少数民族人才进行专门管理。在政府的领导下，专门的人才管理机构应对少数民族人才的配置、流动、考核、培训、政策制定、劳动报酬、奖惩等工作进行科学指导和管理。建立专门人才的管理机构，必须在省、自治区、地（州）县市建立管理网络，分级负责，对人才的现状调查、配置、流动、培训、使用、预测、规划等进行管理。实践证明，建立专门的人才管理机构对发挥少数民族人才效益具有积极作用。新疆维吾尔自治区对少数民族专门人才的管理工作，实行统一归口，由自治区科干局负责，该局下设办公室、综合处、调配处、培训处、大中专毕业生分配处、引进国外专家和派遣留学生工作办公室等，对全区人才的需求分配、流动、培训统一协调和管理，效果较好。

第三，要逐步完善对少数民族人才的各项政策。由于我国大部分少数民族地区自然环境恶劣，交通不便，生活艰苦，客观上需要采取必要的优惠政策。但是现行少数民族人才的各项政策，还不够完善，不利于充分调动少数民族人才的工作积极性、创造性，特别是对在边疆少数民族地区长期工作的汉族人才制定的政策，还缺乏足够的吸引力。近年来，边疆的汉族人才流失非常严重。因此，在少数民族地区，无论对于少数民族人才还是支援边疆的汉族人才，都应在各项政策上给予优惠，如：

（1）要经常性地对有贡献的少数民族人才和自愿支边、到基层工作的内地人才进行物质奖励和精神奖励；按国家规定，给予他们应有的称号；

（2）必须给予他们较好的离退休待遇；

（3）必须解决好其子女就学、就业问题；

（4）对在艰苦地区工作的人才，给予工资、待遇的优惠；

（5）在评定职称时，对于农牧区等基层人才适当放宽条件；

（6）解决其家属的农转非、两地分居等问题；

（7）要尊重少数民族人才的合理化建议和意见。

第四，要逐步改善信息闭塞的状况。由于交通不便、信息传递途径单一，民族地区人才的自我提高和再学习均有一定的困难。必须有意识地对少数民族人才进行业务、专业上的继续教育，使他们不断适应科学技术日新月异变化的新形势。对少数民族人才的继续教育，可以通过多种途径进行：一是可以实行在岗培训和提高，请外地专家讲学、辅导；二是可以派出去，委托兄弟省、市、中央和国家有关业务部门对口培训；三是可以派往国外，学习先进技术；四是可以通过交流等方式培训提高。

3. 改善人才管理手段

为适应改革开放的形势，提高人才使用的效率，必须不断改善少数民族地区人才管理的手段。

第一，应当建立有关管理部门与人才的长期联系制度。建立人才管理部门与人才的联系制度，是实行人才目标管理和动态管理的重要手段，有利于加强对人才思想认识、工作生活状况以及动态意愿的了解，同时也有利于落实党的知识分子政策，使党的知识分子政策深入人心，最终也有利于充分调动少数民族人才的积极性，加速民族地区的现代化建设。

第二，建立人才分级管理的制度。对少数民族人才，应根据各地实际，采取分级选拔和分类的方法，对自治区、地、州、县的人才按其贡献大小进行分类管理。对有突出贡献的少数民族优秀科技人才，要实行重点管理和动态管理，给予特殊优惠政策，如帮助落实科研计划，在科研或技术工作上给予资金人力的支持等。

第三，要建立合理的人才流动制度。一是少数民族地区要善于引进人才，逐步改变民族地区人才不足的状况。二是要允许当地的少数民族人才在部门之间、地区之间的正常、合理流动，以发挥人才的作用。三是要采取特殊措施，鼓励少数民族人才到基层和边远地区工作。

十一

加强中国少数民族教育若干重大理论与实践问题的研究的几点思考[①]

（1993 年 4 月 27 日）

（一）关于开展少数民族教育理论与实践若干重大问题研究的背景及其意义

第四次全国民族教育工作会议指出要重视民族教育领域的科学研究，“八五”期间要在若干重大理论与实践问题的研究方面取得显著成果。

我国是一个多民族组成的国家，这是国情的一个重要方面。全国有 55 个少数民族，9 120 万人口，占全国总人口的 8.04%。在长期的历史发展中，各民族共同缔造了中华民族绚丽多彩的优秀文化。有 30 多个少数民族，世世代代居住在全国 2 万多公里的陆地边防线内，为建设边疆、保卫祖国作出了不可磨灭的贡献。我国各民族区域自治地方地大物博，占全国土地总面积的 64%，资源十分丰富。从长远看，我国经济发展的后劲和前景，在相当大的程度上，将取决于民族地区资源开发和经济发展的状况，而经济是否能够得到发展，又从根本上取决于劳动者素质的高低，取决于民族教育的发展。全国 2 700 多个县、市，几乎所有的县、市都有 2 个以上的民族共居。历史的经验说明，国内外敌对势力总是利用民族问题制造事端，妄图破坏我国的社会主义制度。另外，各民族有自己产生、发展和消亡的客观规律。随着社会经济文化的发展，各民族相互学习、互相影响，共同因素会不断增强，但民族特点、民族差异将存在很久。因此，我国的少数民

---

① 本文是作者在国家哲学社会科学“八五”重点项目《中国少数民族教育若干重大理论与实践问题的研究》课题开题会上的讲话。作者为该课题的学术秘书。

族教育，不仅是民族工作的重要方面，而且是社会主义教育体系中不可分割的独具特色的重要组成部分。

九十年代，是我国社会主义现代化建设的关键时期。民族教育，要以党的十四大精神为指针，积极贯彻《中国教育改革和发展纲要》，从少数民族的特点和民族地区实际情况出发，因地制宜，完成十年规划和“八五”计划各项指标。具体来看，到本世纪末，我国民族教育的改革与发展，要努力实现以下目标：一是要加强基础；二是要进一步明确办学的路子，使民族教育更好地为当地以经济建设为中心的社会主义现代化服务；三是要努力缩小有特殊困难的民族地区与全国教育平均发展水平上的差距，促进各民族共同繁荣。

鉴于上述我国民族问题和民族教育的特殊地位和背景，加强民族教育理论与实践重大问题的研究，具有重要的现实意义。

加强中国少数民族教育理论与实践重大问题的研究的根本目的在于：从理论上全面系统总结和概括新中国成立40多年来发展民族教育所取得的丰富经验，探索民族教育促进民族地区经济发展与社会进步的基本规律，为贯彻《中国教育改革与发展纲要》，实现九十年代民族教育的光荣任务，促进各民族共同繁荣，提供理论指导和决策依据。

此外，加强中国少数民族教育理论与实践重大问题的研究，还将有利于团结组织一批民族教育科研队伍，更好地为民族教育的宏观管理和改革实践服务。

（二）开展少数民族教育理论与实践重大问题研究的指导思想

开展少数民族教育理论与实践重大问题的研究必须坚持以马列主义、毛泽东思想和邓小平同志关于建设中国特色的社会主义理论为指导思想，在研究中认真贯彻党的十四大和《中国教育改革与发展纲要》精神以及全国民族教育工作会议精神，根据理论与实践相结合、普遍性与特殊性相结合的原则，注重客观研究、比较研究的方法。

开展少数民族教育理论与实践重大问题的主要任务是：立足于若干个少数民族教育的历史和现状逐个进行研究，通过分析、综合、比较，形成理性认识；因民族、因地区制宜，从理论上探索民族教育与当地经济发展相互促进的路子，为丰富我国现代教育科学理论，建立有中国特色的社会主义的教育体系奠定基础。

（三）关于少数民族教育理论与实践重大问题研究的基本内容的设想

自古以来，我国各少数民族就具有悠久的文化教育传统。新中国成立40多年来，党和国家采取了一系列特殊政策和措施，保证了民族教育事业以高于全国的平均速度蓬勃发展，取得了举世瞩目的成就，特别是一些原来处于刻木结绳记事的少数民族，超越了几个社会发展阶段跨入社会主义阶段之后，不仅从无到有地发展起现代教育，而且有了自己的大学生和研究生。民族教育翻天覆地的变化，是中国教育史上充满光辉的篇章。这些也都为民族教育的深入研究提供了具有重大现实意义和理论价值的课题。具体看，本课题研究的内容，应主要包括五个部分。

1. 关于当前民族教育几个重要理论问题的研究

主要从教育科学、社会学、民族学角度，探讨以下几个问题：

（1）民族教育发展与民族地区经济发展的关系研究；

（2）民族教育与民族地区精神文明建设（社会进步）的关系研究；

（3）社会主义市场经济与民族地区教育改革的研究；

（4）关于民族教育立法问题的研究；

（5）社会主义时期民族教育与宗教问题的研究。

2. 关于少数民族青少年儿童身心发展规律及特殊性的研究

教育发展必须与青少年的身心发展特点相适应，这是教育发展的基本规律之一。教育要为造就年青一代服务，为青少年儿童未来的生活幸福服务。因此，必须加强对各少数民族青少年儿童身心发展特点的研究，努力探索青少年儿童身体发育、心理发展、学习特点、智力和技能形成、品德培养、个性发展等方面的规律和特点。

“八五”期间拟从以下方面对部分民族青少年儿童的身心发展特点进行研究：

（1）新疆维吾尔族、哈萨克族学生心理特点与教育研究；

（2）广西壮族青少年儿童身心发展特点与教育研究；

（3）内蒙古各少数民族青少年儿童生理、心理发育特点及教育的研究；

（4）藏族、撒拉族儿童青少年儿童心理特点及教育的研究；

（5）8—12 岁藏族儿童思维发展特点的实验研究；

（6）内地西藏班学生学习心理特点的比较研究。

3. 关于中国若干个少数民族教育的历史、现状与发展对策研究

我国有 55 个少数民族，每个民族都有自己发展的历史过程，也都有自己优秀灿烂的历史文化。研究各个民族的教育历史、现状及发展对策，不仅有利于丰富我国民族教育科学理论的内容，而且也有利于指导我国少数民族教育现阶段的改革实践。因此，我们计划在“八五”至“九五”期间，对我国 55 个少数民族教育的历史、现状与发展的对策逐个进行研究。考虑到“八五”期间课题启动时间较晚，并根据各地申报子课题的情况，“八五”期间准备先对以下民族的教育历史、现状和发展对策进行研：

（1）蒙古族教育的历史、现状和发展对策研究；

（2）维吾尔族教育的历史、现状与发展对策研究；

（3）壮族教育的历史、现状与发展对策研究；

（4）藏族教育的历史、现状与发展对策研究；

（5）回族教育的历史、现状与发展对策研究；

（6）彝族教育的历史、现状与发展对策研究；

（7）撒拉族教育的历史、现状与发展对策研究；

（8）怒族教育的历史、现状与发展对策研究；

（9）朝鲜族教育的历史、现状与发展对策研究；

（10）满族教育的历史、现状与发展对策研究；

（11）黎族教育的历史、现状与发展对策研究；

（12）哈萨克族教育的历史、现状与发展对策研究。

从长远考虑，其他各少数民族教育的历史、现状与发展对策的研究，可在“九五”期间乃至 21 世纪初逐步滚动进行。

4. 关于民族教育的特殊政策及措施研究

长期以来，由于历史和自然的原因，我国各少数民族在经济和文化教育、宗教信仰及民族风俗等方面都形成了自己的特点。发展民族教育，必须遵循各民族的风俗习惯，从各民族的实际出发，采取特殊的政策和措施。这也是长期以来，新中国发展民族教育的基本经验。为了适应九十年代乃至下世纪民族教育事业的发展，进一步研究和探索有利于我国发展民族教育的特殊政策和措施及其效益，不仅是教育事业发展本身的需要，同时也

具有重要的政治意义。

“八五”期间，初步拟定研究以下课题：

（1）我国少数民族双语教学现状与改革的理论研究；

（2）西藏内地办学及对口支援研究；

（3）预科教育现状及其特殊性研究；

（4）少数民族中小学教材出版编译研究。

5. 关于少数民族各级教育发展的研究

（1）民族地区学前教育发展的研究；

（2）中国少数民族高等教育的改革与实践研究；

（3）少数民族地区普及义务教育研究；

（4）内地省、市、区支援民族贫困地区教育经验研究。

十二

关于对西部少数民族地区农村小康建设若干对策的思考[①]

（1997 年 7 月 7 日）

我国是统一的多民族的社会主义国家，全国 55 个少数民族共有 9 120 万人口（据 1990 年第四次人口普查），民族区域自治地方 157 个，占全部国土面积的 64%。我国少数民族主要居住在西部地区。如果说全国实现小康的难点在农村，西部少数民族地区农村的小康建设可以说是难中之难。本文旨在对西部少数民族地区农村小康建设的特殊性和对策进行初步的探讨。

（一）西部少数民族地区农村小康建设制约因素的特殊性分析

改革开放以来，我国西部少数民族地区在党中央和国务院的关心和指导下，经济社会发展取得了长足进步，发生了举世瞩目的巨大变化。但是，由于各方面的因素制约，西部少数民族地区小康建设的任务还十分艰巨。仅以农村人均年收入为例，1995 年，全国农民人均年收入为 1 578 元，而西部 8 省区不足 1 000 元，西部 8 省区与全国平均水平相差近 500 元，其中少数民族农村人口收入更低。

无论从现代系统理论还是从发展经济学的观点看，制约西部少数民族地区农村小康建设的各种因素非常复杂。

---

① 本文原载于《农村经济文稿》1997 年第 1 期。

1. 经济因素

由于历史的影响，大多数西部少数民族地区的农村经济发展相对滞后。一是社会生产力总体水平低下，商品观念淡薄，多数农村基本上保持着较为传统的生产方式。二是农牧业基础薄弱，综合开发能力不足，丰富的自然资源未能合理开发和利用，农牧业生产中的科技含量很低，大批的农牧业科研成果得不到推广和应用，甚至很多地方靠天吃饭，无力抵御自然灾害。三是地方财政收入十分有限，贫困面很大。我国当前扶贫工作的重点、难点主要集中在西部少数民族地区。80 年代国家确定的 143 个少数民族贫困县中，有 126 个县在西部地区。1993 年《国家八七扶贫攻坚计划》确定的 592 个贫困县中，有 307 个在西部。全国 257 个少数民族贫困县，大部分也集中在西部地区。四是基础设施很差，乡（镇）、村通公路、通电、通电话、饮水等方面，都存在很大的差距。以贵州省为例，目前尚有 115 个乡镇和 8 780 个村不通公路，分别占全省乡镇和村总数的 7.9% 和 34%；有 108 个乡镇和 6 536 个村尚未通车，分别占乡镇和村总数的 7.4% 和 25.3%；有 358 万人饮水十分困难，占农村人口的 12.1%。五是长期以来，西部少数民族地区对农业投入的总量不足，由于认识上的原因以及大多数西部少数民族地区自身财力很弱，许多地方靠上级财政补贴过日子，因而使对农业的投入受到影响。

2. 人口因素

西部少数民族地区的人口问题是制约小康建设的一个重要因素。西部少数民族人口的特点，一是分布不平衡，绝大多数人口集中在农牧区或山区，这就决定了西部少数民族地区小康建设的重点应立足于农村；二是人口自然增长速度较快，高于全国平均水平，1990 年第四次人口普查全国人口自然增长率为 1.47%，西部少数民族地区（8 省区）平均为 16.5%，其中，各少数民族的人口增长率平均超过 3%；三是人口居住分散，城乡分布极不平衡，难以交流生产经验。

3. 文化教育因素

由于历史的原因，西部少数民族地区教育事业发展相对落后，表现在人口文化素质偏低，文盲人口比重大。西部 8 省区的各类文化程度所占人口的比例均低于全国平均水平。据第四次全国人口普查统计，1990 年全国每万人口中拥有的各种文化程度的平均数为大学142.2人、高中803.9人、初中2 334.4人、小学3 705.7人；而少数民族聚居的西部8省区的平均数分别只有大学115.6人、高中624.8人、初中1 618.11人、小学3 239人，低于全国平均水平。如果从受教育程度看，西部少数民族地区农村劳动力人均受教育年限不到6年，低于全国农村劳动力人均受教育年限6.9年的水平。与此同时，西部少数民族聚居8省区的文盲半文盲人数也远远高于全国平均水平。1990年全国文盲半文盲占人口的比重为15.88%，而8省区的这一比重平均为25.26%，其中8省区少数民族人口中的文盲半文盲比重高达54.1%。

4. 自然环境因素

自然环境是人类生存和发展的基本条件。我国西部少数民族地区的多数区域为山区、高原和干旱区，自然条件相对比较恶劣，气候多变，灾害频繁，水土流失十分严重。云南、贵州基本处于“九山半水半分田”，山多、石多，土地分散，交通极为不便。新疆、甘肃、宁夏是世界有名的干旱区，气候干燥，缺水少绿，土地贫瘠，风沙大，降水量极少，水土流失十分严重。青海、西藏、四川部分地区乃“世界屋脊”，平均海拔4 000米以上，不仅气候寒冷，而且氧气缺乏。恶劣的自然环境不仅造成了交通不便，也使地区间的联系和交流受到阻碍。

西部少数民族地区农村小康建设具有以下几个特点：一是艰巨性，民族地区经济发展的起点低，生产力发展水平低下，实现小康建设目标的任务相当艰巨；二是民族性，西部少数民族地区聚居了40多个少数民族，具有不同民族特点的经济交织在一起，使民族地区的小康建设带有鲜明的民族性特点；三是复杂性，除了经济因素外，西部民族地区农村小康建设还受到宗教、民族、语言等因素的制约，民族问题、宗教问题以及语言文字等多种问题常常交织在一起，使得西部地区小康建设的外部环境较为特殊，与东部地区相比较，具有复杂性；四是不平衡性，不仅西部少数民族聚居的8省区的发展各有差异，即使是同一省区内发展也不平衡。

除了上述制约因素以外，西部少数民族地区小康建设还有很多有利的条件：一是西部少数民族地区有着极其丰富的矿产资源、水利资源、各种动植物资源和旅游资源，开发的潜力很大；二是西部各少数民族人民勤劳、勇敢、朴实，是西部地区小康建设的重要力量。因此，必须从西部少数民族地区小康建设的制约因素的特殊性出发，采取积极有效对策，缩小民族地区与全国平均水平的差距，实现全国各民族的共同繁荣。

（二）西部少数民族地区小康建设对策的初步思考

1. 采取积极有效措施，努力提高收入水平

收入是影响西部少数民族地区实现小康的突出难题。如何加快收入的增长速度，必须从宏观和微观的不同层面采取有效措施。首先，中央政府要在战略上考虑建立不同地区经济发展的利益平衡机制，在全社会范围内对收入、资源分配等进行调节，从而切实保证“共同富裕”、“共同繁荣”落到实处。在具体方式上，中央应当建立财政转移支付制度、对西部少数民族贫困地区实行有条件的开发式扶贫等措施。其次，西部少数民族地方政府，应该采取以下措施：第一，转变地方政府的职能，搞好精兵简政，降低“人头费”支出；第二，提高管理工作的质量和效益；第三，不断改善生态环境、生产条件、提高土地生产力；第四，努力搞好资源开发，使资源优势尽快转化为经济优势。

2. 在搞好农业的基础上，调整产业结构，积极发展乡镇企业

农业是国民经济发展的基础。在西部少数民族地区的传统经济结构中，农牧业一直占据核心地位。根据西部少数民族地区的自然状况，农牧业在今后较长一段时期内仍将是具有很大潜力的产业和经济发展必须依赖的基础，同时也是实现粮食自给和小康建设经济目标的重要条件，应当给予加强。与此同时，还要大力发展乡镇企业。

我国发达地区包括一些少数民族地区小康建设的实践证明，农村经济的全面发展和农业产业结构的调整，在相当大的程度上有赖于乡镇企业的发展，乡镇企业是农村经济发展的主要支柱。长期以来，西部少数民族地区乡镇企业发展缓慢，不仅影响了农村经济的发展速度，而且制约着民族地区农民收入水平的提高和小康目标的实现。针对当前西部少数民族地区乡镇企业发展的状况，一是要大胆解放思想，提高对发展乡镇企业的认识；二是要积极引进和鼓励支持各类人才兴办乡镇企业，大力鼓励发展个体、私营企业和股份制企业，同时要采取灵活的产业政策，鼓励个人、集体、国外投资者根据民族地区实际开发和租赁荒地、荒坡、荒山、荒滩、草地，承包土地、兴办企业等；三是发展乡镇企业，必须按照可持续发展的战略

要求，确定长远的规划，不能以牺牲环境、资源、土地等为代价，换取经济上的短期效益。

3. 努力培养少数民族人才，提高劳动者素质，搞好人力资源开发

自党的十一届三中全会以来，党中央一再强调教育在社会主义现代化建设中的战略地位。党的十二大把教育和科学作为经济发展的战略重点之一。党的十三大提出，把发展科学技术和教育事业放在首要位置，使经济建设转到依靠科技进步和提高劳动者素质的轨道上来。党的十四大强调“科技进步，经济繁荣和社会发展，从根本上说取决于提高劳动者素质，培养大批人才。我们必须努力提高全民族的思想道德和科学文化水平，这是实现我国现代化的根本大计”。从整个世界的发展趋势看，教育和科技也越来越受重视。1994年2月联合国教科文组织发表的《世界科学报告》指出：发展中国家与发达国家的差距是“知识的差距”，强调“没有科学知识的传播就不会有经济的持续发展”。报告认为：“科技人员在一个国家人口中所占的比例与国家的经济实力有直接的关系。”从西部少数民族地区的长期稳定和发展来考虑，教育和科技是具有重要影响的制约因素。历史的经验证明，西部少数民族地区经济发展和社会进步尽管有各种特殊因素的制约，但最根本的制约因素是劳动者的素质，特别是科学文化素质不高，缺乏足够的专门技术人才。可以说，人的素质问题已成为制约实现小康目标的最大因素。

为了提高西部少数民族地区劳动者的科学文化素质，造就大批的少数民族科学技术人才，必须抓好以下几个环节。第一，大力加强基础教育，努力提高年青一代的公民素质，同时要大力扫除现有青壮年文盲。西部少数民族地区进行小康建设，主要依靠当地的广大劳动者，而这些劳动者素质的提高无法靠引进的办法来解决。尽管东部发达地区能够在技术力量方面给予西部民族地区一定的帮助，但不可能从根本上替代提高广大劳动者素质的作用。第二，加强民族地区教育改革的力度，改革不适合民族地区农村经济、社会发展的教育思想、教学内容、教学方法，努力转变传统的升学教育为全面发展的素质教育。应当从西部少数民族地区经济与社会发展的实际出发，积极发展职业技术教育，尤其贫困地区，要努力把职业技术教育与普通中小学教育早期结合起来。同时应积极在农牧区开展三教（基础教育、职业教育、成人教育）统筹、农科教结合和实施“燎原计划”。要努力造就一批既有文化知识，又有脱贫致富本领的农民带头人，真正把

科学技术落实到群众手中。第三，加强双语教育。这是少数民族地区改革开放和小康建设的必然要求。同时也有利于发扬民族优秀文化传统和各民族间的科学文化交流，有利于民族教育质量的提高，加速人才培养的步伐。此外，西部少数民族地区还应当重视人才的挖潜工作，一是要努力用好现有的各级各类人才，防止人才外流，二是要积极引进外地人才。

4. 解放思想，转变观念，加强精神文明建设

西部少数民族地区进行小康建设，必须大胆解放思想，不断更新观念。从历史上看，西部各少数民族具有悠久的文化传统，但是随着时代的变革，应当大胆地扬弃那些不适应的东西，同时要善于吸收各民族所创造的先进的文明成果。要努力形成适应社会主义市场经济建设需要的、文明的、健康的、科学的生活方式，摒弃落后的、愚昧的、腐朽的东西，努力振奋起积极的、向上的、进取的精神，克服那些安于现状、思想懒惰、惧怕变革、墨守成规的习惯势力。特别是对于宗教内容中某些影响小康建设的东西，应当加以抵制，以适应社会的不断变化和小康建设的需要。

5. 必须坚持自力更生的指导方针，充分调动各方面的积极力量

在西部少数民族地区的小康建设过程中，应注意争取各种有利的外部援助。在接受外部援助的同时，必须坚持自力更生和艰苦奋斗的精神，调动本地各方面的积极性，充分挖掘自身的物质资源和人力资源的潜力。西部少数民族地区的小康建设，从根本上讲只能依靠生活在这一地区的各民族知识分子和广大干部群众，中外历史上没有任何一个地区或民族是靠外部援助发展起来的。只有把当地少数民族群众的力量充分调动起来，形成一股合力，最大限度地发挥他们的聪明才智和创造性，才能大大地加快小康建设的步伐。

6. 抓住机遇，加强与外部合作

西部少数民族地区不仅物质资源丰富，而且有着广阔的消费市场和充足的劳动力。近年来，国内发达地区和外商到西部民族地区投资的企业越来越多。当一个地区经济发展到一定程度时，必然要向欠发达地区辐射，这是区域经济发展的规律。可以说，西部民族地区当前正面临着良好的发展机遇。因此，西部少数民族地区应加强与东部、中部的合作，按照互惠互利的原则，推动经济发展。

7. 必须控制人口数量，提高人口质量

新中国成立以来，在党和政府关怀下，西部少数民族地区人口数量得到了较快发展，人口出生率和增长率均超过了全国平均水平。尽管这一变化是党和政府对少数民族特殊照顾的结果，但是从西部民族地区的长期发展和各少数民族的长远利益考虑，必须在政策上对人口增长速度加以限制，否则就会导致“人的生产”与物质生产的不平衡，影响小康目标的实现。与此同时，还应提倡优生优育，努力提高人口素质。

参考文献

[1] 国务院人口普查办公室编：《中国第四次人口普查的主要数据》，中国统计出版社1991年版。

[2]《中国西部地区开发年鉴》，改革出版社1992年版。

附 录

国家教委、国家民委关于加强民族教育工作若干问题的意见

（1992年10月20日）

教民［1992］8号

民族教育是我国整个教育事业的重要组成部分，也是民族工作的重要内容。建国后，特别是党的十一届三中全会以来，在党和政府的关怀与扶持下，民族教育事业取得了显著的成绩，少数民族在校学生和教师数均以高于全国平均速度大幅度增长。少数民族和民族地区教育程度有很大提高。40多年来，各类学校培养了大批少数民族干部和专业技术人才，造就了一代新型的少数民族知识分子队伍，他们中的绝大多数人已成为民族地区乃至全国社会主义现代化建设的骨干，为民族地区乃至全国的经济发展与社会进步、增强民族团结、巩固边防和维护祖国统一作出了重大贡献。

但是，由于历史、社会和自然条件等多方面的原因，当前，我国大多数少数民族和民族地区教育事业发展的总体水平，与内地相比，仍然较为落后，特别是与当前加快改革开放的形势和当地社会主义建设事业的发展很不适应；大约占少数民族人口2/3的地区，教育发展水平明显低于内地，其中占少数民族人口近1/3的地区的教育发展尤为困难。

为继续巩固和发展我国平等、团结、互助的社会主义民族关系，实现各民族共同繁荣，保持国家的长治久安，顺利进行社会主义现代化建设，我们要根据邓小平同志南巡重要谈话和中央民族工作会议精神，认真总结发展民族教育的经验，并在已有成就的基础上，抓住当前有利时机，进一步解放思想，加快改革开放的步伐，努力把我国民族教育提高到一个新的水平。

一、要充分认识发展民族教育的重要战略意义

我国是一个统一的多民族社会主义国家。55个少数民族有9 120万人口，占全国总人口的8%，民族区域自治地方的面积占全部国土的64%，地

域辽阔，资源丰富。加快少数民族和民族地区的经济和社会发展，维护全国各民族的大团结，不仅关系到少数民族的繁荣和幸福，而且关系到我国现代化建设的全局。中央民族工作会议指出，根据党的“一个中心、两个基本点”基本路线的要求，加快改革开放步伐，尽快把少数民族和民族地区的经济搞上去，是当前民族工作的基本任务，而要完成这一任务，就必须依靠科技和教育，从培养民族人才、提高少数民族劳动者的素质入手。这是少数民族和民族地区经济振兴的必由之路，也是维护民族团结和祖国统一，建设中国特色的社会主义的根本大计。各级党委、政府以及广大干部和群众，要提高对这一重要战略意义的认识，切实采取有力措施，加速我国民族教育事业的发展。

二、民族教育必须坚持社会主义办学方向

民族教育作为我国社会主义教育的重要组成部分，必须坚持党的领导，为社会主义现代化建设服务，培养德、智、体全面发展的建设者和接班人；必须在马克思主义的指导下，从少数民族和民族地区的特点出发，结合各民族学生的思想实际，联系国内外形势特别是改革开放的大好形势，加强对他们进行党的基本路线教育，进行增强民族团结、维护祖国统一和近、现代以及国情教育，不断增强学生热爱党、热爱社会主义的感情和信念。

全国中等和中等以上的各类学校，要根据学生年龄特点，采取多种形式，结合学校教学实际，充实马克思主义民族理论和党的民族政策的教学内容，加强民族平等、团结、互助，反对民族歧视的教育，进行无神论和科学世界观的教育，引导学生逐步树立马克思主义的民族观和宗教观。要有针对性地对学生进行反对国内外敌对势力挑动民族矛盾、制造民族分裂的教育，提高学生抵制民族分裂活动的自觉性。

要认真执行《宪法》规定的教育与宗教分离的原则，任何人不得利用宗教干预学校教育和社会公共教育，更不能利用宗教进行妨碍实施义务教育的活动；不得在校内进行宗教活动。

发展民族教育，必须充分调动社会各方面的力量。在多数人信教的民族地区，要注意发挥宗教界爱国人士在动员适龄儿童入学、募集办学资金、改善办学条件等方面的积极性。

三、发展民族教育必须坚持从实际出发，充分考虑民族特点和地区特点

我国的民族教育，就其范围来说，是指对汉族以外的55个少数民族成员所实施的教育。要把党和国家统一的教育方针同贯彻执行党和国家的民族政策有机地结合起来，坚持从少数民族的特点和民族地区的实际出发，发展民族教育事业。各地要根据当地经济、教育发展的不同程度，合理确定和调整本地区各级各类民族教育事业发展的规模、速度以及教育结构和办学形式。把提高劳动者素质，培养初、中级技术人才，全面提高教育质量，增强办学效益，为当地的经济和社会发展服务，作为现阶段民族教育改革与发展的重点。从实际出发，制定好“八五”计划和今后十年教育发展规划。

20世纪90年代，是我国加快改革开放步伐，实现第二步战略目标的关键时期，也是民族教育发展的重要时期。各级党委和政府，要努力完成“八五”计划和十年规划所确定的教育发展任务。民族教育的发展一要打好基础，在数量和质量上有一个新的发展和提高；二要坚持改革开放，进一步明确办学的路子，使民族教育更好地为当地经济建设和人民群众的富裕文明服务；三要努力缩小目前困难较大的民族地区同全国教育发展平均水平的差距，使民族教育的发展与全国教育的发展相适应，与少数民族和民族地区的经济、社会发展相适应。

要大力加强基础教育，积极创造条件，实施九年制义务教育。目前，初等义务教育没有普及的地方，要抓紧普及初等义务教育，杜绝新文盲的产生；在少数办学确有困难的地方，可以先普及初等义务教育，至少先做到一户有一个合格的小学毕业生；同时要调整好初中的布局，有计划地办好所有初中。

积极发展多层次、多种形式的职业技术教育和成人教育。“八五”期间，少数民族较多的县（旗），要集中力量办好一所起骨干示范作用的中等职业技术学校，人口稀散的地方，可在地区（州、盟）所在地；同时，要重视举办比较切合民族地区经济发展水平的初级职业技术教育；少数民族人口较多的乡（镇），要办好农（牧）民文化技术学校，积极开展短期实用技术培训。要加强普通中小学的劳动课和劳动技术课教学，并有计划地将一部分民族中学和普通高中改办成职业中学或综合中学。力争把民族地区的中小学办成具有传授科学文化知识、传播现代文明和推广实用技术等多种功能的中心。

在一些经济教育发展水平较低的民族地区，从小学高年级开始引入职业技术教育的因素，把学文化和学技术早期结合起来。有些地区还要根据实际需要，对学生进行家庭经营、家庭理财以及改变落后习俗所需要的教育。民族地区的县、乡两级政府，要积极实行“三教统筹”和“农科教结合”，实施“燎原计划”，通过多种形式的实用技术培训，大面积提高劳动者的科学文化技术素质，增强他们吸收运用科学技术的能力，落实“科教兴农”战略，充分发挥科技、教育在推动民族地区社会主义“两个文明”建设中的作用。

要优先办好民族师范学校，尽快提高民族教师队伍的水平。要改革招生与分配办法，定向为山区、牧区、有特殊困难的边远民族地区，单独办师范班。注意加强热爱家乡、建设家乡的教育，并根据民族地区的实际需要，改革教学内容，使毕业生能够理论联系实际，不仅能教文化课，还能掌握一两项当地生产适用的技术，做到一专多能。有条件的民族地区师范专科学校，经省、自治区人民政府批准后，可办成以培养师资为主，多科类、综合型的师范专科学校，为当地经济建设培养部分迫切需要的专门人才。

民族地区的办学形式，力求符合当地的实际与需要，灵活变通，既要考虑学校的规模效益，又要适合当地自然环境和各民族生产生活的特点，以方便少数民族子女入学。人口稀少、居住分散的地方或经常流动的牧区，学校的布局要相对集中，从一定年级起举办寄宿制学校。在民族杂居地区，提倡不同民族学生合班或合校分班上课，风俗习惯不同的，可以分餐、分宿。对风俗习惯有特殊要求的少数民族，可以采取一些特殊措施，提高女童的入学率。对散杂地区的少数民族教育，各级政府要给予足够重视，切实帮助解决办学中的实际困难。

要利用广播电视等手段，促进少数民族和民族地区教育的发展，提高教育质量。“八五”期间，国家教委要争取安排卫星转发器，开通民族教育专用频道，建立民族文字音像教材编译室，编制与民族文字配套的音像教材。

重视和发挥民族地区高等院校在当地经济和社会发展中的重大作用。“八五”期间，要把工作重点放在适度发展、优化结构、改善条件、深化改革、提高质量上。要特别重视培养少数民族地区迫切需要的大专层次的经济、科技、管理方面的人才。国家教委和中央部委以及省、自治区、直辖市所属的高等院校，要有计划地招收少数民族学生，继续办好民族班和民族预科班；每年都要坚持选拔一定数量的有实践经验的少数民族优秀青年到高等院校学习，为把他们培养成各项建设事业的骨干，打好坚实的基础。在一定时期内，高等学校和中等专业学校招生，对少数民族考生仍需继续实行同等条件下优先录取和适当降分录取相结合的办法，尽量多为少数民族和民族地区培养一定数量的中、高级专门人才。

民族学院在历史上为培养民族干部发挥了重要作用，在新形势下应继续办好。当前除重点办好具有民族特色的学科、专业和对少数民族干部进行培训外，还要办好大学预科。民族学院现有的专业，要根据社会需要积极改善办学条件，深化改革，提高质量；民族地区急需的一些专业，要在统筹规划的基础上，努力创造条件，有计划地设置。

四、发扬优秀传统，扩大开放交流，鼓励相互学习，促进共同繁荣

发展民族教育要在继承发扬本民族优秀文化传统的同时，积极扩大民族间、地区间的交流，大胆吸收和借鉴人类社会所创造的一切文明成果。在使用民族语言文字教学的地区，要因地制宜地搞好双语教学，大力推广普通话。民族学校的教学语言文字政策的具体实施，主要由各省（区）遵照《宪法》、《民族区域自治法》的有关规定和有利于民族的长远发展、有利于提高民族教育质量、有利于各民族的科学文化交流的原则，根据多数群众的意愿和当地的语言环境决定。要提倡汉族青年学习少数民族的语言文字、文学艺术、历史、医学等，以利于各族学生增进了解，广交朋友，团结互助，共同进步。

要加强民族教育的理论研究，不断扩大同国内外的学术交流。

五、坚持国家扶持与自力更生相结合的原则，多渠道增加民族教育的投入

各级党委和政府要把民族教育摆在优先发展的战略位置，认真抓好。要广泛深入宣传“依靠人民办教育，办好教育为人民”的思想，做艰苦细致的思想工作，把群众发动起来支持教育。根据民族地区的实际，基础教育要实行由地方负责、分级办学、分级管理的体制，以充分调动广大群众艰苦奋斗、自力更生办学的积极性。各级各类民族学校要充分利用当地资源，因地制宜，广泛开展勤工俭学活动。

西藏教育有特殊困难，全国要给予支援，要认真办好内地西藏班（校）。困难较多的一些省（区）的民族教育，中央和地方各级政府都要给予必要的扶持，首先要逐步增加地方财政支出中对民族教育的投资比例，力争做到“两个增长”。中央和省（区）财政要按照《民族区域自治法》的有关规定，设立民族教育专项补助经费。国务院决定中央财政每年拨给民族教育的专项补助经费由现在的 2 000 万元随着经济的发展逐步有所增加；各省（区）民族教育专项补助经费数额，由省（区）根据实际情况确定。国家拨给民族地区包干经费中的“三项”补助经费（民族地区机动金、边境地区事业建设补助费、不发达地区发展资金），各省（区）要增加用于发展民族教育的比例。

目前，全国尚有 143 个少数民族贫困县，有关省、自治区、直辖市要采取切实措施，帮助这些地方发展教育事业，国家教委和国家民委也要通过多种形式重点扶持这些地方的教育事业，使其逐步改变落后状况。除国家给予一定的支持外，各级政府要动员本省（区）的力量，参照“智力援藏”的办法给予扶持，包括选择一些办学条件较好的中等学校招收少数民族学生入学，为经济落后、教育发展有特别困难的少数民族和民族地区多培养一些质量较高的人才。要鼓励和组织内地省、市对部分省（区）一些少数民族贫困县实行对口支援协作；同时，鼓励和组织本省（区）内经济、教育较发达的县、市同本省（区）少数民族贫困县对口支援协作，以加快贫困地区民族教育的发展，走共同富裕的道路。

要认真抓好民族文字教材编译出版和审定工作。民族文字教材的编译出版，除省（区）财政拨专款给予支持外，要改革管理体制，按照“以教材养教材”的原则以盈补亏（即用出版汉文中小学教材的盈利补贴出版民族文字中小学教材的亏损）。跨省（区）使用的教材，由国家教委组织审定。本省（区）使用的教材，由省（区）教委组织审定。未经审定，不得作为教材。

六、大力培养少数民族的教育行政管理干部

从长远考虑，民族教育要发展，必须培养本民族的教育行政管理干部。

各地要加强民族教育行政管理队伍的建设，要有计划地逐步培养一批有共产主义觉悟、坚持党的基本路线、维护祖国统一和民族团结、熟悉教育规律、善于从本地区本民族实际出发、能够创造性地发展民族教育事业的民族教育行政管理干部，这是加强民族教育工作的一项重要措施。目前，要采取学习进修、挂职锻炼、干部交流、参观考察等形式，抓紧培养各级民族教育干部，尽快提高他们的管理水平和决策能力，并把锐意改革、政绩突出的干部充实到各级教育部门的领导岗位上来，从中造就一批少数民族的教育家。

七、加强党和政府对民族教育工作的领导，做好民族教育的立法工作

各级党委和政府要高度重视民族教育工作，进一步加强领导，这是搞好民族教育工作的根本保证。

各地党委和政府的主要领导，特别是民族区域自治地方的主要领导同志，要亲自过问民族教育工作，把民族教育纳入当地经济和社会发展的总体规划，摆在优先发展的战略地位。有关领导同志要及时研究民族教育中的新情况、新问题，努力探索教育与经济相互促进的发展新路子。

要根据《宪法》、《民族区域自治法》、《义务教育法》等有关法律、法规，抓紧拟定《民族教育工作暂行条例》，在总结经验的基础上，再制定《民族教育法》，使我国民族教育工作逐步走上依法治教的轨道。

全国民族教育发展与改革指导纲要
（试行）

（1992 年—2000 年）

为了明确九十年代我国民族教育事业发展的目标、方针、任务和政策，推进民族地区的社会主义现代化建设，特制定本纲要。

一、地位与作用

1. 我国是一个统一的多民族的社会主义国家。民族教育是我国整个教育事业的重要组成部分，也是党和国家民族工作的重要内容。加速少数民族和民族地区教育事业的发展，对于加快改革开放步伐，实现我国国民经济发展战略第二步目标和各民族的共同繁荣具有重要意义。

2. 新中国成立后，特别是党的十一届三中全会以来，我国民族教育事业有了巨大的发展，取得了举世瞩目的成就，造就了一大批少数民族干部和各类专业技术人才，有力地推动了少数民族和民族地区经济发展和社会进步。但是，由于历史、社会和自然条件等方面的原因，目前，我国民族教育事业在总体上仍然比较落后，与全国教育事业发展水平和民族地区社会主义建设事业的要求很不适应。特别是在以经济建设为中心，改革开放的新形势下，这种不相适应的矛盾日益突出。各级政府要以高度的政治责任感和强烈的使命感，抓住当前有利时机，加快改革开放步伐，采取有效措施，有计划、有步骤地改变民族教育相对落后的状况，力争在本世纪末，进一步缩小目前困难较多地区的民族教育与内地教育平均水平的差距，使民族教育与全国的教育发展相适应，与少数民族和民族地区的经济、社会发展相适应。

二、目标与任务

3. 九十年代，民族教育工作的奋斗目标：一是坚持打好基础，使民族教育事业在数量和质量上有一个新的发展和提高；二是要坚持改革开放，进一步明确办学的路子，使教育更好地为当地的社会主义建设事业服务；

三是努力缩小差距，尤其是要缩小有特殊困难的少数民族和民族地区与内地教育发展平均水平的差距，促进各民族的共同富裕和繁荣。各级党委和政府要根据当地经济、文化的不同发展水平和产业结构，合理确定本地区各级各类民族教育事业发展的规模、速度、教育结构和办学形式，把提高劳动者的素质，培养初、中级技术人才，提高教育质量，增强办学效益，为当地的经济与社会发展服务，作为教育发展与改革的重点，逐步走出符合本民族和本地区实际的办学路子。

4. 要大力加强基础教育，有计划地实施九年制义务教育。目前，小学教育还没有普及的地方，要抓紧实施普及初等义务教育，杜绝新文盲的产生。在少数办学确有困难的地方，可分步实施初等义务教育，或先做到一户有一个合格的小学毕业生。要有重点地办好初中。普通高中发展过快的地方，要适当控制或有步骤地改办一部分为职业中学和综合中学。到本世纪末要达到：

（1）绝大部分少数民族和民族地区要普及初等义务教育；城镇和经济较发达的民族地区，基本普及九年制义务教育。

（2）绝大部分的少数民族聚居县（旗），要集中力量办好一所重点中学，每一个乡或民族乡要办好一所中心小学。

（3）条件较好的地区，幼儿（或学前一年）教育要有较大发展，一般地区要创造条件亦有所发展。

5. 要根据当地资源优势和群众生产、生活的需要，大力发展多种形式的职业技术教育和成人教育。要特别重视比较适合大多数民族地区经济发展水平的初级职业技术教育和短期实用技术培训，同时加强普通中小学的劳动课和劳动技术课教学。在一些经济、文化发展水平较低的民族地区，小学高年级要引入职业技术教育因素，把学文化和学技术早期结合起来。有些还要根据实际需要对学生进行家庭经营、当家理财以及改变落后习俗所需要的教育，使教育与少数民族群众的文明富裕紧密结合起来，增强学校教育的吸引力。1995 年以前，大体上达到：

（1）绝大部分的少数民族聚居县（旗），要集中力量办好一所起骨干示范作用的职业技术中学。

（2）要通过试点，逐步把一部分普通中学办成综合中学；人口稀少、困难较大的县（旗），可集中在地、州（盟）办职业技术学校或职业培训中心。

(3) 少数民族聚居地区的大部分乡（镇），要各办好一所农（牧）民文化技术学校；人口稀少的地区，可在县（旗）集中举办农牧民实用技术培训中心。

(4) 县、乡两级人民政府要按照燎原计划的思路，积极实施“三教统筹”和“农科教结合”，通过开展多种形式、多层次的职业技术和职工的岗位培训，大面积提高劳动者的科学文化素质，增强吸收和运用科学技术的能力、充分发挥职业技术教育在当地经济发展和社会进步中的推动作用。

(5) 要大力扫除文盲，把扫盲识字与学习科普知识、实用技术紧密结合起来，到本世纪末，少数民族地区要力争基本扫除青壮年文盲。

6. 民族高等教育在九十年代，要把工作重点放在适度发展、优化结构、改善条件、提高质量上，并力争取得显著成效。要使全国高等学校少数民族在校生，在现有基础上有一个适当的增长。国家教委和中央部委所属高等院校，要有计划地招收55个少数民族的学生，尽可能做到按需对口培养。同时，每年都要将一定数量的有丰富实践经验的少数民族优秀青年吸收到高等学校学习，为当地培养具有现代科学技术的后备干部和跨世纪的建设骨干。

7. 大力宣传“依靠人民办教育，办好教育为人民”的思想，在保证落实“两个增长”的同时，多渠道集资，改善办学条件。1995年以前，绝大部分的民族地区，要力争把中小学校舍危房面积降到3%以下。

8. 大部分民族地区的中小学校的教学仪器、设备、图书资料和其他教学设施，要分期分批逐步达到国家教委规定的设置标准。到2000年以前，绝大多数少数民族聚居县（旗）的学校要能开出教学计划规定的90%左右的实验和多种训练、实习课程。

9. 到1995年力争使绝大多数民族地区的小学教师，到2000年多数初、高中教师达到国家要求的学历标准，或取得专业合格证书。

10. 加强民族教育立法工作。根据《宪法》、《民族区域自治法》和《义务教育法》的有关规定，制定《民族教育工作暂行条例》，在实施过程中认真总结经验，使其不断完善，并在此基础上制定《少数民族教育法》，使民族教育逐步走上依法治教的轨道。

11. 民族教育科学研究进一步得到加强，水平有较大提高。国家和各自治区以及少数民族人口较多的省，要逐步建立健全民族教育科学研究和咨询机构。九十年代，要在民族基础教育、师范教育、职业技术、双语教学、文播电视教学、民族教育与宗教关系、各个少数民族教育的历史与现状、发展与改革、问题及对策等方面的研究取得较大进展，并产生一批优秀科研成果。

三、方针与政策

12. 民族教育要认真贯彻执行党的教育方针和民族政策。坚持“三个面向”，进一步解放思想，紧密结合少数民族和民族地区勇于创新、敢于实践、办出特色、提高质量、服务社会，积极、稳步地推动民族教育事业的改革与发展。

13. 各级党委和政府，要坚持社会主义办学方向，切实加强学校党组织和教职工队伍的思想建设。坚持用马克思主义、毛泽东思想教育各族学生，把他们造就成有共产主义觉悟的社会主义事业的建设者和接班人。把坚持党的基本路线的教育贯穿到学校教育教学的全过程中去，不断增强学生热爱党、热爱社会主义事业的感情和信念，增强改革开放意识以及适应社会主义市场经济体制发展需要的能力。全国中等和中等以上的学校，要结合学校教学实际，采取多种形式，以民族理论和党的民族政策为内容，对师生加强热爱祖国、维护祖国统一和民族团结的教育，引导他们逐步树立马克思主义的民族观和宗教观，提高他们反对民族分裂活动、维护民族团结和祖国统一的自觉性。

14. 民族教育的发展与改革，要从少数民族和民族地区的实际和特点出发，遵循教育规律，真抓实干、协调发展。要逐步端正办学指导思想，认真调整中等教育结构，大力加强基础教育，积极发展职业技术教育和成人教育，因地制宜，分类指导。通过调整使民族教育的内部结构、层次比例、办学形式更加适应少数民族和民族地区经济建设和社会发展的需要。对散杂居地区的少数民族教育，各级政府要给予足够重视，切实帮助解决办学中的实际问题。

15. 正确贯彻党的民族语言文字政策，在教学中因地制宜地搞好双语教学。民族地区学校的教学语言文字政策的具体实施，主要由各省（自治区）根据《宪法》、《民族区域自治法》的有关规定，按照坚持开放、扩大交流，有利于发扬民族优秀文化传统、有利于民族间的科学文化交流、有利于提高各民族教育质量的原则和当地的语言环境、教学条件以及多数群众的意愿决定。只使用民族语文授课的学校，要搞好双语教学，推广全国通用的普通话。要加强对少数民族学生学习汉语文和民族语文的双语教学研究。学校中的双语教学工作，要纳入教学计划，由当地教育部门统一管理。

16. 坚持教育与宗教分离的原则。依据我国宪法，任何人不得利用宗教进行妨碍学校教育和社会公共教育，不得利用宗教进行妨碍实施义务教育的活动，不得在校内进行宗教活动。在群众普遍信教的民族地区，学校要注意经常对师生进行有关自然现象、社会进化和人的生老病死、吉凶祸福的科学文化知识教育，使他们逐步树立科学的世界观。要注意发挥宗教界爱国人士在动员儿童入学、筹集资金、改善办学条件等方面的积极性。

17. 高等学校和中等专业学校在招生时，一定时期内对少数民族考生仍继续实行同等条件下优先录取和适当降分录取相结合的办法（具体规定由有关省、自治区自定），使普通高等学校在校生中少数民族学生占有适当的比例，尽快为少数民族和民族地区培养一定数量的高级专门人才。同时要切实加强基础教育，办好预科，努力提高生源质量，并逐步引入竞争机制，全面提高少数民族学生的素质。

18. 在边远的少数民族山区、牧区工作的教师，条件比较艰苦，各地应根据当地的实际情况，制定一些可行的优惠政策，以稳定山区、牧区教师队伍和鼓励外地教师到山区、牧区任教。根据教学和生活管理的特殊需要，其教职工编制，根据学校的实际情况，应适当放宽。

19. 办学形式要适合少数民族与民族地区的实际和特点。在一部分教育基础较差的贫困山区和牧区，应重点扶持办好寄宿制民族小学、中学或民族班，努力培养合格的小学和中学毕业生，为普及义务教育和培养各类人才打好基础。学校布局既要结合当地实际，尊重少数民族的风俗习惯，又要注意办学效益，合理设点。提倡不同民族学生全校合班或全校分班上课。

要提倡汉族青年学习少数民族的语言文字、文学艺术、历史和医学等，以利于相互学习、相互帮助，增进友谊和团结；风俗习惯差距较大的，可实行分餐、分宿。有些地区由于受传统观念的影响，女童入学率和巩固率很低，要加强宣传教育，积极动员女童入学。要采取积极措施，切实解决学生辍学、流失问题。

四、措施与条件

20. 认真学习和贯彻邓小平同志南巡重要讲话精神，解放思想，加快民族教育改革开放的步伐。从民族地区实际出发，参照《全国农村教育综合改革实验区指导纲要（试行）》，积极开展民族教育综合改革实验。省、自治区、地（州）、县（旗）都要抓好本地区发展民族教育的典型，逐步形成教育与经济相互促进的良性循环，以推动本地区民族教育与经济的共同发展。

21. 九十年代，国家教委将加强领导，开展省、自治区之间对口支援全国143个少数民族贫困县发展教育事业。组织经济发达地区协助民族贫困县制定教育发展规划。培养培训合格师资、教育行政干部，办好重点骨干中小学和县职业技术学校，发展电化教育和开展技术培训等，使教育更好地为促进当地经济建设和社会发展及脱贫致富服务。

22. 积极发展和改革民族师范教育，大力加强民族师资队伍建设。办好各级民族师范学校和少数民族师资培训中心。大力培养当地土生土长的本民族教师，加强在职教师的培训提高工作，是当前发展民族教育事业，提高教育质量的关键。各级政府要把优先发展、改革民族师范教育和培训在职教师作为发展民族教育的一项重要任务抓紧抓好。国家、省、自治区和地（州）三级教育部门，在安排教育事业费、专项补助费和世界银行贷款等各种经费时，要对各级民族师范院校实行倾斜政策，帮助这些学校改善办学条件、提高师资水平和进行教学改革。从现在起到本世纪末，要开展对民族师范院校的对口支援协作，切实搞好一批民族中等师范学校和民族地区的师范专科学校的建设。在办好民族地区高等师范教育的同时，充分发挥委属师范大学的优势，为民族地区高等学校培养一批骨干教师，逐步形成布局合理、适应民族教育发展需要的师范教育体系。

各级民族师范学校，要从本地区经济和社会需要出发，调整教学计划、课程设置和教学内容，改革教学方法，加强对学生国情教育和热爱家乡的教育，使毕业生热爱民族教育事业，既能教授文化课，又掌握一两项实用技术，一专多能。师范院校要改革招生制度，面向县、乡尤其是广大山区和牧区定向招生。

对文化教育较为落后的边远民族山区和牧区，可为其单独举办师范班、预科班，并保证师范毕业生下得去，留得住。要鼓励其他高等学校和中等师范学校毕业生到民族地区中小学任教。

对尚未脱贫的边远民族地区，为了减轻群众的负担，各地要安排一定数额的专用劳动指标，将考核合格的民办教师逐步转为公办教师。

23. 大力发展电化教育，充分利用广播、卫星电视等现代化手段，促进民族教育的发展和质量的提高。国家教委已制定民族地区电化教育发展纲要，对民族地区发展电化教育进行宏观指导。各省、自治区要加强地（州）和县（旗）电化教育机构的建设，加强卫星电视教育网络、学校电教设施、电教教材和电教队伍的建设。制定和组织实施当地电化教育发展规划，使电化教育尽快在培训师资、扩大学生眼界、提高民族教育质量以及向当地群众进行实用技术培训、脱贫致富、加强精神文明建设、传播现代文明等方面发挥重要作用。对一些地域辽阔、交通不便、经济和教育发展比较落后的地区发展电化教育要给予重点扶持。各地教育部门要抓好典型，及时总结经验，努力探索利用电教手段发展民族教育的路子。

24. 坚持国家扶持与自力更生相结合的原则，多渠道筹措民族教育经费，增加民族教育的投入。对民族教育，特别是困难较多的民族地区的教育，中央和地方政府都要给予必要的扶持。除中央向地方下拨的各项教育专款要给予照顾外，有关省、自治区财政要按照《民族区域自治法》的有关规定，设立民族教育专项补助经费，其数额由省、自治区根据实际情况确定。国家拨给民族地区包干经费中的“三项”补助经费（民族地区机动金、边境地区事业建设补助费和不发达地区发展资金），各省、自治区要划出一定比例用于发展民族教育。国家拨给的民族教育专项经费，要专款专用，不得挤占和挪用。

要从民族地区的实际出发，改革民族教育管理体制，逐步实行基础教育由地方负责，分级管理的体制，充分调动广大干部和群众自力更生办学的积极性。

民族地区地域辽阔，居住分散，交通不便，国家有关部门要拨出一部分计划内车辆指标，帮助边远民族地区（特别是边远山区、牧区）的教育行政部门解决交通运输方面的困难。

25. 深化改革，进一步提高办学效益。在办好职业技术中学的同时，各级各类学校都要把重点转移到为提高民族素质，主要为当地经济建设和社会发展培养实用人才上来，采取多种形式，广泛开展短期职业技术培训。

（1）民族地区的中小学，特别是农村牧区的乡级中学，要结合当地实际，认真上好劳动课和劳动技术课，广泛开展课外小组活动或科普知识讲座，编写乡土教材，为各科教学联系实际提供内容，并因地制宜开展勤工俭学，把学知识与学技术结合起来，使学生增长知识和才干。中小学学生毕业时，既要学到一定的文化知识，又要掌握一、二项实用技术，从小养成劳动观念和习惯。

（2）民族地区的普通初、高中大多数要办成综合中学，开办职业技术班，或在初、高中三年级进行分流，进行一年或一段时间的职业技术培训，使其在回乡前学有一技之长，为发展农村牧区经济服务。

（3）在县城或条件较好的乡（镇）试行“5+1”、“6+1”或“3+1”职业技术培训，使大部分未能升学的小学和初、高中毕业生走上劳动岗位之前就能接受职业技术培训，使其成为当地农、牧、副、渔、交通运输、饮食、服务等各业需要的初、中级实用技术人才。

（4）民族中等专业学校要根据各地需要，调整课程和教材内容，改革招生和分配办法，直接为当地经济建设服务。可根据不同情况，招收不包分配班、专业科技户班、定向招生和定向分配班，开通人才通往基层和农村的渠道，充分发挥其在职业技术教育中的骨干作用。

26. 继续认真办好民族高等教育，采取特殊措施有计划地培养少数民族高级专门人才。民族学院在历史上培养民族干部发挥了重要作用。在新的形势下，它在民族高等教育中将继续占有其重要地位。有关主管部门和省、自治区人民政府，要大力支持和帮助民族学院改善条件、深化改革、发挥优势、提高质量、办出特色。当前除要继续重点办好具有民族特色的学科、专业和民族干部培训以及大学预科以外，对现有一般专业，社会需要的要改善条件继续办好。对民族地区急需的一些专业，要统筹规划，努力创造条件有计划地设置。

27. 搞好民族文字教材（包括音像教材）建设。跨省、自治区使用的教材，由国家教委组织审定；本省、自治区使用的教材，由省、自治区教委负责组织审定。未经审定，不得作为教材使用。

中小学民族文字教材包括音像教材种类多、印数少、成本高。国家和有关省、自治区人民政府，要拨专款给予扶持，并根据各省、自治区的实际情况，实行中小学民族文字教材和汉语文中小学教材出版机构联合经营，统一核算以盈补亏的办法，保证中小学民族文字教材及时、按需供应和配套发行。“八五”期间，要加强民汉互译的名词术语规范化的研究和民族学生学习“双语”的教学研究。要抓紧编译制作一批音像教材，丰富教学内容，提高民族教育质量。

28. 要进一步加强我国民族教育同各国教育的交流与合作。国家每年继续划拨一定的研究生和出国留学生进修生指标，在保证生源基本质量的前提下，定向招收少数民族学生，为民族地区和民族院校培养一批急需的高级专门人才和教师。

29. 西藏教育有特殊困难，全国要给予支援，要认真办好内地西藏班（校）。困难较多的一些省、自治区的民族教育，除国家给予一定的支持外，各级政府要动员本省、自治区的力量，参照“智力援藏”办法给予支持，包括选择一些办学条件较好的中等学校招收少数民族学生入学，为经济、教育发展有特殊困难的少数民族和民族地区多培养一些合格人才。要鼓励和有计划地组织内地省、市和沿海地区与民族贫困县开展多种形式结对支援，加快民族教育的发展与改革。

30. 各级政府要把民族教育的发展与改革放在重点、优先的战略位置，纳入当地经济社会发展的总体规划，列为各级政府主要负责人的任期目标责任制，作为政绩考核的一项重要内容，并贯彻始终。国家教委要制定教育督导评估补充条例，加强对民族教育的督导、评估工作。

各地要加强民族教育行政管理机构的建设。各级自治地方的教育行政机构，应把发展与改革民族教育作为本地区教育工作的重点。民族自治地方以及少数民族人口较多的省、地、县，要在教育行政部门内设置民族教育机构或配备专人，加强对民族教育的领导和管理。

要分期分批逐级培训各级民族学校校长和民族教育行政管理干部，各省、自治区都要做出规划，把那些优秀的民族教育管理干部，充实到各级教育的领导岗位上来，努力造就一批维护民族团结和祖国统一、有正确民族观和宗教观、坚持党的基本路线、坚持改革开放、熟悉民族教育规律、能从本地区民族实际发出，富有成效地进行民族教育理论研究和实践的民族教育家。

中华人民共和国民族区域自治法（节选）

（一九八四年五月三十一日第六届全
国人民代表大会第二次会议通过）

序　言

中华人民共和国是全国各族人民共同缔造的统一的多民族国家。民族区域自治是中国共产党运用马克思列宁主义解决我国民族问题的基本政策，是国家的一项重要政治制度。

民族区域自治是在国家统一领导下，各少数民族聚居的地方实行区域自治，设立自治机关，行使自治权。实行民族区域自治，体现了国家充分尊重和保障各少数民族管理本民族内部事务权利的精神，体现了国家坚持实行各民族平等、团结和共同繁荣的原则。

实行民族区域自治，对发挥各族人民当家作主的积极性，发展平等、团结、互助的社会主义民族关系，巩固国家的统一，促进民族自治地方和全国社会主义建设事业的发展，都起了巨大的作用。今后，民族区域自治制度将在国家的社会主义现代化建设进程中发挥更大的作用。

实践证明，坚持实行民族区域自治，必须切实保障民族自治地方根据本地实际情况贯彻执行国家的法律和政策；必须大量培养少数民族的各类干部、各种专业人才和技术工作；民族自治地方必须发扬自力更生、艰苦奋斗精神，努力发展本地方的社会主义建设事业，为国家建设作出贡献；国家根据国民经济和社会发展计划，努力帮助民族自治地方加速经济和文化的发展。在维护民族团结的斗争中，要反对大民族主义，主要是大汉族主义，也要反对地方民族主义。

民族自治地方的各族人民和全国人民一道，在中国共产党领导下，在马克思列宁主义、毛泽东思想的指引下，坚持人民民主专政，坚持社会主义道路，集中力量进行社会主义现代化建设，加强民族自治地方经济、文化的发展，建设团结、繁荣的民族自治地方，为各民族的共同繁荣，把祖国建设成为高度文明、高度民主的社会主义国家而努力奋斗。

中华人民共和国民族区域自治法是实施宪法规定的民族区域自治制度的基本法律。

……

第三十六条 民族自治地方的自治机关根据国家的教育方针，依照法律规定，决定本地方的教育规划，各级各类学校的设置、学制、办学形式、教学内容、教学用语和招生办法。

第三十七条 民族自治地方的自治机关自主地发展民族教育，扫除文盲，举办各类学校，普及初等义务教育，发展中等教育；举办民族师范学校、民族中等专业学校、民族职业学校和民族学院，培养各少数民族专业人才。

民族自治地方的自治机关可以为少数民族牧区和经济困难、居住分散的少数民族山区，设立以寄宿为主和助学金为主的公办民族小学和民族中学。

招收少数民族学生为主的学校，有条件的应当采用少数民族文字的课本，并用少数民族语言讲课；小学高年级或者中学设汉文课程，推广全国通用的普通话。

第三十八条 民族自治地方的自治机关自主地发展具有民族形式和民族特点的文学、艺术、新闻、出版、广播、电影、电视等民族文化事业。

民族自治地方的自治机关收集、整理、翻译和出版民族书籍，保护民族的名胜古迹、珍贵文物和其他重要历史文化遗产。

第三十九条 民族自治地方的自治机关自主地决定本地方的科学技术发展规划，普及科学技术知识。

第四十条 民族自治地方的自治机关，自主地决定本地方的医疗卫生事业的发展规划，发展现代医药和民族传统医药。

民族自治地方的自治机关加强地方病防治和妇幼卫生保健，改善卫生条件。

第四十一条 民族自治地方的自治机关自主地发展体育事业，开展民族传统体育活动，增强各族人民的体质。

第四十二条 民族自治地方的自治机关积极开展和其他地方的教育、科学技术、文化艺术、卫生、体育等方面的交流和协作。

自治区、自治州的自治机关依照国家规定，可以和国外进行教育、科学技术、文化艺术、卫生、体育等方面的交流。

中华人民共和国教育法（节选）

（1995年3月18日第八届全国人
民代表大会第三次会议通过）

第八条 教育活动必须符合国家和社会公共利益。国家实行教育与宗教相分离。任何组织和个人不得利用宗教进行妨碍国家教育制度的活动。

第九条 中华人民共和国公民有受教育的权利和义务。公民不分民族、种族、性别、职业、财产状况、宗教信仰等，依法享有平等的受教育机会。

第十条 国家根据各少数民族的特点和需要，帮助各少数民族地区发展教育事业。国家扶持边远贫困地区发展教育事业。国家扶持和发展残疾人教育事业。

第十二条 汉语言文字为学校及其他教育机构的基本教学语言文字。少数民族学生为主的学校及其他教育机构，可以使用本民族或者当地民族通用的语言文字进行教学。学校及其他教育机构进行教学，应当推广使用全国通用的普通话和规范字。

中华人民共和国义务教育法（节选）

（一九八六年四月十二日第六届全国
人民代表大会第四次全体会议通过）

第五条 凡年满6周岁的儿童，不分性别、民族、种族，应当入学接受规定年限的义务教育。条件不具备的地区，可以推迟到7周岁入学。

第六条 学校应当推广使用全国通用的普通话。招收少数民族学生为主的学校，可以用少数民族通用的语言文字教学。

第十二条 实施义务教育所需事业费和基本建设投资，由国务院和地方各级人民政府负责筹措，予以保证。

……

国家在师资、财政等方面，帮助少数民族地区实施义务教育。

中国教育改革和发展纲要（节选）

（中共中央、国务院 1993 年 2 月 13 日印发）

（11）重视和扶持少数民族教育事业。中央和地方要逐步增加少数民族教育经费。对有特殊困难的少数民族地区，要采取倾斜政策和措施。在国家安排的少数民族地区各项补助费及其他扶贫资金中，要划出一定比例的经费用于发展民族教育。对志愿到边疆少数民族地区工作的大中专毕业生的待遇，各地要制定优惠政策。认真组织和落实内地省、市对民族地区教育的对口支援。各民族地区要积极探索适合当地实际的发展教育的路子。

关于进一步加强少数民族地区人才培养工作的意见

教育部　国家计委　财政部　国家民委

（一九九九年九月十日）

当前，国际上一些地区民族冲突不断。国际敌对势力利用境内外的民族分裂势力，加紧对我国进行渗透颠覆。进一步加强民族教育工作，加大对少数民族地区人才培养工作的力度，不仅关系到少数民族地区的经济发展和民族素质的提高，而且也关系到我国的安定团结和国家统一，从战略角度来看，具有特殊的重要性和紧迫性。

新中国成立后，尤其是改革开放以来，在党中央、国务院的关怀下，民族地区的人才培养工作取得了令人瞩目的成就。各级各类培养少数民族人才的教育事业得到了长足的发展。到 1998 年，全国各级各类普通学校中少数民族在校生达 1 853 万人，比 1951 年增长了 18 倍。中央各有关部委和地方政府，采取了一系列措施，通过各种不同渠道，为少数民族地区培养了数以万计的急需人才。但是，从整体上看，少数民族地区的教育，仍落后于内地，其人才培养、特别是对较高层次人才的培养，还不能适应形势发展的需要。为此，各地区、各有关部门要按照党中央、国务院的整体部署，认真抓好各项相关工作，针对少数民族地区的困难，特别是针对西藏、新疆的特殊情况，进一步采取有效措施，加大对其人才培养工作的支持力度。现提出如下意见。

一、进一步办好内地西藏班（校）、内地高等学校少数民族预科班和新疆班，抓紧落实开办内地新疆高中班

（一）进一步提高内地西藏班（校）的办学质量。根据中央的决定，由教育部牵头，自 1985 年开始在内地举办西藏班（校）（其办学层次包括初中、高中、中专和职高），每年平均招收西藏小学毕业生 1 400 余名。14 年来，内地已建立这类班（校）150 多个（其中 7 个为在北京等 6 个省、直辖

市单独设立的西藏中学），分布在 26 个省、自治区、直辖市，累计招收 19 400名西藏自治区学生。目前已有 5 800 多名学生完成中等和高等学业，返回西藏自治区参加当地建设。现在尚有在校生 13 600 余名。为办好西藏班（校），国家已支持一次性办学基建补助经费 7 000 万元，每年另拨给西藏自治区 700 万元经常性事业补助经费。各有关省、自治区、直辖市也先后支持了 1 亿多元的基建经费和近 4 000 万元的日常办学资金。

举办内地西藏班（校）是十分成功的，受到了各方面的欢迎和肯定。西藏班（校）应继续举办下去，但规模暂不扩大，重点是巩固并提高办学质量。在今后工作中要进一步提高师资队伍和管理干部的整体素质。当前，内地西藏班（校）校舍急需进行一次全面维修，大多数班（校）的教学设备与图书资料陈旧、落后，急需更新、充实。应立即采取措施改善办学条件，抓紧完成校舍维修，尽快充实、提高教学设备及图书仪器的配备水准，使其大致上能达到当地同类学校的水平。为此，财政部原来每年对西藏自治区的 700 万元经常性事业补助经费予以保留，并在 2000 年安排一次性改善办学条件补助费 2 000 万元。

（二）扩大举办内地高等学校新疆民族班的规模。内地高等学校新疆民族班由原国家教委和国家民委自 1990 年开始举办，迄今已举办了三期，共招收新疆维吾尔自治区少数民族本、专科学生近 7 000 人，培养定向研究生 640 多人，为新疆维吾尔自治区培训少数民族教师和教育管理干部近 2 300 人。从第三期计划（1996 年—2000 年）开始，中央财政每年按人数分批对该班给予了一定的事业经费补贴，4 年累计共拨款 2 610 万元。

根据办班的效果和新疆维吾尔自治区对人才的需求，应继续办好内地高等学校新疆民族班并适当扩大规模。第四期计划（2001 年—2005 年）的规模，由第三期的每年 800 人扩大到 1 000 人，5 年共安排 5 000 人。在经费方面，中央财政继续按照第三期计划的方式，给予事业费补助。其余费用由新疆维吾尔自治区、承办党校和学生个人分担。

（三）在部分经济较发达的城市开办内地新疆高中班。借鉴举办内地西藏班（校）的经验，于 2000 年秋季开办内地新疆高中班。每年招收新疆维吾尔自治区少数民族应届初中毕业生 1 000 人，按每班 40 人，共办 25 个教学班。学制为四年（含预科一年）。学生毕业后，按有关规定，凡符合条件的，可入内地的高等学校学习。在每年招收的学生中，少数民族农牧民子女应占招生总数80%以上，同时亦可适当招收在新疆维吾尔自治区的汉族农牧民子女，但所占比例一般应掌握在10%左右。办班地点主要集中在北京、上海、天津、南京、杭州、广州、深圳、大连、青岛、宁波、苏州、无锡等城市。有条件的地方，新疆高中班可尽量安排到所在地的高等学校附属中学。新疆高中班学生一律不分民族混合编班，并统一使用汉语授课。具体招生工作由新疆维吾尔自治区教委组织，择优录取。办班的教师、职工，由办班所在城市按普通高中标准选配，办学、办班所需日常经费主要由所在城市政府解决。新疆维吾尔自治区承担学生的部分学习、生活费和医疗费补贴。此外，国家计委分两年安排一次性基建、交通工具费6 250万元（每班250万元），财政部在2000年安排一次性仪器设备、图书经费补贴2 500万元。

（四）继续办学高等学校少数民族预科班。目前，在湖南等17个省、自治区和国务院6个部委所属的81所普通高等学校中举办了少数民族预科班，每年招生7 200余人。其中约2 000人在中央部委所属的高等学校中学习（在教育部直属高等学校中学习的有500人）。少数民族预科班要继续办下去，但总体规模不再增加，重点是逐步提高办班的层次与质量，逐步扩大在水平较高学校学习的人数比例。以现在的2 000人为基数，将其在中央部委所属高等学校学习的人数逐步扩大到3 000人左右。为提高中央部委所属高等学校办少数民族预科班的积极性，改善相应的办学条件，中央财政对承担任务的中央部委所属高等学校，参照普通高等学校本科生标准，拨给正常的事业费。

上述工作，由教育部牵头落实。中央应承担的基建费和事业费，分别由国家计委和财政部安排。具体办班、招生工作，由教育部、国家民委商有关省、自治区办理。

二、进一步调整民族高等学校的人才培养结构与办学模式

全国现有民族高等学校12所，在校本专科大学生近4万人。几十年来，这些高等学校为少数民族地区培养了大批各类人才，有力地支持了这些地区的社会主义建设。根据形势的发展和少数民族地区对人才的实际需求，需对现有民族高等学校的人才培养结构与办学模式逐步进行调整，总的思路是：今后民族高等学校要逐步加大对少数民族地区在职干部的培训比重，逐步加大为少数民族地区培养师资的比重，在招生工作中要适当加大少数民族地区汉族学生的比重。提倡并尽快建立民族高等学校与其他高等学校联合办学的机制，以便进一步办出特色，办出水平，办出效益。此项工作，由国家民委为主，商教育部等有关部门提出方案，抓紧落实。

三、进一步加强对少数民族地区在职干部的培训，扩大在内地挂职锻炼的人数

实践证明，少数民族地区的干部到中央各部委和内地省、地、县挂职锻炼，是帮助他们开阔眼界、迅速成长的一条成功之路。目前，每年到内地挂职锻炼的少数民族干部为200人左右，规模偏小，难以满足少数民族地区加快干部培养的需要。今后要将规模提高到每年500人，具体实施方案，由国家民委商有关部门落实。

四、进一步抓好内地对少数民族地区的支教工作

要提高少数民族地区人才的素质，必须切实抓好教育这个基础。当前少数民族地区教育工作中的一个突出问题，是师资水平普遍较低，应当采取多种措施逐步解决。组织内地对少数民族地区开展对口支教，是一个行之有效的办法。要重点抓好内地对这些地区的师资支持工作，特别要抓好对新疆维吾尔自治区的支持工作。总的原则是：分配任务、对口支持、自愿报名、给予补贴。内地以省、直辖市为单位分包新疆维吾尔自治区一个地区，分期分批组织内地一些教师到新疆维吾尔自治区对口地区的大、中、小学校任教，并对当地教师兼做辅导、示范工作。由此调整出的新疆维吾尔自治区的教师，可分期分批安排到内地对口的省、直辖市所属大、中、小学校，接受相应的在职进修与培训。此项工作，由国家民委、教育部落实。

动员各方面的力量，进一步抓紧搞好少数民族地区的教育和急需人才的培养工作，是一项重要的政治任务，事关我国四化建设和社会稳定的大局，需要做好统筹安排。为此，在2000年适当的时候，由教育部和国家民委联合召开一次全国少数民族地区教育工作会议，贯彻落实全国教育工作会议精神和有关政策、措施，进一步统一思想，提高认识，对面向21世纪的少数民族教育工作，作出全面的部署。

国务院关于深化改革加快发展民族教育的决定

国发［2002］14号

新中国成立50多年来，特别是改革开放以来，我国民族教育取得了巨大成就，初步形成包括幼儿教育、基础教育、职业技术教育、成人教育和高等教育在内的民族教育体系，为提高我国少数民族的科学文化素质、促进少数民族地区经济发展和社会进步、加强民族团结、保持民族地区社会稳定和维护国家统一作出了重大贡献。由于历史、社会、自然条件，特别是经济发展水平等多种原因，我国民族教育还面临着一些特殊的困难和问题：教育观念相对滞后，教育改革进程缓慢；教育基础薄弱，普及义务教育和发展其他各类教育相对迟缓；教师队伍数量不足、质量不高；教育投入不足，办学条件难以改善，学生上学困难问题较为突出，教师待遇需要进一步改善。近年来，国际斗争风云变幻，国外敌对势力、周边国家宗教极端势力与国内的民族分裂主义分子相互勾结，在我国一些民族地区制造事端，进行民族分裂活动，妄图向我国教育领域渗透，培植民族分裂势力，与我争夺青少年一代。为落实中央民族工作会议、第三次全国教育工作会议和全国基础教育工作会议精神，深化改革，加快发展民族教育，特作如下决定。

一、民族教育工作的指导思想和目标任务

（一）新时期民族教育工作的指导思想。高举邓小平理论伟大旗帜，以江泽民同志“三个代表”重要思想为指导，全面贯彻党的教育方针和民族政策，解放思想，转变观念，发挥教育在西部大开发和民族地区经济社会发展、增强民族团结、维护国家统一中的作用；根据“因地制宜，分区规划，分类指导，突出重点”的原则，确定民族教育改革发展的目标和政策措施；确立基本普及九年制义务教育、基本扫除青壮年文盲（以下简称“两基”）在整个民族教育中“重中之重”的地位，促进各类教育健康、协调发展；坚持以地方自力更生为主，国家大力扶持，发达地区和有关高等学校大力支援相结合；坚持规模、结构、质量和效益相统一。

（二）“十五”期间及至2010年民族教育发展的目标任务。“十五”期间，民族自治地方要在巩固“两基”基础上，把实现“两基”的县级行政区划单位从2001年的51%提高到70%以上，在95%的地区基本普及小学阶段义务教育；确保少数民族散杂居地区民族教育优先或与当地教育同步发展；确保高中阶段在校生有显著增长。到2010年，民族地区全面实现“两基”，办学条件进一步改善，形成具有中国特色、适应21世纪信息化和现代化建设需要、充满生机活力、较为完善的民族教育体系。

二、新时期民族教育工作的基本方针和原则

（一）民族教育的改革与发展要坚持实事求是、从实际出发，在发展规划、改革步骤、目标要求、办学形式、教学用语、课程设置、学制安排等方面因民族、因地区制宜；要坚持观念创新、体制创新和机制创新，不断扩大民族间和地区间的开放和交流，大胆吸收和借鉴不同民族、不同地区和人类社会的优秀文明成果，使我国民族教育既保持自身特色，又具有鲜明的时代特点。

（二）坚持宗教与国民教育相分离的原则。认真执行《中华人民共和国宪法》、《中华人民共和国民族区域自治法》等法律规定，任何组织和个人不得利用宗教干预国民教育，不得以任何形式在学校宣扬宗教；鼓励宗教界爱国人士在信教群众中宣传党的教育方针和科教兴国战略，动员适龄儿童入学，调动信教群众支持办好国民教育方面的积极性。同时，对各族师生进一步加强无神论和唯物主义的教育，弘扬科学精神、传播科学思想、倡导科学方法、普及科学知识、树立科学世界观，不断增强各族师生自觉抵御封建迷信和邪教影响的能力。

（三）以民族地区自力更生为主，与国家扶持及发达地区、有关高等学校开展教育对口支援相结合，共同推进民族地区教育事业的发展。民族地区要高度重视教育工作，发扬自力更生、艰苦奋斗的精神，大力发展教育事业。沿海发达地区和有关高等学校要进一步增强大局的意识，按要求把教育对口支持工作抓紧、抓实、抓好，为民族地区的全面振兴和西部大开发作出更大的贡献。

（四）统筹兼顾，突出重点。为使民族地区教育与东、中部地区教育实现协调发展，今后一个时期内，在民族地区加强民族教育工作的同时，要把中央财政扶持教育的重点向民族工作的重点地区、边远农牧区、高寒山区、边境地区以及发展落后的人口较少民族聚居地区倾斜。大力支持少数民族和西部地区发展现代远程教育，提高这些地区对优质教育资源的共享能力，实现民族教育的跨越式发展。

三、深化改革，加快发展民族教育的政策措施

（一）深化教育改革，增强办学活力。进一步深化办学体制改革，改变民族教育办学主体单一、办学体制不活的局面。鼓励和支持社会力量办学，支持东、中部地区社会力量在少数民族和西部地区办学，或者面向少数民族和西部地区在东、中部地区办学；鼓励和引导民族地区群众自费送子女到东、中部地区求学就读。合理调整各级各类教育的布局结构，促进教育资源的优化配置，不断提高教育投入的规模效益；加快校内管理体制改革步伐，提高学校管理水平。

（二）加快"两基"步伐，促进各级各类教育的协调发展。认真实行"在国务院领导下，由地方政府负责、分级管理、以县为主"的农村义务教育管理体制。突出"两基"重中之重的地位，加大投入，集中社会各方面的力量，加快推进"两基"进程，力争实现"十五"期间的奋斗目标。要特别重视人口较少民族教育事业的发展。努力改善寄宿制中小学办学和生活条件。扶持少数民族和西部地区办好示范高中，发展高中教育。要努力办好民族地区高等学校和民族高等学校，加快民族地区高等学校布局结构调整、专业结构调整、人事制度改革和后勤社会化改革步伐。要重视和加强幼儿教育、职业教育、成人教育、特殊教育，使各类教育协调发展。

（三）进一步增强对民族教育的扶持力度。做好高校民族班和民族预科班的招生工作，以上学年招生规模为基数，并按上学年全国普通高等学校本科招生平均增长比例，确定当年国家部委及东中部地区所属高等学校民族班和民族预科班的招生规模；预科生的经费按本科生标准和当年实际招生数，分别由中央和地方财政核拨；加强民族预科教育基地建设，深化预科教学改革，提高教育质量。实施培育少数民族高层次骨干人才计划，从2003年开始，选择若干所重点高等学校面向少数民族和西部地区，采取特殊措施培养少数民族的博士、硕士人才。对民族地区高等学校和民族院校学位授权点的建设和研究生招生规模等给予特殊的政策扶持。资助西部各省（自治区、直辖市）

重点建设一所起骨干示范作用的高等学校，重点支持办好中央民族大学。国家公派留学人员工作也要向少数民族和西部地区倾斜。

（四）加大对民族教育的投入。“十五”期间及至2010年，“国家贫困地区义务教育工程”、“国家扶贫教育工程”、“西部职业教育开发工程”、“高等职业技术教育工程”、“教育信息化工程”、“全国中小学危房改造工程”、中小学贫困学生助学金专款、青少年校外活动场所建设项目等要向少数民族和西部地区倾斜；对未普及初等义务教育的国家扶贫开发工作重点县，向农牧区中小学生免费提供教科书，推广使用经济适用型教材；采取减免杂费、书本费、寄宿费、生活费等特殊措施确保家庭困难学生就学；中央财政通过综合转移支付对农牧区、山区和边疆地区寄宿制中小学校学生生活费给予一定资助；少数民族和西部地区各级财政也要相应设立寄宿制中小学校学生生活补助专项资金。在同等条件下，高等学校少数民族贫困生优先享受国家资助政策，确保每一个大学生不因经济困难而停止学业。少数民族散杂居地区的各级政府要设立民族教育专项资金，制定和落实有关优惠政策，扶持散杂居地区民族教育的发展；少数民族和西部地区地方本级财政教育经费的支出要切实做到“三个增长”；国际组织教育贷款、海外和港澳台教育捐款的分配，重点向少数民族和西部地区倾斜；鼓励社会力量办学，支持和调动社会力量参与教育“帮困济贫”行动，对纳税人向少数民族和西部地区农牧区义务教育的捐赠，在应纳税所得额中全额扣除；少数民族和西部地区新建、扩建学校包括民办公益性学校，以划拨方式提供土地，并减免城乡建设等相关税费；对勤工俭学、校办产业以及为学校提供生活服务的相关产业，继续实行税收优惠政策；同时，适度运用财政、金融等手段支持少数民族和西部地区教育事业的发展。

（五）进一步加强对民族教育的支援工作。按照《中央办公厅、国务院办公厅关于推动东西部地区学校对口支援工作的通知》（厅字［2000］13号）的要求，认真组织实施“东部地区学校对口支援西部贫困地区学校工程”和“西部地区大中城市学校对口支援本省（自治区、直辖市）贫困地区学校工程”，使少数民族和西部贫困地区在资金、设备、师资、教学经验等方面得到帮助。教育对口支援实行目标责任制，确保目标如期实现，提高对口支援的效益。教育对口支援工作要帮助西藏、新疆加强双语师资特别是汉语教师的培养和支教工作。进一步加强内地西藏班（校）和新疆高中班的工作，完善内地西藏班（校）、内地新疆高中班管理、评估和升学分流办法；加大投入，提高教育教学质量，使其办学综合条件和管理水平达到当地省一级同类学校的标准；调整内地西藏班（校）招生结构，适度扩大高中和师范招生比例。

（六）大力加强教师队伍建设。要把教师队伍建设作为民族教育发展的重点，教育投入要保证教师队伍建设的需要。少数民族和西部地区教师队伍建设要把培养、培训“双语”教师作为重点，建设一支合格的“双语型”教师队伍。进一步深化教师教育制度改革，提高师范院校教师队伍的教学和科研水平，加强县级教师培训基地的建设。同时，采用远程教育等现代化手段，提高继续教育的质量和效益。加强校长培训，提高民族地区学校的管理水平。拓宽教师来源渠道，鼓励非师范院校毕业生和东、中部地区高校毕业生到少数民族和西部地区任教。采取定向招生等特殊措施，加强培养在农牧区、高寒地区、山区和边疆地区能“下得去、留得住”的各级各类学校教师。加强教师培训，鼓励教师参加各类业务学习，提高教师学历学位层次。要在全社会营造尊师重教的良好风尚，切实保证和不断提高教师的待遇。

（七）大力推进民族中小学“双语”教学。正确处理使用少数民族语授课和汉语教学的关系，部署民族中小学“双语”教学工作。在民族中小学逐步形成少数民族语和汉语教学的课程体系，有条件的地区应开设一门外语课。要把“双语”教学教材建设列入当地教育发展规划，予以重点保障。按照新的《全日制民族中小学汉语教学大纲》，编写少数民族学生适用的汉语教材。要积极创造条件，在使用民族语授课的民族中小学逐步从小学一年级开设汉语课程。国家对“双语”教学的研究、教材开发和出版给予重点扶持。

要尊重和保障少数民族使用本民族语文接受教育的权利，加强民族文字教材建设；编译具有当地特色的民族文字教材，不断提高教材的编译质量。要把民族文字教材建设所需经费列入教育经费预算，资助民族文字教材的编译、审定和出版，确保民族文字教材的足额供应。

（八）积极推进民族教育手段现代化进程。重点支持以现代远程教育网络建设，建立县级远程教育教学点和乡级电视、数据收视点，有条件的地区和学校启动校园网络或局域网建设，培养培训教师和管理人员；成立专门机构，努力开发少数民族语的数理化课程、学校管理和汉语教学课件库、素材库。要加强民族中小学语言教学室或计算机室的建设，加快普及信息技术教育的步伐。

（九）大力加强民族团结教育和学校德育工作。我国是由多民族组成的社会主义国家，增强民族团结、维护祖国统一、反对民族分裂，是我国各族人民的共同责任。要高举民族团结进步的伟大旗帜，在各级各类学校教育中，有重点、分层次、有针对性地加强民族团结教育。要把维护发展平等、团结、互助的新型社会主义民族关系的教育作为爱国主义教育、公民道德教育和素质教育的重要内容，加强马克思主义民族宗教观和党的民族宗教政策的教育，加强我国各族人民为中华民族统一多民族国家的形成浴血奋斗历史的教育，加强民族人民在中国共产党领导下建立和建设社会主义伟大祖国历史的教育，进一步增强各族师生“三个离不开”（汉族离不开少数民族，少数民族离不开汉族，少数民族之间也互相离不开）的观念，牢固树立自觉维护国家统一、反对民族分裂的思想意识，增强学生的社会主义法制观念、道德观念，提高科学、文化素质，为确保我国各民族的团结进步和国家的长治久安作出贡献。

四、加强对民族教育工作的领导

各级人民政府要切实加强对民族教育工作的领导。把民族教育列入政府工作的重要议事日程。要加快民族教育立法工作，把民族教育工作纳入法制化轨道。

各级人民政府要把重视民族教育，确保民族教育投入，为民族教育办实事等，列入各级领导干部的任期目标责任制和考核政绩的重要内容。教育行政部门要指定专门机构和人员具体负责民族教育工作。在各级民族教育行政部门中，要重视选拔和使用少数民族干部。加强民族教育的科学研究，组织开展民族教育工作的经验交流，促进民族教育的国际合作、交流与对外开放。对在民族教育的改革发展、科学研究、教育对口支援、培养少数民族人才以及捐资助学等方面成绩显著、贡献突出的机构、高等学校、社会团体和个人要给予大力表彰和宣传。

教育部、国家发展改革委、国家民委、财政部、人事部关于大力培养少数民族高层次骨干人才的意见

教民［2004］5号

新中国成立以来，党中央、国务院十分关心和重视少数民族人才的培养和使用工作，采取一系列特殊措施培养了一大批少数民族党政干部和各类专业人才。特别是党的十一届三中全会以来，国家在大力扶持少数民族地区发展教育事业的同时，加大了为少数民族地区培养各类人才的工作力度。从上个世纪80年代开始，在全国部分重点高校和有关省、自治区的高校开办高校民族班、预科班；从1984年起在内地举办西藏班（校）；1987年起举办内地高校新疆民族班、预科班；从2000年起举办内地新疆高中班；等等。这些特殊的政策和措施极大地促进了少数民族地区的经济发展、社会进步，增进了各民族的大团结和凝聚力，保障了国家安全和边防巩固，体现了我国社会主义制度的优越性，在国内外产生了广泛而深远的影响。但由于社会、历史、自然等原因，与沿海和内地发达地区相比，少数民族地区的社会经济、科技教育和文化等各项事业的发展还有较大的差距，社会发展仍然比较缓慢，生产力发展水平还比较低，劳动者素质亟待提高，特别是博士、硕士毕业的高层次骨干人才严重匮乏，是制约当地经济建设和社会发展的重要因素。据有关资料统计，西部地区各类专业人才仅占全国总量的20.4%，高级专业技术人才只占13.6%，两院院士仅占8.3%，特别是少数民族院士更是凤毛麟角；少数民族地区专业技术人员中，工程技术人员和科学研究人员仅占15.4%和8.8%。采取特殊措施大力培养少数民族高层次骨干人才已成为关乎我国各民族共同繁荣发展、维护国家长远稳定统一的一项迫切的政治任务。

为贯彻落实党中央、国务院关于实施西部大开发战略的有关精神和《国务院关于深化改革加快发展民族教育的决定》（国发［2002］14号），

现就少数民族高层次骨干人才培养问题提出如下意见。

一、提高认识，统一思想，认真贯彻落实党和国家关于大力培养少数民族高层次骨干人才的重要决策

（一）大力培养少数民族高层次骨干人才是实践“三个代表”重要思想，贯彻落实国家西部大开发战略和全面建设小康社会的迫切需要。我国西部 12 个省、自治区、直辖市，面积 685 万平方公里，占全国总面积的 71.4%；2001 年西部人口为 3.64 亿人，占全国总人口的 28.6%；国内生产总值为 18 245 亿元，占全国生产总值 17.1%。西部地区与周边 14 个国家接壤，陆地边境线占全国的 85% 左右。我国 55 个少数民族中，有 50 个主要分布在西部地区，占全国少数民族人口的 75% 左右；全国 5 个民族自治区、30 个自治州、120 个自治县的 80% 都在西部地区。西部地区战略位置重要，资源丰富，发展潜力大。同时由于地域辽阔，自然环境恶劣，基础建设薄弱，经济发展相对落后，各民族群众的生活还比较困难，地区之间、民族之间存在着较大差距，仅仅依靠西部地区的力量和积极性难以实现“建设一个经济繁荣、社会进步、生活安定、民族团结、山河秀丽的西部地区”的战略目标。上个世纪 90 年代，党和国家为加快西部和少数民族地区的发展，根据邓小平同志关于我国现代化建设“两个大局”的战略构想，确定实施西部大开发战略。《国民经济和社会发展第十个五年计划纲要》强调指出：“加大支持力度，加快少数民族和民族地区经济与社会全面发展，重点支持……民族教育和民族文化事业的发展。”我们要认真学习贯彻邓小平理论和“三个代表”重要思想，在实践中努力贯彻党和国家关于实施西部大开发战略和加快民族地区发展的决策，进一步增强大局意识和全局观念。而西部大开发战略的顺利实施，从根本上说取决于西部地区教育和科技的发展，归根结底是各类专门人才的培养。加快培养少数民族高层次骨干人才，不仅是一项紧迫的现实任务，也是一项长期的战略任务，是“三个代表”重要思想在民族工作上的具体体现和贯彻落实国家西部大开发战略的具体举措。

（二）大力培养少数民族高层次骨干人才是贯彻党的民族政策、增强民族团结、维护祖国统一的现实需要。我国是多民族的社会主义国家，各民族共同团结奋斗、共同繁荣发展，是新世纪新阶段民族工作的主题，是我们党正确处理民族问题，大力发展平等、团结、互助的社会主义民族关系的行动指南。冷战结束以后，世界上不少国家由于陷入民族纷争，最终导致国家分裂，人民蒙受苦难，这一惨痛的教训，我们应深深思考，引以为鉴。当前，国际敌对势力利用民族问题、宗教问题，利用境内外民族分裂势力，对我国进行渗透颠覆，妄图实现其“西化”、“分化”我国的政治图谋；同时，他们又处心积虑，在境外大肆招揽国内各少数民族青年学生，进行高学历培养，以培植分裂势力，妄图与我争夺下一代，少数民族人才培养问题已在一定程度上成为一个复杂而敏感的政治问题。我们不仅要从教育的角度，更重要的是要从坚持党的领导、维护民族团结和国家统一的政治高度，充分认识培养少数民族高层次骨干人才的重要性、艰巨性和紧迫性。

（三）大力培养少数民族高层次骨干人才是国家以科教兴国战略推进西部大开发战略的重大举措，是内地高校责无旁贷的政治任务。大力实施西部大开发战略是当前和今后相当一个时期我国经济和社会发展的战略重点。党的十六大根据新形势对加快实施西部大开发战略提出了新的要求。国家和内地用于支持西部地区经济、社会发展的资金和重大建设项目的投入力度不断加大。要使西部大开发战略得到顺利实施，达到预期目标，除了财力、物力的投入外，关键在于人才和智力的支撑。新中国成立以来特别是改革开放以来，我国整个民族教育事业和西部地区的教育得到了较快发展，取得了很大成就，奠定了进一步发展的良好基础。但是，由于众所周知的原因，少数民族和西部地区教育质量较低，现有人才的层次、结构不合理，特别是高层次人才的培养能力十分有限；而且在市场经济以及利益机制的影响下，民族地区素质较高的优秀人才不断向沿海和经济发展水平较高的内地流失，处于优秀人才入不敷出，培养难以为继的状况。总体上说，少数民族和西部地区教育发展程度和人才存量状况，很不适应西部大开发和全面建设小康社会的迫切需要。因此，根据党的十六大和党中央关于加快实施西部大开发战略的精神，以及《国务院关于深化改革加快发展民族教育的决定》要求，结合少数民族和西部地区人才现状和人才需求的实际，通盘规划民族教育事业的改革和发展。要大力加快“两基”步伐，积极推进“三教统筹”和“农（牧）科教”结合，不断增强教育为“三农”服务的功能，改革和发展少数民族地区职业教育和高等教育，大力培养适应当地需要的各类建设人才。同时迫切需要依托内地高校和科研院（所）的硕士、博士点等优质教育资源培养一大批少数民族的高层次骨干人才。

二、指导思想、发展规模以及相关政策措施

（一）指导思想和培养目标。以邓小平理论和“三个代表”重要思想为指导，全面贯彻十六大精神、党的教育方针和民族政策，落实《中共中央国务院关于进一步加强人才工作的决定》、《国务院关于深化改革加快发展民族教育的决定》和第五次全国民族教育工作会议精神，高度重视少数民族高层次骨干人才培养工作在促进民族地区经济社会发展、增强民族团结和维护国家统一中的重要战略作用。大力培养造就一大批坚定地拥护党的领导和社会主义制度，坚定地维护民族团结和国家统一，为西部大开发和民族地区的发展乐于奉献，具有较高科学人文素质和创新能力的少数民族高层次骨干人才，为我国民族团结进步事业和少数民族地区全面建设小康社会目标的实现提供强有力的人才和智力支撑。重点加强教育、科技和经济等领域高层次骨干人才的培养，保证我国民族工作的重点地区，以及国家重点建设和重点工程对高层次少数民族骨干人才的需要。

（二）发展规模。按照统一规划，分步实施，先试点总结经验，再逐步扩大的要求，从2005年开始选择部分中央部委所属院校试点招生2 500人（其中博士生500人，硕士生2 000人），经过总结实践经验，至2007年达到年招生5 000人的规模，其中博士生1 000人（按国家统一学制执行），硕士生4 000人（学习时间四年，其中一年为基础强化培训时间）；在校生总规模为1.5万人（不含硕士基础强化培训阶段人数）。通过相当一个时期的努力，逐步缓解和根本扭转少数民族高层次骨干人才匮乏状况，改善人才层次结构，逐步形成一支涵盖少数民族地区经济和社会发展各重点领域，以取得国内学历、学位为主体的少数民族高层次骨干人才队伍。

（三）招生和培养措施。少数民族高层次骨干人才培养计划纳入年度中央级高校研究生招生计划，单独下达管理。培养任务主要由中央部委所属高等学校和中国科学院、中国社会科学院、中国农业科学院承担及组织实施，重点面向西藏、新疆、内蒙古、宁夏、广西、重庆、四川、贵州、云南、甘肃、青海西部11个省、自治区、直辖市和新疆生产建设兵团。享受西部政策待遇的民族自治地方和需要特别支持的少数民族散杂居地区以及内地西藏班、新疆班，按照“定向招生、定向培养、定向就业”的要求，采取“统一考试、适当降分”等特殊政策措施招收新生。招生对象以少数民族考生为主，同时安排一定比例招收长期在少数民族地区工作的汉族考生。对享受上述政策的拟录取考生，在录取之前均签订定向培养和就业协议。

充分利用现有师资和教学条件，选择若干所内地中央级高校作为硕士生基础强化培训基地。对降分录取的少数民族硕士生考生进行一年的强化基础培训，重点加强马克思主义民族观、宗教观和党的民族、宗教理论政策的学习，以及补修英语、大学语文（汉语文）等基础知识和其他相关专业知识，切实提高生源质量。

（四）就业。毕业生一律按定向培养和就业协议到定向地区和单位就业，硕士服务期限为5年，博士8年。毕业生不能按约就业者，要向培养单位和定向地区、单位支付违约金。西部和各民族地区党政部门要高度重视人才培养工作和十分珍惜人力资源，牢固树立“科学技术是第一生产力”和“人力资源是第一资源”的观念，按学以致用的要求，为这批高层次骨干人才在当地充分发挥作用创造必要的生活、工作条件，力求避免人才浪费和闲置。对违约拒绝接受和安排毕业生就业的地区和单位要相应核减招生计划。

（五）经费。通过少数民族高层次骨干人才培养计划招收的研究生（含基础培训），享受中央级高校研究生的拨款政策。其中中国科学院、中国社会科学院和中国农业科学院所需经费按标准从现行财政渠道解决。生源地区和定向单位对家庭经济困难学生给予适当的学习和生活费补助。

三、加强管理、明确责任，确保培养任务的完成

（一）制订计划，加强管理。生源地区要根据当地国民经济和社会发展需要，制订2005—2010年少数民族高层次骨干人才需求的第一期规划和年度培养计划，需求规划和年度培养计划要与本地区的人才需求以及用人单位挂钩。每年8月底前将下一年度的招生建议计划、专业安排等报教育部。由教育部牵头商有关培养单位落实招生任务，编制招生计划建议方案，商国家发改委和财政部，纳入年度中央级高校研究生招生计划，单独下达管理。各有关学校和单位应根据国家下达的招生计划做好年度招生工作，于每年6月将招生计划的落实和招生录取情况报教育部。

（二）明确责任，履行职责。教育部和国家民委负责对少数民族高层次骨干人才培养计划的宏观政策的制订协调。教育部负责培养计划的协调和制定招生、教学、管理以及有关政策措施，并检查督促执行情况；协调解决办学中出现的重大问题；组织评估办学情况，总结交流经验，表彰先进等。

国家民委负责提出有关政策性建议；督促检查党的民族政策的贯彻落实情况；协调和协助解决涉及民族宗教等方面的特殊性问题。

生源省、自治区、直辖市教育行政部门负责制订人才需求规划和提出年度培养需求计划；加强与当地组织人事部门、用人单位以及教育部的联系与协调等有关工作；协调学校和有关单位做好本地区生源管理等方面的特殊性工作；落实按规定由生源地区财政对学生的资助经费；负责组织和协调签订定向培养协议等工作；配合中央部委所属院校做好招生、录取等工作；对招生、培养工作提出建议。

人事部负责少数民族科技骨干特殊培养工作的政策制定和计划协调工作。

承担培养任务的中央部委所属院校在主管部门的领导下，根据国家下达的年度招生计划，负责考生报名、考试和招生录取工作；负责博士、硕士阶段的常规管理、教学和毕业生派遣工作；对基础强化培训基地教学、管理等提出建议。基础强化培训基地负责基础强化培训阶段的管理、教学和结业考核等项工作。

其他有关事宜，将在实施方案中予以明确。

为西部和少数民族地区培养少数民族高层次骨干人才，是一项光荣而艰巨的任务。各有关高校要高度重视培养少数民族人才工作，全面贯彻党的教育方针和民族政策，按培养目标的要求，严格落实教育教学计划，对学生加强政治思想和马克思主义民族宗教理论以及党的民族宗教政策的教育，确保教育质量，培养合格的各民族人才。基础强化培训基地和有关高校要按国家民族政策，根据少数民族学生的生活习惯，提供相应的饮食条件。主管部门和生源地区对有关高校培养少数民族高层次骨干人才的工作要高度重视，加强领导，从人、财、物等方面大力支持办学工作，并提供各方面的便利条件，为西部大开发和民族地区的全面振兴做出应有的贡献。

中国少数民族人才培养与教育发展大事记

（1949.10—1996.6）

1949 年

10 月 1 日

中华人民共和国中央人民政府主席毛泽东发布政府公告，指出：中央人民政府委员会一致决议，接受《中国人民政治协商会议共同纲领》为本政府的施政方针。

《中国人民政治协商会议共同纲领》第六章“民族政策”中规定：“人民政府应帮助各少数民族的人民大众发展其政治、经济、文化、教育的建设事业。”

10 月

陕甘宁边区政府颁发《关于中等学校改革的指示》。指示的要点之一：宗教团体所办的私立学校，不得将宗教科目列为必修科；不得在课内进行宗教宣传；不得强迫学生信教，也不得强迫学生参加宗教仪式。少数民族办的学校，根据特点设民族课程，但不能违犯人民政府法令。

1950 年

11 月 9 日

西北军政委员会颁发《西北区一九五〇年冬学工作指示》。该指示指出：今年冬学的教学方针是，在已经过土地改革的老区，应以文化教育为主，结合土改、减租、反霸、剿匪、肃特等中心工作，进行政策、时事教育，并通过这些政治教育进行一定的文化教育。在少数民族地区应特别注意民族政策的教育。

11 月 24 日

政务院第六十次政务会议批准《培养少数民族干部试行方案》。该方案规定：为了国家建设、民族区域自治与实现《中国人民政治协商会议共同纲领》民族政策的需要，从中央至有关省、县，应根据新民主主义的教育方针，普遍而大量地培养少数民族干部。目前以开办政治学校与政治训练班，培养普通政治干部为主，迫切需要的专业与技术干部为辅。应尽量吸收知识分子，提高旧的，培养新的，并须培养适当数量志愿做少数民族工作的汉族干部，以便帮助各少数民族开展解放事业与建设工作。

《培养少数民族干部试行方案》决定在北京设立中央民族学院，在西北、西南、中南设分院，有关的省设民族干部学校，有关的专区、县设民族干部训练班。以上各校学生按供给制待遇。有关各级人民政府，要逐步整理或设立少数民族的中小学，整理少数民族的高等学校，并规定高等学校的少数民族学生一律实行公费待遇。

政务院第六十次政务会议批准《筹办中央民族学院的试行方案》。该方案规定中央民族学院的任务为：一、为国内各少数民族实行区域自治以及发展政治、经济、文化建设培养高级和中级的干部；二、研究中国少数民族问题，研究各少数民族语言文字、历史文化、社会经济，发扬并介绍各民族的优良历史文化；三、组织和领导关于少数民族方面的编辑和翻译工作。中央民族学院设军政干部训练班（四至六个月）、本科政治系与语文系（均两年），并设研究部，尽可能将研究人才集中到中央民族学院。

1951 年

5 月 23 日

中央人民政府和西藏地方政府签订的《关于和平解放西藏办法的协议》第九条规定：依据西藏的实际情况，逐步发展西藏民族的语言文字和学校教育。

6 月 11 日

中央民族学院成立。本日举行开学典礼，中央人民政府副主席朱德出席并讲话。

8 月 20 日

西北民族学院补行开学典礼。来自西北地区回、藏、蒙古、维吾尔、汉、东乡、撒拉、土家、哈萨克、塔塔尔、乌孜别克、柯尔克孜 12 个民族的近 800 名师生参加了开学典礼大会，中共中央西北局书记习仲勋、第一野战军兼西北军区副司令员张宗逊、中共甘肃省委副书记孙作宾、省人民政府主席邓宝珊、西北民族事务委员会委员马培清、黄正清及兰州市各机关、团体、学校代表、学生家长代表等，应邀参加了开学典礼。西北军政委员会民族事务委员会主任兼西北民族学院院长汪锋作了典礼致辞。习仲勋在会上讲了话，他强调指出，各民族同学要团结一致，实现共同纲领中制定的民族政策。会议以西北民族学院全体师生的名义向毛主席和中共中央西北局、西北军政委员会发了致敬电。

西北民族学院是1950年8月成立的，该院的前身是“藏民问题研究班”、“藏民学校”，1950年改为“西北人民革命大学兰州分校第三部”。

9月20日—28日

教育部在北京召开第一次全国民族教育会议。参加会议的有中央及各大区、各有关省、市教育行政部门负责人、少数民族教育工作者代表等126人。其中包括汉、蒙古、藏、回、维吾尔、哈萨克、苗、彝、仫佬、纳西、土家、朝鲜、高山、满等民族的代表。教育部部长马叙伦致开幕词和闭幕词，中央人民政府副主席朱德、政务院副总理郭沫若等来到会场会见全体代表。

会议讨论了新中国民族教育的工作方针及发展民族教育的措施。会议认为：少数民族的教育建设，是新中国教育建设的重要部分，对于整个新中国的建设前途，有着重大的关系。会议指出：

一、少数民族教育必须是新民主主义的内容，并应采取适合各民族人民发展和进步的民族形式；

二、各级教育行政部门应充分重视并加强对少数民族教育工作的领导，现阶段少数民族教育的工作方针，应根据各民族的实际情况分别采取巩固、发展、整顿、改造的方针；

三、少数民族教育，目前应以培养少数民族干部为首要任务，同时加强小学教育及成年人业余教育；

四、各少数民族地区应有步骤、有系统地实施以爱国主义特别是抗美援朝为中心的政治思想教育，反对帝国主义侵略，肃清帝国主义和国民党反动派的残余影响，克服大民族主义与狭隘民族主义；

五、少数民族学校的教学计划、教学大纲，应以教育部规定的为基础，结合具体情况加以变通或补充；

六、有现行通用文字的民族，小学、中学必须用本民族语文教学，可按当地需要和自愿设汉文课；

七、除按一般标准拨给少数民族地区教育经费外，应另拨专款解决特殊困难。

会议修正通过了《关于加强少数民族教育工作的指示》、《关于建立少数民族教育行政机构的决定》、《培养少数民族师资试行方案》和《少数民族学生待遇暂行办法》四个文件草案。

会议召开时，全国少数民族入学人数为：小学生 94 万多人，中学生 45 000多人；民族学院等高等学校学生 4 000 余人，干训班学生 4 000 余人。

11 月 23 日，政务院第 112 次政务会议批准了教育部关于这次会议的报告。

1952 年

4 月 16 日

政务院发出《关于建立民族教育行政机构的决定》。根据这一决定，教育部增设民族教育司，各大行政区教育部（文教部）增设民族教育处（科），或者有关处（科）内设专职人员。各有关省、市、专署、县人民政府教育厅、局、处、科，根据该地区少数民族人口的多寡，分别增设适当的行政机构或专职人员并要求尽可能吸收少数民族干部和热心少数民族教育工作的干部参加工作。

8 月 9 日

中央人民政府公布的《中华人民共和国民族区域自治纲要》中规定：各民族自治区自治机关可采用本民族的语言文字，采用必要的和适当的办法发展各民族的文化教育事业，采用适当的措施培养民族干部。

12 月，民族事务委员会主任李维汉，在民委第二次委员会扩大会议上的报告中提出，培养民族干部要有计划地进行，使地方训练班、各民族学院、中等学校、高等学校以及技术训练班之间适当分工，并分别提出了这些培训单位的任务。

11 月 6 日

西北军政委员会颁发《西北区小学实施五年一贯制方案》。该方案规定：

一、一般地区，采用逐年顺推法，五年完成改革。即自 1952 年秋季招收的一年级新生起，开始实行五年一贯制，其余各年级暂按旧制不变。

二、地广人稀，交通不便，经济文化特别落后之边远地区小学，可报请有关部门批准，延缓 1—3 年后实行，但应及早准备实施条件。

三、新疆、甘肃、宁夏、青海四省的少数民族地区和游牧区小学暂不实施。

11 月 9 日

政务院发出《关于少数民族毕业生分配工作的指示》。该指示提出：今后除继续有计划地动员必要数量的汉族干部和毕业学生做少数民族工作外，应注意分配少数民族毕业学生到少数民族地区有关民族事务的业务部门工作。

11 月 15 日

教育部发出指示：全国小学自 1952 年一年级新生起，普遍推行五年一贯制。指示规定，除一部分少数民族地区、游牧区及个别经济、文化特别落后的地区可以延缓推行外，其他地区不分城乡，争取到 1957 年秋季，小学全部改为五年一贯制。

1953 年

3 月 21 日

教育部发出指示，要求有关地区纠正少数民族教育补助费使用不当的问题。指示指出：少数民族教育补助费，是为了帮助少数民族发展教育事业。在一般教育事业费之外特设的一笔补助费，用以补助一般教育事业费之不足。指示具体规定了这项补助费的使用范围，并强调贯彻专款专用的原则。

4 月 18 日

教育部就回民学校中的几个问题批复河北省教育厅。批复指出：

一、回民学校中尚未设置阿拉伯文课程的，以不设置为宜；已设置的，如群众不要求取消，目前仍应继续设置，每周上课不得超过两课时；

二、如积极要求增设回民历史、回民常识时，在不影响统一课程进度下，可设置“回民常识”课程，每周不超过一课时；

三、学校中不宜讲授宗教教义，学生在课余时间到清真寺做礼拜、学习教义和阿拉伯文，不应加以限制。

10 月 11 日

政务院颁发本年高等学校院系调整方案。经过调整，全国共有高等学校 182

所，其中少数民族学院3所，即中央民族学院、延边大学、新疆民族学院。

1954年

7月23日

教育部就甘肃临潭初中增设藏文课程的问题批复西北教育局：民族学校必须设置民族语文课程。将来各种条件成熟时，更须逐步过渡到各学科采取本民族语文进行教学。

1955年

3月9日

国务院全体会议第七次会议通过《国务院关于帮助西藏地方进行建设事项的决定》。其中第五项规定：将西藏军区干部学校改为西藏地方干部学校，并予扩建，以加强培养训练藏族及其他民族干部的工作。扩建日喀则小学校舍，使其由现在可容200名学生扩大至可容500名学生。

7月14日

教育部就蒙汉文教学要求等问题，批复内蒙古自治区教育部。复函指出：蒙古族小学，初小不设汉文课，自小学五年级起开始加授汉文课。牧区小学不另定学习汉文标准。蒙汉文课时对比，应是蒙文逐年递减，汉文逐渐增多，使学生达到一定的汉文程度。这样，对民族之间交流文化，增加生产知识及参加祖国建设事业有利，并规定蒙古族学校的高中外国语和制图课暂不开设。

10月26日—11月3日

教育部、民族事务委员会在北京联合召开牧区民族教育汇报会。会议听取了内蒙古自治区、新疆维吾尔自治区和甘肃省等地关于牧区教育情况的汇报，讨论研究了加强牧区教育的有关问题，明确了牧区教育的方向和任务。会议指出，牧区办学采取固定的、流动的、半固定的三种方式是正确的。在全国统一学制下，牧区学制可酌情变通。校历应照顾牧区生产季节。教材可结合牧区民族地区的特点适当补充。要长期培养各民族自己的师资。会议并对加强领导和做好学校卫生保健工作等提出了要求。

12月2日

教育部函复广西省教育厅：为培养少数民族人才，发展少数民族文化教育事业，今后在各级学校招生规定报考年龄时，对少数民族学生报考年龄一般应比照当地规定放宽二至三岁。

1956 年

6 月 4 日—17 日

教育部在北京召开第二次全国民族教育会议。参加会议的有少数民族的代表和有关干部 100 多人。教育部副部长董纯才、林砺儒和民族事务委员会副主任刘春分别作了报告。周恩来总理接见与会的各民族代表，并和他们亲切谈话。

会议提出，要在整个国民教育事业的发展过程中，使少数民族的教育事业逐步接近和赶上汉族水平的奋斗目标。其具体内容是，在民族地区有步骤地开展扫盲工作和实行普及小学义务教育。

会议讨论了 1956—1967 年全国民族教育事业规划纲要。

9 月 20 日

拉萨中学开学。这是西藏第一所中学，共有学生 1 400 多名。

9 月

周恩来总理就少数民族教育事业经费问题作出指示：

一、今后一定时期内，民族地区的小学基本上仍由公办；只有在经济、文化比较发达，过去群众又有办学习惯或确有条件实行民办的地区，才可适当地实行民办；

二、民族地区的小学学杂费问题，应依据当地群众的生活情况规定；

三、民族小学的编制定额应予以适当照顾；

四、各地每年必须保证一定数额的少数民族教育补助费；

五、各级人民委员会拟制预算时，应切实根据少数民族教育事业的发展需要，并且照顾民族特点，本着节约的原则，实事求是、精打细算地予以合理的安排。

11 月 1 日

教育部发出《关于内地支援边疆地区小学师资问题的通知》。通知提出近几年内解决边疆地区小学师资问题的意见：

一、各边疆省、自治区大力发展师范教育，并由内地调配部分初中学生和失业知识分子加以短期训练；

二、动员小学教师随同移民到边疆开办小学为移民服务；

三、四川、陕西等省适当扩大一些中等师范学校的招生比例，每年支援一部分师资给边疆省、自治区。

11 月

新疆人民教育出版社成立。该社编译出版维吾尔、哈萨克、蒙古、柯尔克孜和锡伯五种民族文字的中小学课本。

1957 年

10 月 14 日

内蒙古大学在呼和浩特开学。内蒙古自治区主席、内蒙古大学校长乌兰夫，高等教育部副部长周建人在开学典礼上讲话。

这所大学设有蒙古语言文字、汉语言文学、历史、数学、物理、化学、生物七个系。在新建过程中，北京大学、南开大学、复旦大学支援教师130多人。

1958 年

2 月 5 日—11 日

教育部、民族事务委员会，在北京联合召开民族学院院长会议。会议讨论了民族学院的教育方针、任务和进一步改进教学等问题。会议确定，民族学院是为少数民族训练社会主义革命和社会主义建设的政治干部，同时培养专业人才的学校。民族学院的教育方针，应该是对学生进行阶级教育、马克思主义民族观点的教育、社会主义爱国主义的政治思想教育、马列主义理论结合中国革命和建设经验的教育以及专业课程的教育。对文化水平较低的学生，还应进行文化课程的教育，提高各民族学生的阶级觉悟和政治觉悟，破资本主义立场，立社会主义立场，树立工人阶级的世界观、人生观和民族观，为少数民族培养一批为共产主义奋斗的、经得起风险的、有专业能力和文化水平的又红又专的干部。

1959 年

9 月 15 日—10 月 19 日

文化部、教育部、民族事务委员会联合召开全国少数民族出版工作会议。会议提出：各民族地区的中小学和师范学校应译用或采用全国通用的教科书，另外自编本民族语言教材和民族学校汉语教材及民族补充教材。民族文字教材的编译，必须以党和国家的教育方针为指导思想，在教材的政治内容上，要用社会主义、共产主义和爱国主义的思想教育学生，并决定争取在较短时间，由有关民族地区分工协作，编译出一套比较完善的民族文字教科书和教学参考书。

1960 年

4 月

内蒙古教育出版社成立。该社专门编辑出版蒙、汉文教材和教育图书。

9 月 1 日

西北民族学院各族师生，热烈庆祝建校 10 周年。中共中央统战部副部长、中央民族事务委员会副主任汪锋，全国人民代表大会民族委员会办公室副主任刘冠英，中共甘肃省委、省政府负责人张仲良、陈曾固、黄罗斌及陕西、宁夏、新疆、青海等省区的代表出席了庆祝大会。西北民族学院党委书记兼院长蒙定军作了西北民族学院十年工作报告。

10 月 7 日

新疆第一所综合大学——新疆大学成立。维吾尔、哈萨克、柯尔克孜、塔塔尔等当地少数民族学生占该校学生总数的 75%。

12 月 1 日

青海省第一所综合大学——青海大学成立。该校是由 1958 年以来创办的青海工学院、农牧学院、医学院和财经学院合并而成的。

1962 年

1 月 10 日—23 日

内蒙古自治区召开民族语文、民族教育工作会议。会议总结了自治区成立 15 年来，民族语文和民族教育工作的经验，提出从实际出发发展民族语文、民族教育的八项具体措施。强调民族教育是自治区学校教育的一个重要方面，也是发展民族语文的重要阵地。在蒙古族中小学里要坚持学蒙文、蒙语，但是学校中蒙文的学习，要根据城镇、农区、牧区及学习掌握蒙语和汉语的不同情况，提出不同的要求，不能强求一律。

到会议召开时，内蒙古自治区已用蒙文扫除文盲约24万人，中小学用蒙文学习的学生有18万多人，并已有了从小学一年级到高中二年级的全套教材，能以蒙古语文进行教学。

4月15日

宁夏回族自治区创办的第一所综合性大学——宁夏大学正式成立。该校是由1958年新建的宁夏师范学院、农学院、医学院合并而成的，共有回、汉各族学生1 170多人。

1963年

3月28日

教育部邀请出席云南、贵州、四川三省民族语文工作会议的代表座谈当前民族教育工作。会上反映，由于最近几年忽视民族特点和地区特点，若干措施要求过高过急，严重脱离实际，学生流动大，教学质量低。

会上提出，要提高对民族教育工作重要性的认识，急需加强国境线的民族教育工作；改进教学工作要适应民族地区的经济和人民生活的特点；大力办好民族师范，培养民族师资；民族教育补助费应专款专用，单列指标；应适当放宽民族学生的入学年龄和降低升学的录取标准。

4月13日，教育部将座谈会上提出的意见转告各有关民族地区。

1964年

5月15日—6月4日

民族事务委员会、高等教育部联合召开民族学院院长会议。参加会议的有全国8所民族学院的正、副院长和有关人员共47人。会议讨论了民族学院的方针任务、思想政治工作、教育革命和管理体制等问题。会议确定民族学院要把轮训和培养少数民族政治干部的工作列为首要任务，加强轮训在职干部的工作。要调整本科、专科，切实办好预科。要加强民族学院的思想政治工作，要着重进行阶级教育和马列主义民族观点的教育。会议确定中央民族学院及其分院、西北民族学院在中央统一领导下，由民族事务委员会和高等教育部双重管理，以民族事务委员会为主。其他民族学院由所在省、自治区党委、人民委员会管理，教学业务由高等教育部负责指导。

7月7日，中共中央宣传部、统战部批转了这次会议的报告。

9月21日

中国音乐学院举行建院典礼。中国音乐学院是培养民族音乐人才的高等学校。

1965年

从1964年至1965年，全国各地办起大量耕读小学。1965年耕读小学的学生比1964年增长80%左右，如内蒙古乌盟各旗、县先后办耕读小学3 205所，呼伦贝尔草原兴办了游动牧读小学。宁夏回族自治区在1964年一年里办起了2 000多所耕读小学。

1970年

8月25日

冼恒汉等人以甘肃省革委会名义发出通知，停办西北民族学院。在此之前，该院600余名各族教师、干部、工人已全部离校，财产、校舍、图书资料也已被瓜分殆尽。

1973年

3月17日

国务院科教组发出通知：国务院批准恢复云南民族学院、西北民族学院等高等学校。

7月16日—19日

国务院科教组委托内蒙古自治区召开的黑龙江、辽宁、吉林、宁夏、甘肃、青海、新疆、内蒙古8省区中小学教材工作座谈会在呼和浩特举行。会上决定成立8省区中小学蒙文教材协作组。协作组的任务是：制定有关学科的教学大纲；协作编译修订一套十年制中小学蒙文教材；商请有关部门解决出版、印刷、发行等问题，以保证蒙文教材及时供应。

1974年

4月26日

国务院批转科教组《关于内地支援西藏大学、中学、专科师资问题的请示报告》。该报告提出，对西藏要求配备的8所中学和1所师范学校的师资，由上海、江苏、四川、江西、河南、辽宁6省市和国家机关定区、定校包干支援，并对支援教师的任务、分工、条件、年限、待遇等提出了具体意见。7月，6省、市和国家机关选派了大中学校教师和干部389人进藏，支援西藏教育事业。

1976年4月11日，国务院又发出支援西藏师资的通知：免除原由国家机关各部委轮换派出的任务，改由山东、湖北两省在1976年和1978年分两批派出援藏教师，每期每批各派45名。

6月4日

国务院科教组发出通知：恢复和新建西南民族学院、贵州民族学院。本年，恢复和新建的高等民族院校还有广东民族学院、西藏师范学院。

9月10日—23日

国务院科教组在北京召开了全国少数民族教材座谈会。参加会议的有辽宁、吉林、内蒙古、新疆、西藏、宁夏、甘肃等11个省区的代表。会议首先研究了少数民族教材的编译、出版、发行等问题。会议商定，蒙文教材由内蒙古教育局主持，组织有关的8省（包括甘肃省）协作编写。藏文教材，四川、甘肃可采用西藏、青海的教材，也可以自编。甘肃、青海两省使用的少量哈文教材，由新疆供应。

1975年

4月10日

国务院批转教育部《关于边疆和少数民族地区普及小学五年教育问题的请示报告》。

国务院在批示中指出：普及农村小学五年教育，是关系到我国亿万农民文化翻身，巩固工农联盟，加强无产阶级专政，促进社会主义革命和社会主义建设的一项大政。各地各部门要切实解决边疆、少数民族地区普及教育工作中的实际问题，力争尽早地实现普及农村小学五年教育的任务。

该报告提出，要克服重内地、轻边疆，重城市、轻农牧区，重公办学校、轻民办学校的错误观点。重视在边疆少数民族地区，特别是边疆沿线的普及小学教育工作。要大力扶持民办学校，坚持多种形式办学，加速培养少数民族师资，把教育规划纳入边防建设或各地区的建设计划，并同贯彻执行民族政策结合起来。

1976 年

7 月 15 日

教育部通知有关省、自治区：成立佳木斯农业机械学院和西藏自治区医学院。

1979 年

8 月 4 日—14 日

国家民族事务委员会、教育部在北京联合召开全国第五次民族学院院长会议，总结办学经验，讨论新时期的方针任务和发展规划。会议认为，民族学院 20 多年来的办学历史充分说明，密切联系少数民族地区的实际，采取多种形式办学的方针是正确的，必须继续坚持。为适应全党工作重点的转移，各民族学院必须按四化的要求，大力培养少数民族政治干部和专业技术人才，为少数民族地区社会主义现代化服务。为此，必须加强思想政治工作，把教学作为学校经常的中心工作，加强教师队伍的建设，积极开展科学研究工作，搞好学校的基本建设，拟订积极可行的发展规划。在今后 3 年里，调整恢复过去的规模，并力求有所发展，为以后较大的发展打下基础。

10 月 31 日

教育部、财政部、粮食部、国家民委、国家劳动总局联合发出通知：自本年起，边境 136 个县（旗）、市中小学民办教师（职工），分两批全部转为公办教师。为了做好这项工作，通知还就民办教师转为公办教师的条件、考核办法、工资待遇、工龄计算等问题作了规定。

是年，少数民族在校学生人数与 1952 年相比，大学为 12.9 倍，中学为 23.16 倍，小学为 5 倍。

11 月 12 日

国家民族事务委员会、教育部联合发出经国务院批准的《关于民族学院工作的基本总结和今后方针任务的报告》。

1980 年

1 月 28 日

国务院批准教育部恢复民族教育司。

3月19日

教育部发出《关于继续派援藏教师的通知》。据此，四川、江苏、河南、湖南、湖北、山东、辽宁、上海8省市，继续派出500多名中学教师到西藏各地中学任教。

4月7日

中共中央转发的《西藏工作座谈会纪要》中提出关于文教工作的若干政策。其中规定："发展文教卫生事业，首先要采取有效措施，逐步普及小学教育，扫除藏文文盲，藏汉各族学生都要学习藏文。尽快地把民办小学转为公办，有计划地发展初、高中学校，编印藏文课本，提高教学质量。自治区的各大专院校和中等专业学校，主要应当招收藏族和门巴族、珞巴族等少数民族的学生，为建设西藏培养专业人才。积极发展民族的、科学的、群众性的文化体育和医疗卫生事业。继承和发展藏医、藏药和藏历、气象学，继续实行各族群众和学生免费医疗、免费看电影的制度。"

6月1日

农林部畜牧总局委托甘肃省举办全国十二省（区）草原建设训练班。

6月21日

教育部发出通知，决定从1980年开始，有计划、有重点地在部分全国重点高等学校举办民族班，以后视情况逐步扩大。是年，在北京大学、清华大学、北京师范大学、大连工学院和陕西师范大学5所重点高等学校试办民族班，在原招生计划外招生150人。

7月

全国伊斯兰教协会副主席马进城阿訇，在和政县召开的宗教界上层人士、信教群众大会上发表讲话说："不能让18周岁以下的少年儿童参加宗教活动，这是我国宪法和党的政策明确规定的。希望宗教界人士和信教群众，都要为培养本民族的人才着想，要积极动员自己和亲友的适龄儿童入学读书，学习文化科学知识，掌握四化本领。"

8月22日

教育部发出《关于办好中等师范教育的意见》。该意见提出，要办好民族师范学校，逐步做到少数民族小学由合格的民族教师任教。民族师范学校以招收少数民族学生为主，注意优先照顾边远牧区、山区子弟入学，培养民族语文和汉语兼通的教师。

10 月 21 日

中共中央、国务院批准教育部、国家民委《关于加强民族教育工作的意见》。该意见指出：当前，少数民族教育也要认真贯彻执行“调整、改革、整顿、提高”的方针，并在尽快恢复和进行必要调整的基础上，积极稳步地加以发展，逐步建立适合少数民族地区特点的民族教育体系。为扶持和发展民族教育，采取如下措施：首先集中力量办好一批公办民族中小学和举办寄宿制的民族中小学，适当发展和大力办好民族师范学校，以招收少数民族学生为主，并注意优先照顾牧区、山区子弟入学。加强教师队伍建设，分期分批地把考核合格的民办教师转为公办教师。大力加强少数民族文字教材编译出版工作。办好和发展民族学院，加强民族地区的大专和中专教育。全国重点高等学校和少数民族人口较多的省的一般高等学校，要积极举办民族班。对民族地区除正常的教育经费外，要给予特殊的补贴。

1981 年

1 月 14 日—20 日

教育部在北京召开全国高等学校招生工作会议，讨论改进招生制度的办法，拟定《1981 年高等学校招生工作的规定》。该规定第六项指出，部分高等学校举办少数民族学生预科班，降低分数录取，补习一年考试合格后，直接升入本科。

2 月 16 日—25 日

教育部、国家民族事务委员会在北京召开第三次全国民族教育工作会议。参加会议的有各省、市、自治区教育（厅）局、民委、民族地区学校、中央各部门的代表共 273 人。国务院副总理方毅到会讲话。会议充分肯定了新中国成立以来民族教育工作的成绩，总结了民族教育的历史经验，确定了民族教育事业在调整时期的方针、任务。会议强调，要大力提高民族教育的地位，从实际出发，切实贯彻调整方针，使民族教育稳步向前发展。

会议提出今后几年民族教育工作应当抓好的几项主要工作是：

一、加强各级各类学校的政治思想教育。

二、切实抓好中小学教育。根据少数民族地区的实际情况，采取多种形式，分期分批逐步完成普及小学教育的任务；中等教育应根据不同情况，适当发展，并注意提高教育质量。

三、调整和办好少数民族的中等专业教育和高等教育。加强现有10所民族学院的建设，办好各自治地方的中专和高等学校，逐步提高少数民族在校生比例，继续办好高等院校的民族班，并适当增设高等院校民族语文授课专业。

四、大力扫除文盲，逐步发展业余教育。

五、加强民族师范教育，搞好少数民族师资队伍建设。为此，要积极恢复和发展民族师范院校，加强在职教师的培训提高工作，要采取多种办法，继续派教师到边疆、少数民族地区工作。

3月6日

《人民日报》发表社论《民族教育事业要在调整中前进》。

3月24日

教育部发出通知，增加中山大学、华中师范学院试办民族班。在11个省、自治区共招生250人。

7月6日

中共中央办公厅印发的《云南民族工作汇报会纪要》中指出，我们党要经常关心、帮助少数民族在文化上的发展。该纪要提出，发展少数民族文化，首先要在调整、整顿现有文化教育事业的基础上，逐步做到普及和提高。在重点办好一批民族中小学的前提下，采取灵活多样的办法，普及小学教育，同时抓好成人的扫盲工作。该纪要对云南省办好民族学校（班），发展各种专业技术教育，培养民族师资和使用民族语言文字教学等问题作了规定。

8月3日

中共中央转发的《中央书记处讨论内蒙古自治区工作的纪要》中指出，内蒙古经济建设事业的发展，离不开科学研究和教育事业的发展，要特别重视科学研究，发展教育事业，逐步增加教育投资，并对内蒙古初等教育、中等教育、高等教育的调整和发展作了具体规定。

8月3日—17日

教育部、国家民委、中国教育工会全国委员会联合组织少数民族优秀教师暑期来京参观团。参加这一活动的有8个省区的17个少数民族的57名优秀教师。参观团与北京教师进行了座谈，交流了经验。党和国家领导人李先念、方毅、万里、杨静仁等会见了参观团。

10 月 7 日—15 日

文化部召开全国民族艺术教育工作座谈会，要求发展民族艺术教育，壮大民族文艺队伍。

10 月 16 日

教育部和国家人事局发出通知：支援西藏大学教师的工作，由教育部负责办理，国家人事局予以协助。西藏师范学院由天津、吉林支援，西藏农牧学院由四川、陕西支援，西藏民族学院由上海、浙江支援。

1982 年

3 月 6 日—14 日

在西宁召开西藏、青海、甘肃、四川、云南 5 省自治区藏文教材协作第一次会议，决定协作编写中小学各科教学大纲、课本、教学参考书以及与此有关的工具书，并成立了 5 省藏文教材协作领导小组。

6 月 29 日

教育部、国家民委批复关于《西藏、青海、甘肃、四川、云南 5 省自治区藏文教材协作会议纪要》。

7 月 18 日

教育部、国家民委、国务院宗教事务局转发甘肃省康乐县关于《在普及小学教育中注意发挥宗教界人士的积极作用，教育他们作动力不作阻力的经验值得重视》的报告。

10 月 11 日—18 日

教育部在新疆召开全国牧区、山区寄宿制民族中小学经验交流会。会议总结了在牧区、山区办寄宿制民族中小学的四点优越性：一、有利于提高学生的入学率和巩固率；二、有利于集中师资，加强教学，提高教育质量；三、有利于开展教师的教学活动和进修提高工作；四、有利于集中力量改进办学条件和开展勤工俭学活动，使学生德智体全面发展。

12 月 4 日

五届人大五次会议通过并公布施行的《中华人民共和国宪法》中，关于教育的条文第四条中规定：“国家根据各少数民族的特点和需要，帮助各少数民族地区加速经济和文化的发展。”

12 月 9 日

根据西藏三所高等院校提出的要求，教育部决定从上海、天津、浙江、吉林、四川、陕西 6 省选派第四批援藏教师。

1984 年

3 月 30 日

教育部、国务院发出《关于加强领导和进一步办好高等院校少数民族班的意见》。

6 月 24 日

新华社报道：青海省实行民族区域自治的地方已有 956 所小学和民族中学采用藏语文和蒙古语文进行教学，用藏语文和蒙古语文进行教学的教师有 2 900 多人，参加学习的中小学生有 5.1 万多人。

8 月 28 日

《新疆日报》报道：新疆维吾尔自治区已有各类型高等院校 44 所，在校学生由解放初期的 300 人发展到 16 900 多人。35 年间，培养出 39 800 多名大学生。

9 月 15 日

《西藏日报》报道，西藏自治区民族干部和专业技术队伍迅速发展，少数民族干部占全区干部总数的 59%，少数民族各类专业技术人员有 1.3 万名，占全区技术人员总数的 58%。

1985 年

5 月 27 日

四川省民族教育工作会议在成都召开。会议指出，民族地区各类学校必须把提高教学质量、培养合格人才作为当前的工作重点和主攻方向。

6 月 10 日

教育部西北少数民族师资培训中心在兰州正式成立。它的任务是为新疆、甘肃、宁夏、青海、陕西 5 省、自治区培训高中和大专学校的少数民族教师，以加速少数民族地区的基础教育。

7 月 20 日

西藏大学在拉萨正式成立。全国人大常委会副委员长阿沛·阿旺晋美参加了成立大会。

1986 年

1 月 27 日

宋庆龄基金会宣布：1985 年资助老区、少数民族地区和边远地区的儿童教育事业费近 70 万元。

4 月 12 日

全国人大六届四次会议通过的《中华人民共和国义务教育法》规定，国家帮助少数民族地区实施义务教育。凡年满 6 周岁儿童，不分性别、民族、种族，应当入学接受规定年限的义务教育。条件不具备的地区，可以推迟到 7 周岁入学。招收少数民族为主的学校，可以用少数民族通用的语言文字教学。

1987 年

4 月 27 日

内蒙古蒙医学院正式成立。该院的宗旨是，培养蒙医、蒙药的高级人才。

7 月 14 日

新疆维吾尔自治区教育工作会议在乌鲁木齐召开。

8 月 18 日

国家教委和国家民委在乌鲁木齐市召开内地与边远民族地区高等学校支援协作会议。会后形成了《关于内地与边远民族地区高等院校支援协作会议纪要》。

9 月 10 日

国务院第二次援藏工作会议在北京举行。万里等中央领导同志在会上讲话，强调要大力发展西藏教育。

12 月 28 日

国家教委、中央统战部、国家民委、国务院、西藏经济工作咨询小组报请国务院批转《关于改革和发展西藏教育若干问题的意见》。

1988 年

7 月 14 日

由国家教委和国家民委联合召开的甘肃、青海、西藏、四川、云南 5 省区藏族教育研讨会在甘肃省甘南藏族自治州首府合作开幕。国家教委主任李铁映在会上讲话时强调，搞好藏族地区教育有着重大意义，藏族教育要根据藏区实际走自己的路。

1989 年

3 月 1 日

中国少数民族人才培训中心正式成立。

6 月

国家教委批准建立湖北民族学院。

7 月 2 日

中国儿童发展中心 1989 年少数民族儿童发展研讨会在呼和浩特市举行。

11 月 6 日

全国高校少数民族预科教改座谈会在西南民院召开。来自全国各省区 17 所高校的代表出席会议。

12 月 12 日

全国 19 省区教委民教处和民委文教处处长会在内蒙古赤峰市召开。

1990 年

4 月 21 日

国家教委、国家民委决定设立 5 省（区）藏族教育协作领导小组和协调小组。

5 月

财政部批准民族教育专项补助经费恢复。

1991 年

4 月

全国内地西藏班工作暨管理研究会在天津召开。来自西藏和全国各地的100多名代表出席了会议。

1992年

3月15日

第四次全国民族教育工作会议在北京召开。中共中央政治局委员兼国家教委主任李铁映出席会议并作报告。会议部署了新时期民族教育工作的任务，表彰了先进。会后下发了《关于加强民族教育改革发展的意见》等。

5月

中国教育学会少数民族教育第六次学术研讨会在湖北省宜昌市举行。

1993年

2月13日

中共中央、国务院正式印发《中国教育改革与发展纲要》，指出，要“重视和扶持少数民族教育事业”。

3月9日

国务院教育援藏工作会议在北京召开。中共中央政治局委员李铁映等出席了会议。

5月7日

国家哲学社会科学“八五”规划重点项目《中国少数民族若干重大理论与实践问题》课题在河北承德民族师专召开课题会。

11月27日

全国教育对口支援协作工作会议在宁夏银川市召开。国家教委副主任王明达出席会议。来自全国22个实行对口支援协作的省、自治区、直辖市的近100名代表出席了会议。

1994年

6月14日

党中央国务院召开全国教育工作会议。中央领导提出：“要重视少数民族教育事业，进一步做好对边远地区、贫困地区少数民族教育事业的对口支援。”

12 月 8 日

全国民族教育处处长、部分地（州、盟）教育局长会议在海南三亚市举行。国家教委专职委员郭福昌、民族教育司司长韦鹏飞等出席会议并讲话。

1995 年

5 月

全国内地西藏班教学研讨会在河北省石家庄市举行。国家教委民族教育司有关领导出席。

7 月 4 日

内地高校对口支援新疆第三次协作会议在北京举行。

1996 年

1 月 4 日

中宣部、国家教委、文化部、新闻出版署和共青团中央举行仪式，向全国 100 个贫困县赠送“百种爱国主义教育图书”。赠书仪式上，首都少先队员代表向全国少先队员发出“读爱国主义图书，做跨世纪雄鹰”的倡议。

1 月 5 日

国家教委向国务院办公厅报送《关于 1995 年拖欠中小学教师工资情况的报告》。同日，向各省、自治区、直辖市人民政府办公厅发出《关于 1995 年拖欠中小学教师工资情况的通报》。

3 月 7 日

国务院总理李鹏与参加全国政协八届四次会议的教育界委员座谈，共商发展中国教育大计。委员们就教育体制改革、增加教育投入、师资队伍建设、支持少数民族地区的教育等问题发表了意见和看法。李鹏总理在会上讲话，并和委员们就一些建议进行了探讨。李岚清副总理出席座谈会并发言。

3 月 22 日

国家教委发出《关于 1996 年继续在部分高等学校举办少数民族班的通知》。

5 月 13 日

国家教委发出《关于做好 1996 年内地西藏初中班毕业生升学工作的

通知》。

7月15日

国家教委办公厅发出《关于进一步加强贫困地区、民族地区女童教育工作的十条意见》。

10月17日—19日

国务院副总理李岚清在青海考察教育工作。李岚清强调，一定要下大力气抓好教育改革，基础教育要由目前的应试教育向素质教育转变，农牧区少数民族地区的基础教育要从实际出发，实事求是。

11月26日—29日

国家教委、国家民委在深圳联合召开全国教育对口支援协作工作会议。国家教委副主任张天保、国家民委副主任图道多吉出席会议并讲话。

1997年

4月22日

国家教委、国家民委联合发出《关于认真贯彻中央扶贫工作会议精神，进一步加强对口支援民族和贫困地区发展教育事业的通知》。

8月16日

国家教委和财政部在新疆伊宁市召开会议，对“国家贫困地区义务教育工程”在新疆、内蒙古、宁夏、青海、甘肃、西藏、广西、云南、贵州9省区进行部署。

11月11日

国家教委办公厅发出《关于颁发执行五省、区藏族中等师范学校教学大纲的通知》。

1998年

7月18日

教育部部长陈至立与即将赴藏的特级教师讲学团成员座谈。

1999年

2月13日

教育部办公厅、国家民委办公厅发出《关于在全国中小学开展民族团结教育活动的通知》。

6 月 15 日

改革开放以来的第三次全国教育工作会议在京召开，会议提出进一步加强民族教育工作。

6 月 23 日

教育部发出《关于普通高等学校举办少数民族预科班的通知》。

参考文献

1. 国家民族事务委员会、中共中央文献研究室编：《新时期民族工作文献选编》，中央文献出版社 1990 年版。
2. 《当代中国民族工作大事记（1949—1988）》，民族出版社 1989 年版。
3. 国家教委民族地区教育司编：《少数民族教育工作文件选编（1949—1988）》，内蒙古教育出版社 1991 年版。
4. 国家民委教育司编：《新时期民族教育工作手册》，中央民族学院出版社 1991 年版。
5. 朴胜一主编：《中国少数民族教育发展与展望》，北京出版社 1989 年版。
6. 施正一主编：《中国西部民族地区经济开发研究》，民族出版社 1988 年版。
7. 郭福昌著：《内蒙古教育发展改革的理论与实践》，内蒙古教育出版社 1992 年版。
8. 周贝隆主编：《面向 21 世纪的中国教育——国情·需求·规划·对策》，高等教育出版社 1990 年版。
9. 郭福昌、韦鹏飞、吴德刚、张安民等编：《中国教育改革发展简论》，教育科学出版社 1993 年版。
10. 谢宁著：《面向 21 世纪的基础教育和民族教育》，气象出版社 1992 年版。
11. 西藏自治区人才预测规划领导小组办公室编：《西藏 2000 年专门人才预测与规划》，西藏人民出版社 1994 年版。
12. 徐正余著：《西藏科技人才》，西藏人民出版社 1992 年版。
13. 谭明华著：《民族与发展》，中央民族学院出版社 1993 年版。
14. 费孝通著：《民族研究文集》，民族出版社 1988 年版。
15. 张天路编著：《民族人口学》，中国人口出版社 1989 年版。
16. 陈红涛著：《中国民族教育发展途径探讨》，中央民族学院出版社 1990 年版。
17. 国务院人口普查办公室编：《中国第四次人口普查的主要数据》，中国统计出版社 1991 年版。
18. 《中华人民共和国教育大事记（1949—1982）》，教育科学出版社 1984 年版。

19. 卓晴君主编：《中国教育全书——教育改革卷》，大连出版社 1992 年版。
20. 郝克明、蔡克勇主编：《应用学科高层次专门人才培养途径多样化研究》，人民教育出版社 1991 年版。
21.《广西壮族自治区 1990 年人口普查资料（上、下）》，中国统计出版社 1993 年版。
22. 西藏人口普查办公室编：《西藏自治区 1990 年人口普查资料（1—4）》，西藏人民出版社 1992 年版。
23.《中国教育年鉴》（1949—1981）、（1981—1984）、（1985—1986）、（1987—1990）、（1991—1993），人民教育出版社等出版。
24. 刘英杰主编：《中国教育大事典》，浙江教育出版社 1993 年版。
25. 国家教育委员会编：《新的里程碑》、《全国教育工作会议文件选编》，教育科学出版社 1994 年版。
26. 国家教委民族教育司编：《中国少数民族教育改革的里程碑》，教育科学出版社 1993 年版。
27. 中国教育学会少数民族教育研究会编：《民族教育论文集（第三辑）》，新疆教育出版社 1987 年版。
28. 吴德刚编著：《中国义务教育》，陕西教育出版社 1992 年版。

后　记

1990年8月研究生毕业后，我被推荐到国家教委民族教育司工作。在工作中对少数民族教育和人才培养问题的重要性和复杂性的感受比较深刻。特别是通过参与第四次全国民族教育工作会议和国务院教育援藏工作会议的筹备工作，更加提高了自己对民族人才培养问题特殊性的系统认识。1992年，我又兼任了中国教育学会少数民族教育研究会秘书长工作，从而有了更多的机会了解和掌握少数民族人才培养与教育问题的最新动态。所有这些都为完成本课题研究奠定了重要的基础。因此，这项研究课题的完成，带有很强的工作研究性质。如果没有这样一个特殊的工作岗位和经历，是难以完成这项研究任务的。

这项研究课题得以完成，还要感谢原国家教委专职委员、国家副总督学郭福昌，民族教育司司长韦鹏飞等领导的支持。

感谢教育科学出版社为此书的再版给予的大力支持。

吴德刚

责任编辑　车金恒
版式设计　宗沅雅轩　孙欢欢
责任校对　曲凤玲
责任印制　曲凤玲

图书在版编目（CIP）数据

中国民族教育研究/吴德刚著. —北京：教育科学出版社，2010. 12
（吴德刚中国教育问题研究系列）
ISBN 978 - 7 - 5041 - 5358 - 6

Ⅰ. ①中… Ⅱ. ①吴… Ⅲ. ①少数民族教育—研究—中国 Ⅳ. ①G759. 2

中国版本图书馆 CIP 数据核字（2010）第 219429 号

出版发行	教育科学出版社		
社　址	北京·朝阳区安慧北里安园甲 9 号	市场部电话	010 - 64989009
邮　编	100101	编辑部电话	010 - 64981345
传　真	010 - 64891796	网　址	http://www.esph.com.cn
经　销	各地新华书店		
制　作	北京大有图文信息有限公司		
印　刷	保定市中画美凯印刷有限公司		
开　本	169 毫米×239 毫米 16 开	版　次	2011 年 1 月第 1 版
印　张	15. 25	印　次	2011 年 1 月第 1 次印刷
字　数	234 千	定　价	33. 50 元